W0283462

Elisa Blandau

IPPATAH

Tout dans rien, toujours naissant à l'infini

les éditions de l'officine

L'auteur peut être joint par ses lecteurs :
ippatah@orange.fr

SCANDALEUX

(le jugement)

ET

(la Miséricorde)

ÉDIFIANT

les éditions
de l'officine
45, rue des Petites Écuries
75010 Paris
www.publiecriprint.com
Tous droits de reproduction,
traduction ou adaptation
réservés pour tous pays.

© Les éditions de l'Officine,
Paris, octobre 2010

ISBN : 978-2-35551-123-3

"La Miséricorde se moque du jugement" (Ep de Jacques ch 2 vs 13)

"Si quelque objet du dehors te chagrine,
ce n'est pas lui qui cause ton chagrin,
c'est le jugement que tu en portes,
et il ne tient qu'à toi de l'effacer sur le champ..."
Marc Aurèle

"Plus profondément le chagrin creusera votre être,
plus vous pourrez contenir de joie."
Khalil Gibran

Que cette même Petite Lumière
qui brille dans le cœur de
Florine et de sa Maman
illumine ta Route
chaque jour
jusque dans l'Éternité

PREFACE

Accueillir peu à peu les épreuves de la vie, comme si on les avait soi-même choisies pour notre bien ultime, qui est la découverte de notre dimension intérieure invulnérable et infinie. La souffrance est purificatrice. Elle fait fleurir l'âme pour qu'elle rayonne de lumière.

Les souffrances les plus douloureuses, si on a le courage de les traverser, favorisent la rencontre avec une dimension intérieure élargie, un cœur plus ouvert. Les plus sombres instants de l'existence précèdent souvent l'aube d'une lumière éclatante, et d'une paix inconditionnelle.

Ce livre pourrait être sous-titré "De la révolte à l'acceptation sereine". C'est en cela que je considère la lecture de cette autobiographie comme une aide précieuse et un véritable message d'espérance qui transparaît tout au long du récit.

Cette histoire vraie, incroyable et douloureuse à bien des égards, est remarquable par la spontanéité, et la véracité avec laquelle l'auteur s'exprime, allant au cœur du ressenti. De ce fait, le lecteur peut aisément s'y reconnaître. L'honnêteté et l'authenticité avec lesquelles cette autobiographie a été écrite sont poignantes. J'imagine que de nombreux lecteurs peuvent s'y retrouver dans les interrogations, les révoltes qui sont exprimées tout au long du récit. Les épreuves ne manquent pas. On y découvre toute la souffrance d'une enfance solitaire, mal comprise... rejetée, d'une adolescence malheureuse et mal dans sa peau, de gestes déplacés de la part d'un prêtre. Plus tard, la difficulté au quotidien de s'occuper avec amour d'une fille née tétraplégique... la révolte face au handicap, la disponibilité nécessaire pour créer un dialogue au-delà du silence... puis un divorce... la mort... le deuil... l'alcool... le désespoir...

Des changements s'amorcent grâce à des rencontres "inattendues", notamment d'un prêtre, et la création d'un centre pour accueillir des enfants autistes.

Mais insidieusement arrivent l'épuisement, le surmenage et puis la dépression...

L'auteur évoque le départ de la capitale pour se retirer dans un lieu solitaire afin de se retrouver, s'accueillir dans sa souffrance, puis l'engagement sérieux dans une thérapie. Un changement profond se prépare dans le creuset de la souffrance. C'est d'abord l'effondrement des anciens fonctionnements et mécanismes psychiques, et une remise en cause complète avec le sentiment d'être perdue. Errance psychique, morcellement... Enfin, le courage de rencontrer ses dynamismes profonds... La rencontre de l'ombre en soi, du "pire en soi que l'on se cache habituellement à soi-même et aux autres" laisse peu à peu apparaître une lumière intérieure, la conscience et la clarté qui vont permettre la découverte progressive d'une nouvelle façon de voir la vie. Acceptation de soi, des autres tels qu'ils sont, et de la vie telle qu'elle est, amenant l'acceptation de l'instant présent tel qu'il est, tel qu'il se présente, révélant un bonheur plus paisible. Acceptation et joie profonde d'une vie qui s'est enfin trouvée dans sa simplicité, qui accueille le présent dans toute son intensité, la quiétude.

Un nouveau regard sur le monde apparaît avec la découverte de joies simples non onéreuses que sont l'amitié, la nature, les gestes du quotidien vécus dans toute leur intensité, dans une "conscience ouverte" sur l'instant, le moment présent sans attente, sans jugement, sans comparaison, source connue d'une paix plus inconditionnelle.

Catherine Rampp-Ellenberger
Psychologue

PROLOGUE
Tu viens juste de mourir, Papa

Jamais tu n'as pu être à l'écoute de mes cris, de mes terreurs, de mes larmes, de mes rires d'enfant.

Mes émotions, quelles qu'elles soient, étaient rabrouées, matées.

Jamais tu n'as essayé de comprendre ce que vivait la petite fille. Adolescente, puis adulte, tu m'as toujours jugée sans jamais ouvrir une brèche dans ton exigeante rigueur. Tu aimais remuer le couteau dans la plaie, appuyer là où ça fait mal, là où ça fait peur. Tu prenais du plaisir à traquer la faute, dominer, contrôler, épier... Tu aurais voulu que je sois différente, que je me conforme à ta morale, à ta « normale », à ta vision du monde et de la femme en particulier, mais ça n'a jamais fonctionné avec moi. Du coup, pendant plus de quarante ans nous nous sommes chardés, étripés, et j'ai toujours redouté nos confrontations souvent violentes. On ne s'aimait pas très bien, ou on ne savait pas s'aimer ! J'ai la quasi certitude aujourd'hui que tu devais porter des choses très lourdes, des secrets bien verrouillés au fond de toi, qui le sont restés toute ta vie et que tu m'as transmis bien malgré toi. Chez nous, il fallait toujours se taire, ne rien dire, ne pas chercher à dévoiler, à savoir. Un silence chargé de mort régnait en maître à la maison. C'était insupportable pour moi, et j'ai dû faire un sacré chemin de vie pour ne pas en crever.

Les trois dernières années de ta vie, tu es devenu dépendant, car la maladie d'Alzheimer a peu à peu rongé ton cerveau. De Pater Familias dur et autoritaire, tu es devenu « fou à lier », sombrant dans une scatologie outrancière, méconnaissable. Ne pouvant plus contenir ta violence tu la retournais contre le personnel, les pensionnaires, le matériel... Du coup, aucune institution ne voulait de toi. Ton sort fut donc d'être balloté de l'une à l'autre pendant trois ans, avec de fréquentes « pauses » en hôpital psychiatrique et des traitements chimiques de plus en plus lourds.

La corde sur laquelle tu as tirée toute ta vie a fini par lâcher. La maladie t'a fait rejoindre ceux que tu avais toujours méprisés (les fous, comme tu disais !), car tu étais fermement convaincu que les malades psychiques le faisaient exprès et que, n'ayant aucune volonté pour s'en sortir, on devait les corriger ou les dresser par la force. Pauvre Papa ! Toi qui avais toujours raison et réponse à tout, tu es tombé en déraison. J'ai eu beaucoup de tendresse pour toi quand tu as commencé à te dégrader, quand j'ai senti ta vulnérabilité et que j'ai enfin pu déposer la mienne près de la tienne, lorsque mêlées l'une à l'autre nos fragilités nous ont mis à égalité. Bien malgré toi tu as quitté ton masque, me laissant pour la première fois entrevoir le visage d'un papa, que j'ai pu serrer dans mes bras en lui chuchotant : « Je t'aime, mon Papa ! ».

J'avais 53 ans ! Le regard lointain tu as souri et je t'ai quitté les larmes aux yeux mais tellement légère. Cette tendresse est arrivée bien tard, mais elle aurait aussi pu ne pas arriver du tout.

Le 11 mai 2008, dimanche de Pentecôte, il y a juste sept mois, ton cœur a subitement lâché, et tu as quitté ce corps qui te limitait. Plusieurs semaines auparavant, j'avais expliqué à mon frère aîné Ronan, qu'il me serait impossible de retourner sur les lieux de mon enfance, hantés par trop de fantômes. Je n'ai donc ni souhaité voir ta dépouille, ni aller à tes obsèques religieuses, sachant bien que je prenais le risque d'être incomprise voire jugée. J'ai eu l'énergie d'écrire un petit témoignage afin qu'il soit lu à tes funérailles. Je te le redis :

Papa,

Voilà... ce matin ton corps est là, dans cette église St Maurice que tu as tant bichonnée et dans laquelle tu as dû déposer de nombreuses prières et laissé de nombreuses traces.

Moi, je ne suis pas là près du cercueil où repose ton corps pour un dernier adieu comme on dit.

Mon adieu papa, je te l'ai fait quand tu étais vivant et que je t'ai accompagné avec Ronan voir maman, il y a un mois et demi. Pour moi, ce fut une journée inoubliable, une journée de vivants, la plus importante.

Je n'ai pas de tristesse particulière depuis ton grand départ de cette vie, car tu n'étais déjà plus avec nous depuis plusieurs années à cause de la maladie. Ton corps, oui, était bien là, affaibli, transformé, mais ton esprit était ailleurs. Il avait déjà quitté nos rives, comme un avant-goût d'aujourd'hui peut-être ? Ce matin, c'est donc mon esprit et mon cœur qui t'accompagnent silencieusement.

Je te remercie pour ce que tu m'as transmis de la vie. Tu étais très croyant et tu nous tires ta révérence le jour de la Pentecôte. Serait-ce le signe qu'un Esprit divin ait emporté le tien souffrant vers de plus vastes et de plus beaux horizons ? Repose en paix, Papa, tu ne l'as pas volé. Je t'aime...

Ta fille... Elisa

Quelques jours après ton enterrement, Ronan m'a adressé deux photos en couleur de toi, mort, dans ton cercueil, sans aucun commentaire. J'ai jugé son acte impudique et indécent, et une grande colère sourde est montée en moi. Ma fureur dépassée, je me suis assise, ai posé les photos bien à plat sur la table et les ai longuement regardées pour m'en imprégner. Sous mon crâne, c'était comme des nuées bruissantes d'insectes qui cherchaient à s'échapper. J'ai donc décidé de me mettre à plat moi aussi et t'ai écrit une lettre d'une dizaine de pages avant de brûler ces photos.

Mais dans ma tête ça continuait à bourdonner. Alors, pour me mettre en paix avec toi, avec moi, pour me séparer de la part de souffrance et de mort que tu as semée en moi et qui fait mal parfois, j'ai repris des pages blanches pour décaper mes souvenirs, déterrer quelques vieux démons, éclaircir les ombres, et me mettre à nu.

J'aurais tellement souhaité que tu puisses comprendre, quand tu étais vivant, comment et pourquoi j'avais construit mon existence telle qu'elle est. Et puis, tu sais, les raz de marée dévastateurs, j'ai eu ma dose et je les ai traversés… Tu vas voir ça… Ma vie est belle cependant et j'en suis fière, Papa. Oui, elle est vraiment belle, tu vas voir ça aussi…

Ah ! J'allais oublier... Il y a beaucoup d'humains qui croient qu'après la mort, il n'y a rien... Dans ce cas, tu ne crains plus rien de mes révélations. Et puis, il y a d'autres humains qui croient que nous devenons des Êtres de lumière, et que nous frétillons dans l'amour. Moi je ne sais pas, et ai quelques difficultés à t'imaginer dans un cas comme dans l'autre. Dans le néant ça ne me plaît pas trop, et en Être de lumière, là tout de suite, ça me fait un peu sourire (il y a des gens plus faciles à imaginer en Êtres de lumière que d'autres, excuse-moi papa). Si toutefois tu es dans ce deuxième cas, dans ce bonheur et cet amour-là, tu ne crains rien non plus, au contraire. Je peux donc t'envoyer mon déballage, et toi, tu transformes tout ça illico presto en amour et en lumière, sans effort. Alors, s'il te plaît Papa, renvoie-moi l'ascenseur, ne garde pas tout cet amour et cette lumière pour toi... j'ai sorti les bonnes antennes, je capte, je capte...

Allez ! Un, deux, trois ! Je saute…

Chapitre I
Un sacré démarrage... (1954-1964)

Lorsque je suis née, en plein hiver 1954, mon grand frère Ronan allait avoir onze ans.

Il était né pendant la guerre, à un délai très respectable de ton mariage avec maman.

Curieusement, il m'a avoué à plus de 60 ans, qu'il était un très heureux fils unique, qu'il aurait bien aimé le rester, et que tout au long de sa vie il avait parfois caché qu'il avait une petite sœur. J'avais deux grands-mères, et un seul grand-père, ton père à toi. Devenue adulte, j'aurais aimé savoir pourquoi il y avait cet écart d'âge entre mon frère et moi, et maman, sensiblement gênée, m'a invariablement répondu que « ça ne marchait plus », mais je n'ai jamais su ce qui ne marchait plus. Toujours est-il que 13 mois après ma naissance, maman était enceinte de mon petit frère Benny. Donc, tout à coup, « ça a mieux marché... » et... je me suis retrouvée coincée entre un grand frère que ma naissance importunait, et un petit frère qui allait rapidement prendre ma place... A quelques semaines j'ai été baptisée dans la religion catholique, mon grand frère comme parrain et ta sœur aînée comme marraine.

Tu travaillais beaucoup, et c'est toi qui gagnais l'argent. Maman n'avait pas le droit... Tu disais que « Les femmes c'était fait pour la maison ». Tu lui donnais quelques billets pour la semaine, il fallait qu'elle se débrouille avec, et je l'ai toujours entendu dire que « c'était pas assez ».

Artisan charron-forgeron de père en fils, tu trimais dans l'atelier familial avec ton père et ton frère aîné. Toute la famille habitait le même quartier d'une petite ville de province : nous, tes parents, ta sœur, ton frère, et leurs enfants. Vous étiez tous très catholiques et très pratiquants... Chaque jour, ta mère, Mémère J... participait au chapelet soit à l'église soit dans la petite chapelle d'un couvent de religieuses.

Il paraît que c'est une vieille voisine, Mémère Camp, qui s'occupait beaucoup de moi quand j'étais petite. Plus tard, vous m'avez raconté qu'elle me cédait tous mes caprices dont le plus courant, auquel elle succombait sans réticence, était de me laisser faire pipi dans une casserole posée sur la table de la cuisine, parce que « ça chantait ». Je n'ai qu'un seul et excellent souvenir d'elle, celui d'aller me promener dans sa brouette en bois, et de dévaler le plan incliné de la gare. J'avais une impression de vitesse qui me portait aux anges.

Un jour, Mémère Camp, je ne l'ai plus vue... Suite à une piqûre d'épingle à la main, le tétanos l'avait foudroyée. Vers mes 5 ans, nous avons quitté ce quartier et emménagé dans une vieille maison avec un grand jardin, une cour et un poulailler.

Je me souviens vaguement que mon petit frère avait des difficultés d'élocution puisqu'il bégayait, et des problèmes de vue car il louchait. Il paraît que je n'étais pas très gentille avec lui, lui flanquant souvent des raclées ou bien le poussant dans le dos pour le faire tomber. J'ai quelques souvenirs de tes fessées qui punissaient ma désobéissance et ma méchanceté.

J'entendais toujours dire que nous étions le jour et la nuit. Étant donné que je n'étais pas très sage et faisais beaucoup de bêtises en comparaison de mon petit frère timide qui ne bronchait jamais, c'était forcément lui, le jour... et moi, la nuit ! Le portrait que tu m'as toujours décrit de ma toute petite enfance n'était pas bien joli.

De toute manière, j'étais tellement petite que je ne m'en souviens plus ! En revanche, j'ai des souvenirs bien précis de la suite, et ne vais pas me priver pour te les raconter tant ils sont devenus signifiants pour moi aujourd'hui. (Pour ne rien te cacher, ils ne le sont devenus qu'après plusieurs années de thérapie, vers 47 ans, car avant cet âge-là, je n'avais aucun souvenir d'enfance. Tu comprendras plus loin !)

Je fréquentais alors régulièrement une petite école maternelle gérée par les sœurs de St Vincent de Paul qui portaient toutes une cornette blanche et une grande robe bleu marine. En décembre, la Sœur Thérèse fabriquait une crèche avec une foule de santons et autant de petits moutons que d'enfants. Nos prénoms étaient inscrits sous chacun des moutons. Tous alignés sur le même rang quelques semaines avant Noël, le but du « jeu » était de faire avancer notre mouton pas à pas, jusqu'au petit Jésus de la crèche.

A la fin de chaque journée d'école, la sœur dressait scrupuleusement le bilan de nos « comportements », et soit elle avançait notre mouton, soit elle le reculait... Le mien arrivait quelquefois à faire un pas en avant, mais en faisait plus souvent plusieurs à reculons. En trois ans, il n'a jamais pu escalader la petite échelle qui montait à la crèche. En dehors du troupeau, il baguenaudait dans la campagne, et le jour de la distribution des cadeaux, j'en recevais un tout petit, tout moche et sans Tableau d'Honneur ! Elle me faisait peur cette sœur-là, car pour un pipi-culotte, elle nous collait au coin derrière la porte de la classe, la culotte mouillée sur la tête, et lorsque l'un d'entre nous ne connaissait pas les réponses à ses questions, c'est d'un bonnet d'âne qu'elle le coiffait.

Je préférais nettement la récréation, parce que j'avais mon coin : une vieille borne à eau en fonte que j'adorais escalader, car je voulais toucher le ciel et stopper les nuages qui couraient trop vite.

En dehors de la récréation, je n'aimais rien... Nous récitions beaucoup de prières au Petit Jésus car il était l'ami des enfants sages. Je devais donc régulièrement lui demander pardon pour qu'il reste mon ami, et j'avais la honte. On chantait : « Le petit Jésus s'en va à l'école, en portant sa croix sur ses deux épaules, quand il était sage, on lui donnait des bonbons, une pomme rouge, pour mettre à sa bouche, un bouquet de fleurs pour mettre à son cœur. » Parfois, on se costumait et on partait avec des bannières faire de grandes processions.

C'était soit pour la Sainte Vierge, la mère de Jésus, soit pour Jésus. Dans tous les cas, maman me déguisait en Sainte Vierge, avec une robe blanche amidonnée, une longue ceinture bleue qui brillait au soleil, et une petite couronne de fleurs sur la tête. Il y avait beaucoup de monde, comme au carnaval, mais sans les chars fleuris. Beaucoup de prêtres en robes blanches ornées de dentelles marchaient en tête du défilé, mes frères aussi en robes blanches... comme des filles, mais c'était des garçons, et tous ceux qui n'étaient pas déguisés suivaient derrière. Il fallait chanter fort même si on ne comprenait pas les paroles, et surtout marcher longtemps. Quand j'avais mal aux pieds, il fallait continuer quand même, et ça finissait toujours en pleurant, parce que personne ne voulait me porter un peu dans ses bras, et que je ne pouvais pas non plus m'asseoir par terre parce qu'il ne fallait pas salir la belle robe.

A l'école maternelle, je n'étais quand même pas nulle, parce qu'à 5 ans, je savais lire, écrire et compter. J'ai retrouvé tous mes cahiers ! J'étais donc plutôt douée et du coup, j'ai sauté le cours préparatoire en passant directement en CE1 à l'école laïque. Malgré cela, je n'ai pas souvenir d'un seul compliment. C'était normal ! J'ai « perdu » toutes mes copines de la maternelle et j'étais très égarée au milieu de plus grandes filles que moi qui se connaissaient déjà.

Le midi, je rentrais toujours manger à la maison, mais je n'aimais rien manger. J'étais « très difficile » et je trouvais tout mauvais sauf le lundi : beefsteak frites... Le pire jour, c'était le vendredi à cause du poisson truffé d'arêtes, que je malaxais pendant des heures sans pouvoir l'avaler. Maman cuisinait souvent des abats : du poumon (on disait du mou), de la tétine, des rognons, du foie, du cœur et c'était une horreur à chaque fois.

Mémère G…, la mère de maman, était presque tous les jours à la maison. Veuve et seule, (je n'ai jamais connu mon grand-père mais je sais qu'il s'appelait Socrate), elle venait aider maman à faire le ménage, la vaisselle, les courses... mais elle repartait souvent avant ton retour du travail, et revenait l'après-midi pour les travaux de couture. Je sentais qu'entre toi et elle, c'était pas facile, facile.

Tous les dimanches matin, et même parfois d'autres jours, j'allais à la messe avec toute la famille. Ces jours-là, j'avais de beaux habits bien propres et il ne fallait pas les salir. Je les mettais juste pour la messe, après il fallait me changer. Benny et moi faisions notre grande toilette la veille, dans un grand « bain de pieds » en tôle que tu installais dans la cuisine, car nous n'avions pas encore de vraie salle de bains.

La messe était interminable et je ne comprenais rien parce que c'était du latin. Y'avait rien en français... Tout en latin...

J'étais quand même arrivée à capter deux choses : « Allez Mouilla » et « Prends ta brouette »… Plus tard, quand j'ai su lire, j'ai vu que c'était pas du tout ça… C'était « Alléluia » et « Ite missa est ». En fait je disais Mouilla, parce que c'était le nom de famille du Monsieur qui lisait les textes à la messe. Il s'appelait Monsieur Mouilla, donc moi je chantais « Allez Mouilla ». Je n'avais aucun doute là-dessus, puisqu'à chaque fois que je le chantais, il quittait le rang et montait faire la lecture. Il suffisait de chanter à tue-tête « Allez Mouilla », et il y allait, Mouilla. Ça marchait à tous les coups ! Pour le « Ite Missa est » j'avais repéré qu'il s'agissait des derniers mots de la messe et qu'ils s'adressaient forcément à moi. Je comprenais « Prends ta brouette », donc pressée de rentrer à la maison, je fonçais au fond du jardin pour en faire le tour plusieurs fois avec. Maman et toi n'avez jamais compris pourquoi, vous pensiez que j'étais un peu dérangée.

Dans l'église, je me demandais toujours si le prêtre et les enfants de chœur c'était en vrai ou en faux. Afin de tirer ça au clair, je m'installais à l'extrémité d'un rang, près de l'allée centrale, et je leur tirais la langue en faisant la grimace. Je me disais que si ils ne s'arrêtaient pour me gronder, c'était du vrai… sinon, c'était du faux. Et comme ça ne s'arrêtait pas, forcément c'était du faux…

Le dimanche midi, nous avions invariablement droit au repas de famille avec les grands-mères, et c'était ennuyeux et long. Benny et moi n'avions le droit ni de parler, ni de sortir de table et devions rester coincés entre les adultes, le nez dans l'assiette, sans moufter.

Je finissais toujours par avoir la bougeotte, et... tu m'engueulais en me tapant par surprise sur les doigts avec le manche en bois de ton couteau.

Les après-midi étaient identiques... Munis de grands sacs en toile de jute et de serpettes, nous partions tous dans la nature, contraints à chercher l'herbe de la semaine pour nourrir les lapins, sans pouvoir jouer.

En fait, jour de semaine ou dimanche, tout était chiant. On n'avait pas la télé, juste la radio, mais elle était réservée aux adultes, alors avec Benny, on s'était fabriqué notre télé, avec la porte en verre cathédrale de la cuisine. Chacun notre tour nous passions derrière cette porte, on prenait les catalogues du Bon Marché qui traînaient sur une chaise et on en tournait les pages une par une en les appliquant sur la vitre floue... C'était ça notre télé ! Et nos pages préférées étaient celles des sous-vêtements féminins car on y entrevoyait des petits bouts de femmes nues, mais... il fallait être vigilant et ne pas se faire prendre !

Il n'y avait pas de livres non plus, pas de musique et peu de jouets. En tout cas je n'aimais pas jouer à la poupée et leur rongeais les pieds et les mains. Pour un anniversaire, Tante Mariette m'a offert une petite mallette rouge contenant un nécessaire à couture, avec un canevas du petit chaperon rouge. J'ai chialé comme une madeleine en découvrant le cadeau qui ne me faisait pas plaisir du tout. Du coup, je me suis fait gronder, car « on ne doit pas pleurer quand on reçoit un cadeau, on doit remercier ». Moi, je ne voulais pas remercier pour un cadeau pareil ! Alors, pour me venger, j'ai détruit le canevas à grands coups de ciseaux.

Aux beaux jours, il fallait désherber les allées du jardin, et j'avais horreur de ça parce que c'était une corvée et que c'était mesuré. Je devais aller de là à là, et c'était toujours trop long, je n'en voyais pas le bout. Quelquefois j'avais la responsabilité de nourrir les poules et les lapins jusqu'au jour où tu les tuais pour les manger. Pour les poules ça me gênait pas trop, mais les lapins, c'était terrible parce que j'avais toujours des copains lapins. J'avais vu comment tu les zigouillais, et je braillais quand le lapin était tout mou, accroché par les pattes de derrière avec le sang qui coulait de son cou dans un bol... Mais, « j'étais une mauviette »... Et le dimanche, il y avait un bon lapin en sauce sur la table !

Quand Ronan bêchait et que je jouais dans les allées du jardin, il me balançait tous les vers de terre qu'il trouvait dans la figure et j'avais la pétoche... ça le faisait rire... « j'étais une trouillarde » et il adorait me faire peur. Parfois, la nuit, quand j'étais couchée dans le noir, il faisait le loup et j'étais morte de frousse sous mes draps.

Un jour, nous étions tous à table, et tu as raconté comment tu avais massacré les petits chats d'une mère chatte venue faire ses petits dans le cabanon du jardin. Tu les as lancés de toutes tes forces sur le mur en ciment du garage où ils se sont éclatés. Tu as dit que c'était le meilleur moyen pour qu'ils ne souffrent pas. Peut-être que les petits chats n'avaient pas souffert, mais moi oui, quand j'ai entendu ton histoire. Il arrivait aussi que tu te caches avec une carabine à plombs pour dégommer les merles qui venaient picorer les cerises, et ensuite maman faisait du pâté très amer avec les petits oiseaux.

Les W.C. étaient dans le jardin. Pour s'y rendre la nuit, il fallait prendre une pile électrique, et alors là, j'étais vraiment morte de trouille. Je prenais la pile mais n'allais jamais jusqu'au jardin. Je restais près des lumières qui filtraient des volets de la cuisine, et je faisais pipi à toute vitesse dans la cour, coincée entre deux craintes : celle du noir, et celle que la porte s'ouvre brusquement et qu'on me surprenne culotte baissée, en train de faire pipi devant la maison.

Les adultes, ça les faisait rire que j'aie la trouille... Ils bougeaient pas d'un pouce quand j'avais la tremblotte... Ni toi, ni maman, ni mon grand frère ne me preniez dans vos bras pour me rassurer ou me faire des bisous. Les bisous, c'était juste pour dire bonjour le matin, le midi quand tu rentrais du travail, ou pour l'au-revoir du soir. Y'en avait pas d'autres dans la journée, et des câlins y'en avait pas davantage.

Les seules personnes qui nous rendaient visite, c'était soit la famille, soit des dames dont maman prenait les mesures pour leur faire des tricots, soit des curés en soutane.

Certains voisins disaient qu'on était la maison des curés, et toi et maman tiriez une certaine fierté d'accueillir des prêtres, car c'était des personnalités importantes pour vous. Mes copines et mes copains ne venaient pas chez nous, ni moi chez eux, sauf de temps en temps les Richard... nos proches voisins. C'était beau chez eux, ils avaient la télé, un piano, un très grand jardin en pelouse, et des parents plus jeunes et plus sympas que toi et maman. Parfois ils m'invitaient pour jouer, et je m'éclatais comme une folle. Le jour de ma communion solennelle, c'est eux qui m'ont fait le plus beau cadeau : un fauteuil en rotin. C'était tellement mieux qu'un missel, une médaille, un réveil, un chapelet ou une montre.

L'été, on partait en vacances dans un tout petit village des Hautes-Alpes. C'était une colonie de vacances pour enfants, mais nous on débarquait en famille. Ronan était moniteur, toi tu étais « dirigeant ». En fait, tu étais le trésorier de l'Association et le Père Gino, un curé en soutane, en était le directeur. La majorité des autres dirigeants étaient aussi des curés d'ailleurs.

On se baladait de longues heures dans la montagne, en file indienne, et c'était dur, long, pénible, ennuyeux... Nous devions marcher, marcher sans parler, sur des petits sentiers très raides. Arrivés au but, on n'avait le droit ni de jouer ni de courir, parce que c'était dangereux et qu'on pouvait se tuer.

Je n'aimais pas ces marches forcées parce que tu étais toujours là, et que je me sentais surveillée. Les autres enfants, n'avaient pas leurs parents, ils étaient plus libres.

J'aimais mieux quand on restait à la colo et qu'on jouait dans la prairie ou qu'on faisait des activités, parce que là, tu n'y étais pas. Tu « faisais les papiers » de la colo. Je détestais les corvées de pluches et préférais jouer plutôt que d'éplucher des tas de patates, de carottes ou de navets pour la soupe.

Chaque semaine, le samedi soir, une grande veillée était organisée. Une super veillée avec des chants, des jeux, de la musique et des sketches que chaque équipe avait préparés en secret toute la semaine, et qu'elle présentait aux autres. J'adorais les veillées... on riait, on se déguisait, on s'éclatait... c'était vraiment super, super ! Super ! Jusqu'à l'heure du Caillou...

Le Caillou ? C'était donc juste après la grande veillée, juste après le bon temps, et juste avant le retour au calme de la prière du soir, et du coucher. A ce moment-là, l'angoisse commençait à monter en moi, et de grandes sueurs glacées dégoulinaient le long de mon cou et sous mes bras...

Un grand silence s'installait pendant que les « dirigeants » (dont toi bien sûr !) prenaient place derrière une grande table, face aux enfants assis sur des bancs, un peu comme une vente aux enchères (d'ailleurs le Père Gino avait un petit marteau pour le Caillou). En réalité c'était plutôt un tribunal au cours duquel les adultes prenaient la parole pour « dénoncer » publiquement certaines « anomalies » repérées au cours de la semaine. Ces « anomalies » concernaient évidemment un enfant en particulier, lequel, jamais nommé, devait se reconnaître et se lever devant tout le monde. UNE HORREUR... LA HONTE ET L'HUMILIATION MORTELLES... Comment s'endormir paisiblement après un tel massacre ? De nombreux enfants faisaient des cauchemars et pissaient au lit. Le lendemain matin, non seulement ils étaient punis d'avoir pissé, mais devaient affronter les regards moqueurs de ceux qui s'en étaient bien tirés et qui pointaient de leurs doigts la literie ostensiblement exposée au soleil dans la prairie.

Comment pouvais-je avoir confiance dans des adultes qui nous espionnaient ? J'ai donc appris à me méfier, à me cacher et à mentir. Du coup, je n'étais jamais paisible et avais toujours chaud dans la tête.

J'aurais beaucoup aimé savoir qui avait inventé le Caillou afin de le détester encore plus que les autres. Ne l'ayant jamais su et sachant que vous étiez tous liés, toi et tes copains curés, je vous ai tous considérés comme des monstres et vous ai mis dans le même sac.

A la maison, il était souvent question de mort. Ta rubrique préférée, celle par laquelle tu commençais la lecture de ton journal quotidien, c'était la nécrologie. Elle alimentait la conversation du midi avec maman au cours de laquelle il était aussi largement question de maladies, de gens qui souffraient et qui « l'avaient bien mérité », c'était une « punition du bon Dieu »... A la mort de ton père, j'avais cinq ans et je me souviens que j'ai dû me tenir tranquille et pas rigoler ni jouer pendant plusieurs jours. A plusieurs reprises, à table, tu as dit que quand tu serais mort, on pourrait te jeter sur le tas de fumier au fond du jardin. L'image m'était insoutenable et je faisais des cauchemars parce que je voulais pas passer devant le tas de fumier et te voir tout pourri dessus.

Quand je posais des questions, et il paraît que j'en posais beaucoup, tu me disais de me taire, que je te fatiguais. Comme réponse j'avais droit à : « occupe-toi don' d' tes fesses ! » ou bien « si on t'le demande, tu diras qu'tu sais pas » ou encore « t'occupe don' pas du chapeau de la gamine ». En clair, ça voulait dire que je me mêlais de ce qui ne me regardait pas et que je dérangeais tout le temps. Pas comme mon petit frère qui était bien sage, timide et bien tranquille. Tu voulais que je lui ressemble, mais j'y arrivais pas. J'avais le « diable au corps » et personne ne m'expliquait jamais rien.

Le jeudi matin, je suivais les cours de catéchisme, et le jeudi après-midi ainsi que les vacances scolaires, je fréquentais assidûment le patronage de la Sœur Vincent qui jouxtait mon ancienne école maternelle.

Le caté, c'était des questions-réponses à apprendre par cœur et auxquelles je ne comprenais strictement rien. J'ai retrouvé mon caté, Papa…

— Qu'est-ce que Dieu ?

— Dieu est un pur esprit, infiniment parfait, éternel, créateur et maître de toute chose.

— Pouvons-nous connaître Dieu d'une manière certaine ?

— Oui, nous pouvons connaître Dieu d'une manière certaine, puisque toutes les créatures nous prouvent son existence.

— A-t-on toujours cru à l'existence de Dieu ?

— Oui, dans tous les temps et dans tous les pays, on a cru à l'existence de Dieu

— Pourquoi dit-on que Dieu est un pur esprit ?

— On dit que Dieu est un pur esprit, parce que c'est une intelligence qui n'a pas de corps.

— Pourquoi dit-on que Dieu est maître ou Seigneur de toutes choses ?

— On dit que Dieu est maître ou Seigneur de toutes choses, parce que les créatures n'existent que par lui et dépendent toutes de lui

— Dieu voit-il tout ?

— Oui, Dieu voit tout, le passé, le présent, l'avenir et jusqu'à nos plus secrètes pensées.

— Dieu s'occupe-t-il de ses créatures ?

—Oui, Dieu s'occupe de ses créatures, il les conserve et les gouverne par sa providence.

—Le péché d'Adam s'est-il communiqué à ses descendants ?

—Oui, le péché d'Adam s'est communiqué à ses descendants, en sorte qu'ils naissent dans l'état de péché et sujets aux misères qui en sont la suite.

—Comment appelle-t-on le péché d'Adam communiqué à ses descendants ?

—Le péché d'Adam communiqué à ses descendants s'appelle péché originel, parce qu'il vient non de notre volonté, mais de notre origine.

Tu ne trouves pas ça un peu hard pour une petite fille d'à peine dix ans ? Même adulte, j'ignore encore qui pouvait bien « gober » tout ça. Je n'aimais pas du tout ce Dieu qui voyait tout, même mes plus secrètes pensées, parce qu'elles étaient toutes noires ! Et s'il les connaissait, je risquais la punition, comme ceux dont tu discutais avec maman et qui ne l'avaient pas volé ! Je me sentais prise dans un piège sans issue de secours et mes angoisses redoublaient sans que je puisse en dire un mot à qui que ce soit.

J'étais également très tourmentée par l'histoire de son fils unique Jésus-Christ, qui était bon, doux et très gentil, et que des méchants avaient fait mourir sur une croix. C'était une hantise pour moi, car des croix, il y en avait dans toutes les pièces de la maison d'une part, et d'autre part, il fallait absolument que je sois bonne et gentille comme lui pour être aimée de Dieu. Mais moi, Papa, je voulais pas mourir comme lui, pour être aimée de Dieu. C'était de toi que je voulais être aimée, vivante.

Plusieurs fois dans l'année, la Sœur Vincent organisait des sorties pique-nique. Nous partions deux par deux, main dans la main, en chantant et nous rendions soit à l'Abbaye Ste Colombe, soit à l'église St Savinien en passant par la cathédrale, soit à la colline St Bond, soit à la petite église St Martin.

Dans l'Abbaye Ste Colombe, il y avait une petite fille morte dans un cercueil en verre... on la voyait... Bonne et gentille chrétienne, elle avait défendu la ville sous la protection d'un ours, mais des méchants soldats qui n'étaient pas chrétiens l'avaient tuée. C'était une sainte, elle était au ciel et je devais m'agenouiller pour prier près de son corps.

A St Savinien, c'était dans une crypte toute noire sous l'église que nous descendions en silence, à la queue leu leu. Dans la plus totale obscurité nous devions embrasser une petite cavité de la pierre d'autel, dans laquelle avait séché le sang de St Savivien. Décapité à la hache par des barbares, lui aussi faisait partie des saints montés au ciel.

Quand nous traversions la cathédrale, nous nous arrêtions à l'orée d'une petite chapelle latérale, à l'intérieur de laquelle un très beau petit garçon blond reposait dans une châsse ornée de pierres précieuses. Ses longs cheveux bouclés encadraient son visage serein. Pourtant, il avait la gorge tranchée... C'était un saint lui aussi, et il était au ciel avec les autres.

Tu parles si j'avais la pétoche ! Les gentils chrétiens se faisaient tous dégommer, mais c'était pas trop grave puisqu'ils étaient au ciel en compagnie des anges. Sauf que moi il fallait que je sois une gentille petite fille chrétienne ? Avec tous les exemples que j'avais sous le nez, c'était intolérable et je ne comprenais rien du tout. Tous les adultes étant complices, à qui confier tout ce qui me trottait dans la tête ? Le soir dans mon lit, je pleurais en silence, je me mordais les mains, j'aurais voulu que quelqu'un m'embrasse, me serre dans ses bras, me cajole un peu, mais pour des petites douceurs comme ça, il n'y avait personne.

Ces sales histoires-là revenaient sans cesse dans ma tête et j'avais un besoin irrépressible de faire des bêtises. Comme je les préméditais longtemps à l'avance, ça m'occupait l'esprit. Si j'étais restée bien sage, sans bouger, j'aurais pensé à ça tout le temps.

Ensuite j'étais punie, mais ça me donnait l'occasion de me venger...

J'utilisais aussi une autre solution, plus douce celle-là, mais qui n'était possible que certains soirs d'été... c'était le petit fauteuil.

J'avais un tout petit fauteuil en paille tressée, je l'installais dans un coin du jardin et je passais de longs moments, seule, à regarder le ciel, les nuages qui se formaient, se déformaient, les hirondelles, tous les oiseaux, et je m'inventais des histoires... Là, je ne souffrais plus... Je rêvais sans dormir et me laissais flotter. C'était délicieux... L'atterrissage était toujours douloureux ! ! ! Pourtant il fallait « revenir », car les enfants qui rêvent, ça ne sert à rien, c'est inutile. « Allez ! Et si tu désherbais un peu les allées du jardin au lieu de rêvasser et d'être inutile ? ». La réalité reprenait le dessus... Aïe...

Heureusement, j'aimais aussi beaucoup aller à l'école primaire. Elle était laïque celle-là, et je l'aimais bien.

J'étais une élève assez dissipée, et avais de soi-disant « mauvaises fréquentations ». En fait, c'était juste les filles qui osaient faire ce qui était interdit. Malgré cela, j'étais une bonne élève, aimais beaucoup écrire, lire et ai gardé mon année d'avance jusqu'à l'entrée en 6ème.

A la fin du CM2, j'étais très heureuse d'entrer au collège car j'allais changer de quartier et de copines. Tout allait être nouveau, j'apprendrais l'Anglais, le latin et aurais une belle blouse bleue avec mon nom brodé sur la poche de poitrine. Super... En ce qui concernait le latin, je pouvais bénéficier d'un petit avantage sur les autres filles, car un vieux curé de tes copains de la colo, le Père Léon, avait proposé de me donner gracieusement des cours particuliers chez lui, le samedi après-midi. Tout confiant, tu as donné ton accord.

Il est mort depuis longtemps, mais je viens de lui écrire une lettre que je peux bien te confier aujourd'hui, car ni toi ni lui ne craignez plus rien, n'est-ce pas Papa ?

Chapitre II
Lettre au Père Léon

Père Léon, (ça m'est très difficile de dire Père, mais c'est ainsi que je vous appelais quand j'étais petite...) Aujourd'hui j'ai 54 ans, et vous êtes mort depuis plus de 35 ans. Quand j'étais petite, vous étiez l'un des amis privilégiés de mes parents (vous aviez fait des colos ensemble) et vous veniez manger chaque semaine à la maison. Vous étiez prêtre à la Cathédrale, où vous aviez quelques titres honorifiques si je me souviens bien. Votre érudition et vos fonctions imposaient le respect à mon père, bien plus jeune que vous. Vous viviez seul, à proximité de cette Cathédrale, dans un petit appartement sombre dont de nombreux détails sont gravés dans ma mémoire.

J'aurais préféré vous écrire ce courrier de votre vivant et c'est un très fort besoin thérapeutique qui me pousse à le faire aujourd'hui, bien que les faits remontent à 44 ans.

Souvenez-vous j'avais 10 ans et allais entrer en 6ème avec une année d'avance. J'étais assez bonne élève et aimais bien l'école. Mes parents vous ont demandé votre point de vue sur l'apprentissage du latin en 6ème et vous leur avez dit que « c'était une bonne base pour la suite de mes études, que c'était important pour mon avenir, et que ça aidait à être bon en français... ». Vous avez même proposé de me donner des cours particuliers gratuits à votre domicile afin de mettre toutes les chances de réussite de mon côté. Une aubaine pour mes parents ! Je n'avais pas trop envie d'aller chez vous car vous étiez moche et vieux, et vous me faisiez un peu peur. Mais ce ne sont pas les enfants qui choisissaient chez nous et je me suis pliée, bien malgré moi, au choix des adultes qui avaient la responsabilité de mon éducation.

Chaque samedi après-midi pendant deux ans je suis venue chez vous. Au bout d'un couloir, un escalier biscornu et obscur menait à votre logement, au premier étage, porte à gauche. La première fois, j'ai été très intimidée et impressionnée. En effet, votre appartement ne ressemblait en rien à tout ce que j'avais vu jusque là, c'est-à-dire pas grand chose, car je sortais peu de chez mes parents. Fauteuil de velours, bureau, bibliothèque, tableaux aux murs...pour moi, c'était un peu comme un paradis, et ça m'a fait rêver.

En entrant, le mur de droite était couvert du sol au plafond de rayonnages sur lesquels était alignée une collection époustouflante d'albums reliés de Spirou. France-Musique tonitruait, un tableau gigantesque représentant Jésus assis près d'un puits avec une femme debout près de lui, occupait le mur face à votre fauteuil, un grand bureau noir près de la fenêtre, et vous, chauve, vieux, en soutane, affalé dans un fauteuil de velours brun à très grand dossier, chaussé de grosses lunettes rondes et épaisses cerclées de fer avec l'extrémité des branches retournée derrière vos oreilles, le bout du menton flanqué d'une barbichette poivre et sel, émergeant d'un nuage de fumée de pipe. Près de la bibliothèque un ou deux prie-Dieu recouverts de velours rouge servaient de sièges aux enfants qui venaient rêver de longues heures, le nez plongé dans les bandes dessinées. En effet, de jeunes garçons de l'école privée Théodore, près de chez vous, venaient souvent se délecter dans votre antre.

Moi, c'était différent. D'abord j'étais la seule fille, et je ne venais pas pour rêver, mais pour étudier le latin. J'étais un peu jalouse des garçons qui restaient calmement assis à se régaler de lecture pendant que je planchais mes déclinaisons.

Après quelques semaines de cours assidus, vous avez tout à coup demandé aux garçons de partir quand j'arrivais, car j'étais là pour travailler, me concentrer, et que leur présence était une gêne. Une fois partis, vous tiriez le verrou de la porte d'entrée, et vous vous ré-installiez dans votre fauteuil. Moi, j'étais assise à la table juste en face de vous.

Vous me faisiez réciter les déclinaisons, me donniez des exercices à faire, des thèmes, des versions, sans jamais quitter votre fauteuil. Comme un prof, quoi... Ensuite venait la correction. Je m'approchais donc de vous, près du fauteuil car vous étiez très myope, et vous apportais mon cahier en restant debout à votre gauche.

Quand mon devoir était bon, vous me récompensiez. Vous me preniez à califourchon sur vos genoux et vous passiez une main à l'intérieur de ma petite culotte pour me caresser les fesses. Parfois vous rentriez tout doucement un doigt à l'intérieur de moi. Quand j'avais des fautes, vous me donniez des petites fessées, mais pas comme celles de mon père car les vôtres ne faisaient pas mal. Vous aviez toujours un petit sourire au coin des lèvres, et au bout d'un moment vous respiriez très fort, et moi ça me donnait chaud. Je trouvais que c'était bon parce que vous me faisiez des câlins, des caresses et vous me disiez que j'étais une gentille fille. Chez moi, on ne me le disait jamais... Peu à peu nos « rencontres » se sont un peu gâtées car les cours de latin étaient de plus en plus courts, et les séances sur les genoux de plus en plus longues sans « aucune raison ». Vous me mettiez parfois dans des états que je ne me connaissais pas et je voulais me sauver, mais le verrou de la porte était trop haut pour moi. Je pleurais, vous suppliais de ne pas me toucher et voulais m'enfuir... mais vous attendiez que je me calme avant d'ouvrir. A genoux, vous me faisiez promettre de ne rien dire à mon père, me garantissant une sévère punition de vous et de Dieu si je pipais mot. Comme vous étiez un « homme de Dieu », j'avais évidemment très peur de cette punition et promettais de garder le silence.

Quand vous veniez aux repas hebdomadaires à la maison, vous me regardiez toujours avec de gros yeux accusateurs, et vous parliez en paradant avec mon père de mes « progrès en latin » chez vous, alors qu'à l'école j'avais toujours zéro... et je me faisais gronder devant vous de mes mauvais résultats scolaires. En effet, à l'école c'était la chute libre dans toutes les matières... J'ai commencé à vous haïr du plus profond de moi, j'aurais voulu hurler que vous mentiez, mais je restais muette de peur. Chez moi, on ne mettait pas la parole d'un prêtre en doute, et vous le saviez.

Un jour, à bout de toutes ces vexations, j'ai osé parler à ma mère et n'ai pas pu lui en dire plus que « Je ne veux plus aller chez le Père Léon, il me touche les fesses »... Ma mère ? Elle ne m'a posé aucune question, demandé aucun détail et m'a juste dit « qu'il ne fallait pas que Papa apprenne ça, et que je sois rassurée, elle ne lui dirait rien ». Effectivement, elle n'a rien dit à personne, ne m'en a plus jamais reparlé, et m'a juste renvoyée les samedis suivants, comme si de rien n'était... Je vous avais promis de ne rien dire à mon père, j'ai tenu ma promesse, Père Léon.

Alors, je me suis murée dans le silence, nourrissant une haine mortelle envers vous, ma mère, mon père, et votre Dieu à tous. La honte a envahi tout mon corps, toute mon âme, et je vous ai tous maudits... en silence... C'est à partir de là que mon comportement a brusquement changé sans que personne n'y comprenne rien. A l'école, j'ai redoublé la 6ème, puis la 5ème... De bonne élève « en avance », je suis devenue « en retard », me faisant incendier pour ma paresse, ma mauvaise volonté, mon sale caractère. Sans aucune raison apparente, je passais du rire aux larmes et mes parents m'appelaient « Jean qui rit, Jean qui pleure ». Je me moquais de tout et me faisais punir... Je faisais enrager ma mère du matin au soir, racontais des mensonges à longueur de journées, volais dans le porte-monnaie familial et dans le cartable des copines de l'école, ne voulais plus rien manger à table, cassais les affaires de mon petit frère et l'accusais de toutes mes sottises, me mordais les poignets, me découpais le dessus des bras avec des ciseaux... et me faisais évidemment traiter de tous les noms d'oiseaux parce que j'étais « méchante »... Pour avoir le cœur net sur votre Dieu capable de me punir, je lui demandais, dans le secret de mon cœur, pendant la messe dominicale, des choses qui pourraient me faire du mal. Je me disais que si ça marchait, mes parents auraient beaucoup de chagrin, et du coup, ils seraient obligés de m'aimer un peu plus... J'appelais ça « faire un miracle »... Une fois je lui ai donc demandé qu'à la sortie de l'église, quand tout le monde serait sur le parvis, il me coupe les bras... une autre fois, les mains... des fois j'ai demandé la tête... mais il ne l'a jamais fait... J'en ai conclu deux choses : qu'il n'entendait pas du tout ce qu'il y avait dans le secret de mon cœur, et qu'il ne me voyait pas non plus. Donc, soit il n'existait pas, soit il était dans le camp des adultes. Dans les deux cas, il n'existait pas pour moi, et les miracles, ça n'existait pas non plus... J'ai mis ce Dieu dans le même sac que vous, et je n'ai plus du tout compté sur lui... J'ai continué à me maudire et à vous haïr tout en gardant le silence car j'étais incapable de dire ce qui se passait à l'intérieur de moi. Je ne comprenais pas pourquoi j'étais si différente des autres, ni pourquoi je fonctionnais comme ça. Et j'ai grandi comme j'ai pu, dans la totale incompréhension des adultes qui m'étaient les plus proches.

J'ai enfoui tout cela au plus profond de moi pendant plus de trente ans. C'est au cours d'une thérapie, à 48 ans, que j'ai enfin pleuré toutes les larmes de mon corps, tellement j'avais encore honte de raconter cet événement, tellement je le portais en moi comme une faute, tellement je me sentais coupable. Personne jusqu'à cette date n'a jamais rien su de ce qui s'était réellement passé entre vous et moi. Je ne compte même pas ma mère, car elle n'a rien su non plus du détail de ce que vous m'avez fait vivre. Et j'ai aussi compris, grâce à cette thérapie, comment j'avais construit toute ma vie de femme à partir de votre monstruosité, et que mon père et ses lourds secrets avaient probablement leur « part inconsciente » dans tout cela.

Père Léon, vous avez été un homme destructeur avec moi, et je ne peux pas vous dire tout ce que j'ai vécu par la suite, vous êtes bien trop pervers, et cela ne vous regarde pas.

Je sais que si ces événements s'étaient produits aujourd'hui, avec tout ce qui se passe autour de la pédophilie, vous n'auriez pas pu continuer à mener une vie honorable. Vous auriez été accusé et jugé publiquement.

C'est ce que je fais aujourd'hui, bien que vous soyez mort, car j'ai besoin que la honte et la culpabilité reposent sur vous et non plus sur moi.

Autrefois, je baissais la tête face à votre arrogance. En faisant un long et laborieux travail sur moi, j'ai peu à peu retrouvé la fierté d'être qui je suis aujourd'hui. C'est donc droit dans les yeux que je vous regarde maintenant, afin qu'à votre tour vous abaissiez votre regard à l'infini.

Je vous renvoie à votre propre fosse, je n'arrive pas à croire à votre inconscience et ne peux pas vous pardonner. Si ce Dieu auquel vous croyiez et auquel je n'ai jamais rien compris existe, c'est à lui de le faire, sinon, tant pis pour vous.

Chapitre III
Et ça continue… (1964-1973)

Aujourd'hui, Papa, tu ne peux plus réagir à cette révélation. Je me suis souvent demandé quelle réaction tu aurais eue si tu avais appris cela au moment des faits, ou plus tard d'ailleurs. En mon for intérieur, je peux tout imaginer. L'aurais-tu cru ? Te serais-tu effondré ? Ta morale catholique intraitable et ta déférence à l'égard du clergé auraient-elles été ébranlées ? Ta carapace se serait-elle un tout petit peu fissurée pour que tu te remettes en question et que tu aies quelques douces attentions à mon égard ? Je ne le saurai jamais.

En revanche, en décembre 2006, j'ai pris le risque de confier ce que j'avais vécu chez le Père Léon à Ronan et à sa femme. Sa réaction « Pfft… c'est loin tout ça, il y a forclusion ! » m'a foudroyée sur place. Pour lui, cet événement lointain était d'une banalité sans conséquence et sans lien avec le fait que je sois « spéciale » selon lui. En ajoutant « ce que tu es, ce que tu penses, et ce que tu fais, ne m'intéresse pas du tout », j'ai constaté que la petite frangine dérangeait encore aujourd'hui. C'est curieux, n'est-ce pas, Papa, que certaines personnes refusent d'admettre qu'un acte, quel qu'il soit, a forcément des conséquences ? Il suffit d'observer et de se poser des questions, non ? En tout état de cause, je peux te dire qu'en ce qui me concerne, il y a eu le paquet ! Et après relecture de mon histoire en thérapie, certaines d'entre elles m'ont violemment explosé au visage. Très négatives et immédiatement décelables pour la plupart, j'ai réalisé beaucoup plus tard que d'heureux « hasards » en avaient adouci certaines.

Quoi qu'il en soit, pour toi, rien n'était la conséquence de rien, puisque tu n'étais pas au courant et que tu ne te posais pas ce genre de question-là. J'étais juste une enfant perturbée, indressable, « spéciale » comme dit Ronan, dont la cause était mon sale caractère de cochon, point barre !

Je poursuis... et tu verras bien...

Lorsque je sortais de chez le Père Léon, je me sentais dévastée, comme assommée, ne sachant plus ni qui j'étais, ni où j'en étais. Traquée par une présence invisible derrière moi, je me retournais sans cesse pour vérifier si j'étais poursuivie et courais comme une dératée jusqu'à la cathédrale dans laquelle je me précipitais pour m'adosser à un grand pilier de pierre, toujours le même, le long duquel je lâchais mon cartable. Là, je pouvais pleurer. Très souvent, quelqu'un jouait sur les grandes orgues. Je sentais la musique glisser sur la pierre dans mon dos, et s'infiltrer dans tout mon corps. De grands frissons me parcouraient, les vitraux m'éclaboussaient de couleur et de lumière, et un grand bien-être m'envahissait. J'avais l'impression que mes pieds décollaient du sol, que j'allais m'évanouir, et j'adorais ça. Je me délestais de tout ce que je venais de subir chez le Père Léon et devenais de plus en plus légère, comme si je n'étais plus dans mon corps, comme si je m'envolais, exactement la même impression que dans le petit fauteuil du jardin. Une fois, m'ayant vue, l'organiste s'est approchée de moi et m'a proposé de monter le petit escalier qui mène à la console. Intimidée, je l'ai suivie, me suis assise près d'elle sur le banc de bois, et l'ai regardée jouer. J'ai complètement été engloutie dans la musique. Ce que je vivais était si puissant que de grosses larmes de bonheur ont roulé sur mes joues tant ça gigotait de joie à l'intérieur de moi, et j'ai été submergée par un désir immense de jouer comme elle...

Les jours de pluie, j'allais me coller sous une énorme gargouille dégoulinante du Palais Synodal, et me laissais détremper jusqu'à la moelle. Je me noyais sous un torrent d'eau glacée qui me lavait des caresses puantes du Père Léon.

De retour à la maison, mon piteux état et mon retard sur l'horaire étaient très suspects, et j'étais accusée à tort de traîner dans les boutiques du centre ville. Ne pouvant avouer la vérité, j'inventais toujours un tas d'histoires, et personne n'a jamais su ce que je trafiquais entre la sortie de mon cours de latin et mon retour au domicile. Maman ne bronchait pas et je sentais bien que le plus important pour elle, était que tu ne sois surtout au courant de rien.

Pas de souci, le secret fut bien gardé et le Père Léon a pu continuer tranquillement à me « tripoter » sur ses genoux pendant deux ans. Au bout de ces deux ans, je n'y suis plus retournée, parce que primo, je devenais « une grande fille » selon Maman (j'avais à peine douze ans et n'avais aucune idée de ce que cela pouvait bien vouloir dire) et secundo c'était plus la peine « qu'on se donne du mal pour moi » vu mes résultats catastrophiques en latin.

« L'affaire » fut close et mes samedis après-midi sont devenus plus paisibles. Peu de temps après, le Père Léon est parti vivre dans une maison de retraite dans la Sarthe, et je n'ai plus entendu parler de lui. Je me suis sentie libérée, comme si je me réveillais d'un long cauchemar. C'était fini, terminé ! J'ai tout enfoui au plus profond de moi, ai bien verrouillé et ai complètement fait disparaître cet événement de ma mémoire. Finalement, peut-être que ça arrivait à d'autres enfants, que c'était normal et pas si grave que ça ?

Confrontée à des résultats scolaires catastrophiques, j'ai été traitée de rêveuse, paresseuse, emmerdeuse, grosse nulle : « Aucun effort », « Peut mieux faire », « Distrait ses camarades », « Dissipée en classe », « Ne pense qu'à s'amuser », « Aucun travail, très mauvais résultats ». Eh oui, Papa, j'avais besoin de me divertir, de jouer... et pas, d'être le jouet des adultes.

Les profs me donnaient des heures de colle et toi, tu leur demandais de multiplier mes punitions par deux. J'ai redoublé ma 6ème, puis ma 5ème en regardant s'éloigner mes copines de classe, restant à chaque fois sur le carreau sans que personne ne cherche à savoir pourquoi, en deux années, j'étais passée de bonne élève à cancre et pourquoi « je filais un si mauvais cocon » !

C'est vrai, Papa, que j'étais très attirée par tout ce qui était défendu. Vrai également que je « jouais » à faire du mal, à moi et aux autres, et que j'avais beaucoup d'imagination pour cela. Et c'est encore vrai que je voulais toujours me venger et n'avais aucune conscience du danger. Le premier à morfler, sur la liste, c'était mon petit frère, Benny. Comme il était timide, maladroit, moins costaud que moi, et qu'il n'avait pas les idées de travers, je le manipulais et le rackettais à ma guise. Il était mon souffre-douleur et je lui proposais de faire certaines bêtises à ma place, le menaçant de sanctions diverses s'il ouvrait le bec.

Un après-midi d'hiver où tu nous avais emmenés faire des glissades sur un étang gelé, je lui ai demandé de défoncer la glace à coup de talons. J'avais repéré un endroit sous un petit pont où la surface paraissait plus fragile, et j'avais commencé la première. Quand j'ai senti quelques craquements, je l'ai sournoisement invité à poursuivre mon œuvre, jusqu'à ce qu'il se retrouve englouti jusqu'au cou dans l'eau glacée. Évidemment, je l'ai fait jurer de ne pas moucharder, et, sous mes menaces et le froid qui le transperçait, il a consenti à se taire.

Une soirée où nous étions tous les deux à la maison, je jouais avec les allumettes et ai voulu voir si le gros bouquet de fleurs séchées que tu avais ramené de nos vacances allait s'enflammer facilement ou pas. Il s'est embrasé comme une torche, le vase est tombé et j'ai tout caché dans la poubelle. Là aussi, il m'a assurée qu'il ne me trahirait pas.

Une autre fois, j'ai eu la bonne idée de vider dans l'évier la moitié de la bouteille de « gnôle-maison » que tu réservais pour les invités du dimanche, et de remplacer l'alcool par de l'eau de Cologne. Et toujours motus et bouche cousue bien entendu, même quand tu as trouvé que ton alcool préféré avait un goût bizarre. Tu vois, Papa, les bonnes idées qui me traversaient l'esprit !

J'ignorais qu'un jour, en grandissant, Benny deviendrait plus fort que moi. Un soir, dans la cuisine, alors qu'il avait une douzaine d'années, il m'a attrapée par les cheveux et flanqué une rouste mémorable. Tu étais à table avec Maman et vous avez assisté au pugilat sans bouger le petit doigt. A la fin du combat, j'ai vu ton petit sourire de satisfaction car Benny venait d'avoir le dessus pour la première fois, et j'ai pris ton « C'est bien fait pour toi ! Ça devait arriver un jour, tu ne l'as pas volé ! » en pleine figure. Piteuse, je me suis attablée, quelques touffes de cheveux en moins et des bleus partout, honteuse, vexée, en chialant toutes les larmes de mon corps. A partir de cette date, je n'ai plus trop mêlé Benny à mes petits jeux sadiques et ai préféré m'en faire un allié.

La deuxième sur la liste, c'était Maman. En ton absence, je prenais un malin plaisir à la faire enrager. Ma spécialité pour la « faire tourner en bourrique », c'était d'ouvrir les clapiers et le poulailler et de pousser toutes les bêtes au milieu du potager. J'attendais qu'elles aient commencé à y faire quelques dégâts avant de courir hurler : « Maman, Maman, toutes les bêtes sont dans le jardin, celui qui leur a porté les gamelles a dû mal refermer les portes ! ».

Affolée, elle me demandait de l'aider à faire rentrer tout ça au bercail. Elle rabattait les animaux vers moi, et j'étais censée les bloquer le long du mur des hortensias.

Évidemment, je faisais semblant de jouer le jeu, mais dès que les bestioles rappliquaient vers moi, je les faisais s'enfuir à un autre bout du jardin.

Ayant décrété que tout ce qu'elle faisait à manger était mauvais, c'était la croix et la bannière pour me faire mettre à table. Je m'enfuyais et courais dans toute la maison pour qu'elle m'attrape en chantonnant « Tu m'attraperas pas, tu m'attraperas pas... ». Un soir, lorsque j'ai vu arriver la casserole pleine d'un bouillon de pot-au-feu, j'ai foncé dans la chambre et plongé sur mon lit, me flanquant la tête dans le radiateur en fonte qui le bordait.

Du sang, du sang partout… Je m'étais ouvert le dessus du crâne et maman ne savait plus quoi faire. Moi, je me régalais de la voir désemparée et ne pensais même pas que j'avais mal ! Le plaisir de la voir déconfite était plus fort que ma blessure. Elle a averti la voisine qui s'est précipitée pour me tailler les cheveux à grands coups de ciseaux afin d'éponger la plaie, et m'a ensuite décorée d'un énorme pansement scotché au sparadrap. Le lendemain, j'ai dû aller à l'école avec cette tronche-là. La honte ! Mes cheveux n'ont jamais repoussé à l'endroit de la plaie et mon crâne porte toujours la trace de cette cicatrice. Une autre fois, je l'avais tellement énervée qu'elle m'a menacée à l'aveuglette avec le tisonnier de la cuisinière. Par maladresse, elle m'a touché le tibia, qui s'est mis à enfler, à enfler. Moi ? Je riais de la voir désemparée, et je pleurais en même temps, pour la rendre encore plus malheureuse de m'avoir blessée.

Un jour, en revenant de l'épicerie, j'ai eu l'idée géniale d'écraser des tomates fraîches au fond de ses chaussures avant de disparaître, la laissant face à Benny qui passait par là.

Pour se faire un peu d'argent de poche, elle tricotait pour des clientes. Je la rendais folle de rage quand je tirais sur les aiguilles pour lui démailler quelques rangs. Oui, je l'ai comblée, ma maman ! Alors fatalement, quand tu étais informé de mes âneries, tu me punissais parce que « j'avais le diable au corps pour faire des choses pareilles à une maman ! Une maman, ça s'aime ! Ça ne se fait pas enrager ! ». En attendant, je lui donnais de bonnes raisons de gémir et de se plaindre à son entourage, qu'il n'y avait qu'à elle qu'il arrivait des choses pareilles et qu'aucune autre mère n'avait hérité d'une « fille comme ça ! ».

Effectivement, elle pouvait s'en rendre malade, pauvre maman, car j'avais sans cesse de nouvelles idées et prenais un réel plaisir à désobéir et à être punie. Je ne savais pas pourquoi j'étais comme ça, j'avais la sensation que ça me faisait vraiment exister, comme si j'étais la plus forte et que je ne craignais rien. Je me lançais des défis pour voir si ça faisait mal ou pas, et j'avais une facilité incroyable pour passer du rire aux larmes. Je me disais sans cesse : « ça fait même pas mal, ça fait même pas mal ».

Les voisins aussi avaient droit à mes frasques. Une fois, alors que Mme Lenoir venait de faire repeindre tous les volets de sa maison, je suis aller rôder à la nuit tombée, et avec un caillou, j'ai fait de grandes rayures de long en large dans la peinture fraîche. Une autre fois, j'ai accroché un chat par la queue à la cloche de la porte d'entrée de Mme Doré et j'aimais bien aussi lui glisser des crottes de chien dans sa boîte aux lettres. J'avais l'imagination fertile et trouvais toujours un bouc émissaire. Dans le quartier, j'avais un petit copain réputé pour ses sottises, c'était donc forcément lui qui se faisait accuser à ma place car « seul un garçon pouvait être intrépide à ce point, ma bonne dame ! »

Comment ne pas mentir, ensuite ? N'ayant trouvé aucune autre solution, j'étais la reine du mensonge. Je m'inventais des mondes et des histoires compliquées auxquelles je m'accrochais dur comme fer au risque de m'y perdre, et étais très fière de moi car je tirais presque toujours mon épingle du jeu pour retomber sur mes pattes. Oui, Papa, je te mentais, je me mentais, je mentais à tout le monde, et me sentais ensuite coupable, car le mensonge était un « gros péché » ! Prisonnière d'un cercle infernal, j'étais toujours en train de gamberger pour ne pas me trahir.

Jusqu'au jour où je suis devenue une voleuse. D'abord à l'école où je subtilisais les affaires des autres, des gommes, des trousses, des stylos plumes, des bagues, des médailles, des porte-clés, toutes sortes de petits objets plus ou moins précieux, que je m'empressais ensuite de jeter pour ne pas me faire prendre. Plus je prenais de risques et plus je jouissais de mes larcins, alors pourquoi ne pas essayer dans les petits magasins du quartier, puis dans ceux du centre ville ? Très tentant également, le porte-monnaie de Maman ! De quelques centimes au début, je suis passée aux francs avec lesquels je m'achetais quantité de cigarettes, glaces ou bonbons que je partageais avec les copines. Elles me trouvaient sympa, mais en réalité je ne partageais rien du tout, j'éclusais mon trop plein pour négocier leur amitié. Je n'ai jamais fait le calcul, mais en quelques années la somme a dû représenter un bon petit pactole. C'est à cette occasion que j'ai commencé à fumer mes premières clopes, dont les picotements me faisaient tourner la tête jusqu'aux limites de l'évanouissement. A douze-treize ans, c'était un ravissement qui m'a conduite tout droit à la tabagie. Je n'ai jamais pu m'en passer jusqu'à aujourd'hui. Mais dis-moi, Papa, toi aussi tu fumais à la maison, Ronan et tous tes amis également ? Pourquoi c'était défendu pour moi ? A force d'imposer ton austérité maladive, je suis devenue jalouse de mes copines qui étaient bien habillées alors que j'avais toujours de vieilles nippes, jalouse de ce que possédaient les autres et auquel je n'avais pas droit. Par vengeance, je cassais et détruisais les jouets de mes copines et de Benny, perçais les pneus de vélos avec des épingles, puis ceux des voitures avec un couteau, arrachais les rétroviseurs, rayais les peintures, brisais les carreaux à coup de caillasses, découpais à grands coups de ciseaux les vêtements des copines accrochés au vestiaire ou les perçais à coups de brûlures de cigarettes…

Je dois dire qu'au niveau fringues je n'étais pas gâtée, car Maman les confectionnait dans de vieilles frusques récupérées je ne sais où. J'étais attifée comme l'as de pique, dans des vêtements moches à pleurer que j'étais bien obligée de porter car je n'avais rien d'autre : des jupes étriquées, serrées, marronnasses, trop longues ou trop courtes, et qui craquaient toujours au mauvais moment et au mauvais endroit, tant le tissu était usagé. Au collège, j'avais honte de moi et de mes parents d'un autre âge. J'aurais voulu choisir des vêtements neufs et à la mode, comme ceux de mes copines. Tiens, souviens-toi, avec les pulls usagés qu'elle détricotait, Maman fabriquait des pulls neufs, et comme elle n'avait jamais assez de laine, elle les mélangeait. J'avais toujours soit des pulls chinés, soit des pulls à rayures, et pas toujours assorties.

Je me souviens d'une jupe plissée bleu marine, que maman avait réalisée à la hâte pour un concert de ma chorale, dans le Théâtre Municipal. Pour la première fois, je chantais en public. Dans les coulisses, prête à entrer sur scène, une copine m'a frôlée d'un peu trop près, et bing !

La jupe plissée, elle n'a pas fait un pli… ouverte en deux… et moi, en petite culotte ! Je ne sais plus ce que j'ai chanté, ni si j'ai chanté, mais ce que je sais, c'est que j'étais rouge de honte. De plus, étant dans les plus jeunes, on m'avait affectée au premier rang ! Les deux mains dans le dos, j'ai tenu ma jupe devant-derrière durant tout le concert, jusqu'au retour à la maison. Le tissu était tellement miteux qu'un frôlement a suffi pour qu'il se déchire. Une belle jupe toute neuve ! Neuve dans du vieux ! Et toi, Papa, ça t'a fait rire !

Dans les années 68 est arrivée la mode des capes à godets amples et longues, et des petits bérets en feutre de couleurs très vives (rouge ou bleu). A force de râler, j'ai eu une cape et un béret style Maman : une cape étriquée, confectionnée dans une espèce de tweed marron tout droit tiré d'une vieille jupe de la grand-tante, ornée de gros boutons sur le devant, et percée de deux petites fentes pour passer les bras. Sans ces fentes, les bras plaqués le long du corps me donnait toute l'allure d'un sarcophage ambulant. Pour couronner le tout, elle était trop courte et ma jupe dépassait dessous. Quant au béret, parlons-en ! Crocheté avec la laine d'un pull détricoté de couleur crème, il ressemblait à une galette informe resserrée par un élastique puissant qui me comprimait la tête. Dans cet accoutrement ridicule, toutes les filles se sont foutues de moi tellement j'avais l'air d'une nigaude. La honte ! Refusant de l'endosser une seconde fois, je me suis fait engueuler comme du poisson pourri : « Bourrique, Bourrique…. Mais elle nous fait tourner en bourrique celle-là ! Tu voulais une cape, tu l'as eue, tu voulais un béret, tu l'as eu aussi… et ça ne va encore pas ? La prochaine fois, tu n'auras rien du tout ! ».

Une ou deux fois par an un grand cirque s'installait dans la ville, juste au bout de notre rue. Tout excités, Benny et moi t'implorions pour que tu nous y conduises. Tu nous disais « Vous voulez voir le cirque ? » « Oh ! Oui, oui, Papa… ». Après le souper, nous partions main dans la main, et plus nous remontions la rue plus notre impatience s'amplifiait. Lorsque nous entendions la fanfare et que l'odeur des fauves nous chatouillait les narines, nous te demandions de hâter le pas pour ne pas être en retard. Impassible, tu gardais ton attitude froide et calme en nous disant « Y'a pas presse ». Et puis, à notre grand étonnement, nous ne nous dirigions pas du tout vers les caisses. Nous faisions tranquillement le tour du chapiteau, traînions un bon moment devant l'entrée des artistes pour entrevoir un jongleur avant son passage en piste, des clowns ou des acrobates scintillants de paillettes qui s'échauffaient et... nous rentrions à la maison. Désabusés, nous ne devions pas piper mot sur le chemin du retour : « Vous vouliez voir le cirque ? Eh ben, vous l'avez vu ! ».

Lors de la Foire annuelle, chaque 1er mai, c'était le même cinéma. Nous en faisions le tour à pied, bavions d'envie de faire un tour de manège sur la fête foraine et... rentrions penauds. J'avais le sentiment que tu te délectais à te payer notre tête et à nous frustrer. Oui, tu aimais bien nous laisser convoiter quelque chose jusqu'au moment où le couperet tombait net.

J'avais une dizaine d'années lorsque je suis allée au cinéma pour la première fois avec la fiancée de Ronan, qui m'avait offert la place. Pour toi, tous ces divertissements étaient bien futiles et tu préférais que je t'accompagne aux entraînements de ping-pong, de tir à la carabine ou de football, dans le club sportif dont tu étais président.

La nuit, je faisais fréquemment le même rêve. Perdue au milieu d'une foule compacte, quelqu'un qui me voulait du mal cherchait à m'attraper. Hors d'haleine je cherchais à fuir jusqu'au moment où j'étais dangereusement rattrapée. Au moment précis où je sentais les mains se poser sur moi, je fermais les yeux, serrais très fort les mâchoires et les poings en remontant tout doucement mes épaules et en respirant très fort jusqu'à ce qu'une grande puissance envahisse tout mon corps. Elle naissait dans mes pieds et remontait jusqu'au sommet de ma tête. Parvenue à ce stade, je décollais du sol à la verticale jusqu'à ce que je sois inaccessible. D'en haut, hors de danger et libre, je jubilais. Si je relâchais mes efforts cette force baissait et mon corps redescendait. J'arrivais parfaitement à contrôler cette drôle d'énergie et m'amusais à monter et descendre au gré de mon envie. C'était un tel délice que je pouvais faire ce rêve sur commande en allant me coucher. Autant te dire que je ne m'en privais pas ! A la maison, il fallait toujours se taire et se tenir à carreaux. Jamais de blagues ou de rigolade, tout était sérieux. Les seules relations autorisées, c'était soit des vieux curés en soutanes qui puaient la clope, la transpiration ou la pipe, soit les grands-mères ou la grand-tante qui voulaient que je recouse des boutons, range la travailleuse, fasse un tapis en tricotin, un alphabet au point de croix, l'ourlet d'un torchon, ou bien encore du point de tige pour broder des porte-serviettes. Bref, que je me tienne tranquille, assise entre elles qui papotaient. Mais c'était impossible pour moi, alors je déchirais tout, arrachais le canevas, tordais les aiguilles, cassais la laine, trouais les tissus. J'étais « de la mauvaise graine » et avais « le diable au corps ». Mais dis-donc Papa, qu'est-ce qui avait bien pu réveiller ce diable en moi ?

Dans une ambiance pareille, je n'avais qu'une chose en tête : me tirer de là, partir loin, ailleurs, me sauver, disparaître... fuir ce silence de mort omniprésent. Tu me traitais comme une mauvaise fille et comme tu suspectais mes fréquentations à l'extérieur de la maison, tu m'épiais. Oui, oui, Papa, tu m'espionnais, ou bien tu le faisais faire par d'autres tant tu étais curieux de savoir avec qui je traînais. C'est avant, Papa, qu'il aurait fallu veiller sur moi, être attentif et aimant, et surveiller TES fréquentations à toi ! Je ne ressentais jamais d'amour, ni de confiance chez nous. La suspicion planait sur tout. La jeunesse, le plaisir, la joie de vivre, la tendresse, la confiance, la beauté, n'avaient aucune place à la maison.

J'avais une copine de mon âge, en guerre avec ses parents, avec qui j'étais très complice. Nous nous donnions rendez-vous après le bahut, dans une petite venelle très sombre pour « jouer aux amoureuses ». Protégées des regards, dans un recoin du mur, nous nous enlacions, nous embrassions sur la bouche, et échangions quelques chaudes caresses. Nous nous donnions beaucoup de plaisir avant de regagner à toute vitesse nos pénates respectives. Je vivais avec le sentiment d'avoir fait quelque chose de très grave et m'imaginais que tout le monde le voyait à travers moi. Mais c'était tellement bon que je ne pouvais pas m'empêcher de recommencer.

Du coup, j'étais pleine de nœuds à l'intérieur de moi, toujours coincée entre ce qui fait du bien, du mal, complètement désorientée. Quand c'était trop insupportable, j'avais trouvé la solution : me faire du mal physiquement. Je me mordais jusqu'au sang, me coupais la peau des mains avec des ciseaux, me piquais les joues avec des aiguilles, et toujours à l'intérieur de moi cette petite voix : « Ça fait même pas mal ! Ça fait même pas mal ! ». Lorsque ma souffrance devenait intolérable, j'avais comme des évanouissements, une douce impression de tomber dans le mal sans pouvoir me retenir, et c'était très bon. Je « revenais » euphorique de ces états bizarres et je riais jusqu'à l'hystérie... Je riais jaune, Papa, mais je riais…

En dehors de l'école mon emploi du temps était simple : le jeudi et les vacances scolaires, catéchisme et patronage chez les sœurs ; le samedi, confession, répétition de la chorale pour la messe du dimanche et devoirs ; quant au dimanche, messe et repas en famille.

A onze ans, j'ai fait ma profession de foi, et n'ai jamais compris pourquoi je l'avais faite trois fois. La première fois dans notre paroisse, la seconde à la Cathédrale (paroisse qui correspondait au collège) et l'année d'après j'ai été renouvelante. Était-ce bien nécessaire ? Vêtue d'une longue robe blanche et coiffée d'une petite voilette, je ne me souviens que de trois choses : je jouais au lasso avec la cordelière, j'avais mal aux pieds à cause des chaussures neuves, et une envie folle me démangeait de foutre le feu avec mon cierge allumé au voile de la fille qui me précédait ! Toujours est-il que ça m'a obligée à me confesser chaque samedi après-midi durant les mois qui ont précédé, car il ne fallait pas avoir de péchés pour communier. Sans confession, pas de communion. Or, ne pas communier c'était me faire remarquer dans de mauvaises conditions car cela signifiait que mon âme était sale. Le poids de mes péchés était si écrasant au vu du catéchisme, que j'étouffais d'appréhension, pétrifiée devant le confessionnal tout noir. Je n'allais quand même pas dire : voleuse, menteuse, jalouse, colérique, envieuse, désobéissante, gourmande, criminelle… et le nombre de fois pardessus le marché, car c'était trop souvent ! J'avais fini par trouver une bonne parade.

J'inventais des petits péchés que je notais soigneusement sur un morceau de papier pour ne rien oublier. Face au curé, je terminais ma liste en avouant que j'étais un petit peu menteuse, et le tour était joué. Ensuite, j'allais sagement m'agenouiller sur un prie-Dieu, et au lieu de réciter les prières d'expiation, je comptais dans ma tête jusqu'à cent car j'avais calculé qu'en durée cela équivalait à la longueur des prières. A la suite de quoi je me sentais complètement quitte avec Dieu puisque de toute façon il ne connaissait rien de mes plus secrètes pensées.

Dans les églises, une seule chose me fascinait : l'orgue. Je rêvais d'en jouer, d'autant plus que certaines de mes amies étudiaient le piano. Tu m'avais dit que c'était impossible car tu n'avais pas les moyens de me payer des cours de musique. C'était pour les « riches », pas pour moi.

Eh bien Papa, un « petit miracle » a fini par arriver. Vers mes douze ans, la Sœur Vincent, celle qui jouait de l'harmonium à l'église, est tombée malade. Elle était vieille et il fallait la remplacer. Elle avait repéré la petite fille de la chorale qui collait toujours son nez sur le clavier, et qui bavait d'y poser les doigts quand elle avait le dos tourné. Elle a passé le message à Sœur Marie, la Supérieure de la Communauté. Cette dernière, elle-même musicienne, m'a un jour demandé si je voulais apprendre. J'ai bondi de joie, et sans hésiter un instant, j'ai dit « OUI ! ». Toi aussi, Papa, tu as acquiescé, parce que primo, ça ne te coûtait pas un centime, secundo, accompagner la messe c'était une « bonne cause », et tertio, « ça faisait bien » d'avoir sa fille qui occupait la fonction d'organiste au sein de la paroisse. En outre, quel soulagement aussi de me savoir au couvent, passant de longues heures à étudier la musique plutôt qu'à faire des conneries. J'étais entre de bonnes mains, sous contrôle !

Mes samedis de latin se sont métamorphosés en samedis de musique, et toute la semaine j'attendais ce jour-là avec une impatience exubérante. Cette Sœur Marie, a passé des centaines d'heures à m'apprendre, à m'encourager, à me donner de son temps. J'étais enthousiasmée et nageais dans le bonheur en sa présence. Mon cœur débordait de joie, j'étais hors du temps, enveloppée de bien-être, et j'aurais voulu que ça ne s'arrête jamais.

Avait-elle deviné que j'étais en souffrance ? Probablement, car elle était d'une douceur infinie avec moi. Jamais de jugement, beaucoup d'attention de tendresse et d'amour. Nous sommes rapidement devenues amies tant ma confiance en elle était totale. Je pouvais lui parler, elle gardait tout pour elle. Elle me faisait comprendre qu'elle avait besoin de moi pour un tas de petites choses, et j'étais ravie de lui rendre service. Elle aurait pu me demander la lune ! Elle était bien plus âgée que toi et maman, mais moi, je la voyais jeune et l'aimais au-delà de tout.

En elle, j'avais trouvé une maman, un papa, une grande sœur, une amie, une fée, je ne sais plus trop. Je me souviens encore de son odeur, un mélange de soupe de légumes et de savonnette, et du petit grain de beauté bleu qu'elle avait sur le poignet droit. Dès qu'elle interrompait mon cours pour vaquer à ses occupations, je devenais jalouse à en mourir et attendais avec empressement notre prochain rendez-vous. Je suis restée en relation avec elle jusqu'à sa mort à presque cent ans, et je peux te dire qu'aujourd'hui elle vibre toujours dans mon cœur.

Comme j'étais plutôt douée pour la musique (en fait je crois que j'étais surtout très motivée !), au bout d'un an de cours assidus je suis officiellement devenue organiste et ai accompagné tous les offices religieux, ce qui me donnait une vraie bonne raison d'aller à l'église. Ce fut aussi pour moi l'occasion de gagner mon premier argent de poche. En effet, j'étais parfois invitée à accompagner des mariages ou des enterrements, et dans ce cas, le curé me donnait un billet de cinq francs. Quel souffle !

Il m'arrivait de piquer subrepticement ton vélo-solex et de m'évader de la maison pour aller respirer ailleurs. Tu t'imaginais que je « courais les garçons » ? Eh bien non, Papa, j'allais me réfugier chez Sœur Marie. La plupart de mes copines me ridiculisaient car j'étais souvent fourrée chez les bonnes sœurs et n'avais pas les mêmes fréquentations qu'elles, mais ça m'était égal, j'allais là où j'étais bien. Les p'tits copains, c'était plutôt en sortant du collège, et je n'en avais guère, car la mixité n'existait pas au collège et encore moins au patronage des sœurs.

J'avais beau ne pas dépenser les quelques billets de cinq francs laborieusement gagnés, mes économies ne suffisaient pas pour m'offrir ce que je convoitais. Je rêvais de m'acheter des disques d'orgue, du maquillage, un pantalon Jean, une paire de Clarks et un soutien gorge.

Pour me satisfaire, maman a eu la géniale idée de me faire embaucher pendant les vacances chez son boucher, sur le marché. Je tenais la caisse en comptant sur mes doigts, car il n'y avait pas de calculette et je n'étais pas très douée pour le calcul mental. Ça allait bien trop vite et je n'étais pas assez rapide. Tu t'imagines ? Le boucher annonçait les prix à haute voix, je les notais au fur et à mesure avec un petit crayon rouge sur le papier d'emballage. Quand la cliente arrivait à la caisse, il fallait que l'addition soit déjà faite, que j'encaisse, tout en continuant à inscrire l'addition de la prochaine cliente car le boucher ne faisait pas de pause. J'en bavais, et en fin de matinée j'avais la tête à l'envers. Pour gagner cinq francs, je travaillais de 8 heures à 12h30. Après plusieurs mois d'économies j'ai enfin pu m'acheter un disque 33 tours de toccatas et fugues que j'écoutais en boucle jusqu'à l'étourdissement, sur le vieil électrophone de Ronan.

Les Clarks et le Jean furent mon deuxième achat car j'avais décidé de ne plus porter de jupes. A treize ans, j'étais fière de porter mon premier pantalon (c'était un jean droit, très moulant et retroussé en bas des jambes) jusqu'à ce que tu me demandes d'aller m'habiller correctement et de ne pas montrer ainsi mes fesses. Une femme ne devait pas porter de pantalon ! Oui, Papa, on voyait mes formes, mais pas mes fesses ! Quand ce fut le tour du soutien-gorge, la coupe a nettement débordé. Toi et Benny qui commençait à jouer les machos, vous vous êtes moqués de moi en chœur : « Tu as besoin de ça pour tes deux petits nichons de rien du tout ? Tu veux faire croire que t'en as ? ». Maman ? Pas un mot !

Quand vint le maquillage (que j'avais discrètement volé au Prisunic car je n'avais plus assez d'argent), ce fut le pompon des pompons. Maman m'avait bien dit : « Ne fais pas ça, tu vas voir ce que va dire ton père ! ». Il faut dire qu'elle-même n'avait pas le droit de se maquiller, et quand elle s'achetait un peu de fond de teint, de parfum ou un petit vernis à ongle transparent, elle les cachait sous les draps dans l'armoire de votre chambre. Qu'à cela ne tienne, il fallait que je teste ! Un dimanche, je me suis donc autorisée à me mettre un soupçon de fard à paupière bleu et ai rejoint la table familiale le plus discrètement possible. Tu as levé le nez de ton assiette, m'a regardée droit dans les yeux avant de me lancer froidement devant toute l'assemblée « tu n'as pas fait ta toilette ce matin ? Va te laver s'il te plaît, tu es sale, on dirait une catin, tu te mettras à table quand tu seras propre !... ». Silence total ! Honte à moi...

Tu te régalais vraiment à m'humilier et me pourrir la vie en public. Pourquoi prenais-tu plaisir à abaisser, vexer, dominer, juger et mépriser la plupart des femmes ? Pourquoi seuls les hommes avaient de l'importance pour toi ? J'ai toujours trouvé bizarre ta façon de voir toutes les femmes et ne l'ai jamais comprise. En fait, je fais erreur en disant « toutes les femmes », car il y avait trois exceptions : la Sainte Vierge, ta mère et ta sœur aînée, auxquelles tu vouais une véritable adoration. Les trois intouchables ! Toutes les autres femmes étaient louches et suspectes, même ta femme, ta fille et plus tard tes belles-filles. Pourquoi ? Toi seul possèdes la réponse, Papa. Les seuls moments où tu étais fier de moi, c'était pour les processions de la Fête Dieu au Grand Séminaire proche de la maison, lorsque j'étais déguisée en petite Sainte Vierge au milieu de tous les hommes en aube. J'ai conservé une ou deux photos, et de toute évidence, sur aucune d'elles je n'ai l'air de prendre mon pied.

Pour en revenir à la question de propreté et de la toilette, j'ai deux mots à te dire, Papa. Après quelques travaux de rénovation, nous avons disposé d'une très grande salle de bains, équipée d'une baignoire reposant sur quatre pattes de poules en fonte enserrant de gros œufs, d'un lavabo, d'une machine à laver, de la pharmacie et d'une chaudière à charbon.

Deux portes permettaient d'y accéder dont l'une s'ouvrait sur le jardin et l'autre sur ma chambre. Te souviens-tu comment étaient les portes ? Vitrées et sans fermeture ! Quelle intimité ! Je détestais me mettre nue dans la salle de bains tant je craignais les regards d'un éventuel voyeur.

Quant à la toilette par elle-même, je vais te rafraîchir la mémoire. Était-ce par souci d'économie que nous devions tous utiliser le même gant, la même serviette, la même brosse à dents ? Et la même eau du bain ? Seul le premier avait de l'eau propre et chaude. Toi tu faisais exception car étant travailleur, tu avais droit à un bain privé. Mais moi, ma mère et Benny utilisions la même eau, qui finissait évidemment par être froide et grise au troisième bain. Chaque samedi, je me battais pour éviter la troisième position car je n'avais aucune envie de me glisser dans la couche de crasse qui flottait et se collait tout autour de la baignoire. Mais, c'était chacun son tour et ça ne se discutait pas ! J'ai dû être sale et puante un bon moment ! Et tu ne t'imagines quand même pas qu'en plus j'allais me brosser les dents avec ta brosse à toi ? Beurk ! Conclusion ? J'étais tout le temps fourrée chez le dentiste pour qu'il soigne mes caries et ai eu le privilège de m'offrir un dentier avant 50 ans ! Merci Papa...

Aux alentours de douze ans, j'ai enfin eu une vraie chambre pour moi. Jusque-là, j'avais occupé un petit lit dans la chambre conjugale et étais très jalouse de Benny qui avait récupéré celle de Ronan après son mariage. Je l'avais longuement convoitée car elle était à l'étage, donc isolée des autres pièces d'habitation, et possédait un lavabo privé. Je m'étais imaginé que j'aurais la priorité vu que j'étais la seconde enfant et que, étant une fille, ce serait chouette de pouvoir faire ma toilette à part. Mais, ça ne s'est pas du tout passé selon mes désirs.

Ma première chambre donc, qui n'avait en apparence que des avantages, était en effet très spacieuse. J'en avais choisi le papier peint, une ribambelle de papillons multicolores, et le lino, rouge vif. J'avais un grand lit, un cosy, une commode, un placard, une grande fenêtre, une porte qui donnait dans la cour, un petit harmonium d'étude prêté par la paroisse, tout pour plaire, quoi. Sauf que d'un côté elle était mitoyenne à la tienne et celle de maman, et de l'autre à la salle de bains. C'était une « chambrepassage » dans laquelle je me sentais coincée et pas libre de mes mouvements. En effet, n'importe qui et à n'importe quel moment pouvait la traverser sans frapper, bien sûr, car on ne frappait pas à la porte d'une gamine. J'y avais très peur la nuit car je croyais que des reptiles rampaient sous mon lit, et certains soirs j'y entendais marcher quelqu'un. Mes phobies faisaient rire tout le monde et personne n'y prêtait attention. Quelques années plus tard, j'ai tout de même fini par découvrir que les pas qui m'effrayaient tant, n'étaient en fait que le bruit régulier de ton rasoir lorsque tu l'affutais sur un morceau de cuir. Malgré tout, j'aimais beaucoup cette chambre, petit nid dans lequel je m'isolais tant bien que mal pour passer de longues heures à faire de la musique.

Mon bonheur fut de courte durée, car deux ans après mon installation j'ai dû décamper pour céder ma place à la grand-mère G… (la mère de maman) brusquement atteinte d'une paralysie cérébrale. Devenue dépendante, elle ne pouvait plus vivre seule, et comme chez nous on ne plaçait pas les personnes âgées dans une maison spécialisée, elle est venue s'installer à la maison. Dans ma chambre de préférence, car elle était au rez-de-chaussée ! Et moi ? La bonne blague ! J'ai dégagé d'un seul coup, d'un seul… au grenier ! Dans une petite pièce mansardée, sorte d'alcôve sans confort, sans chauffage et sans fenêtre, juste un petit vasistas dans le toit. En bonne petite catholique qui doit céder sa place au plus vieux et au plus souffrant, je n'ai pas eu mon mot à dire et ai sèchement ravalé mon ressentiment.

Ceci dit, malgré son inconfort, ce débarras avait le suprême avantage d'être isolé du reste de la maison. Je l'ai rapidement transformé, peignant le carrelage en rouge et décorant les murs de posters des Beatles et de Bob Dylan. Lovée dans ce nouveau nid, personne ne pouvait venir y rôder et m'y surprendre par hasard. Les intrus, j'avais le temps de les entendre monter les marches ! Tu vois, Papa, ma place, je me la suis faite comme j'ai pu, à l'écart. Je sais bien que ça n'était pas trop à ton goût car tu ne pouvais plus m'épier. Plusieurs fois tu as bien essayé de monter « en douce » (j'entends encore les pas feutrés de tes charentaises dans l'escalier), mais tu ne m'as jamais prise en flagrant délit... de fumer par exemple.

L'arrivée de ma grand-mère maternelle n'a pas arrangé l'ambiance générale de la maison, loin s'en faut ! Elle occupait beaucoup de place et pompait pas mal d'énergie à tout le monde, surtout à Maman car il n'y avait pas d'aide à domicile à cette époque-là pour les levers, les couchers, les toilettes ou les repas. C'est donc maman qui se coltinait sa mère toute la journée. Elle soufflait parfois comme un bœuf, je devais l'aider et il y avait souvent des étincelles dans l'air. Sans compter que mes rires ou ma musique l'énervaient et qu'il fallait toujours baisser d'un ton. Toi, tout le monde te louait d'avoir accueilli ta belle-mère, sauf que, quand tu étais face à elle, c'était brimade sur brimade, car tu ne supportais pas son hémiplégie et la traitais parfois avec brutalité. Par exemple, tu voulais qu'elle mange avec le bras qui ne marchait plus. C'était « pour son bien », pour la « rééduquer », parce qu'elle se « laissait aller et ne faisait aucun effort », comme si elle faisait exprès d'être infirme pour qu'on s'occupe d'elle.

Maman, souvent malade, avait toujours mal quelque part. Elle subissait de nombreuses interventions chirurgicales à la suite desquelles elle arborait fièrement ses coutures ou ses cicatrices et tu la rembarrais, ne supportant pas « ses trucs de bonne femme ». Elle n'avait pas le droit à la parole et, pour qu'on lui prête un peu d'attention, se plaignait dès que tu avais le dos tourné. « Ton père ceci, ton père cela... », tu parles d'une ambiance ! Personne ne s'écoutait, dans cette baraque. La souffrance suintait partout et il ne fallait rien manifester. Souffrir en silence, c'était ta loi. Plus on souffrait, meilleur c'était pour le paradis. Nous n'étions pas nés pour profiter de la vie, ni pour être heureux. Tu me faisais peur, Papa, car soit tu sévissais, tu redressais ce qui clochait, ce qui ne filait pas tout doux, soit tu ne disais rien et c'était pire. Tu portais une raideur austère en toi, et où que tu sois, quoi que tu fasses, elle transpirait par tous les pores de ta peau et irradiait dans ton regard.

J'ai obtenu mon Certificat d'Études, qui ne servait d'ailleurs à rien mais que tu m'avais obligée à passer pour m'habituer aux examens, et ça t'a bien scotché. Sœur Marie m'avait beaucoup encouragée en me prêtant son bureau pour que j'y révise le programme. M'ayant promis un vélo en cas de réussite, je suis allée en choisir un blanc et l'ai utilisé pour me balader et aller au lycée.

Un samedi midi après les cours, sur mon parcours de retour j'ai eu un accident. Juste au moment où je passais devant le petit bistrot face à la caserne de C.R.S., un vieil homme ivre est descendu du trottoir. Nos deux têtes se sont cognées très fort et nous sommes tombés par terre. Sortis en trombe, les clients du bar ont appelé les pompiers qui nous ont embarqués dans leur fourgon, moi, complètement sonnée, assise sur une banquette et l'homme allongé sur un brancard à mes pieds. La tête ensanglantée, il a crié deux fois : « Nom de Dieu ! Quel est le salaud qui m'a fait ça ? » et il n'a plus rien dit.

Arrivé à l'hôpital, il était mort d'une commotion cérébrale et « le salaud qu'avait fait ça », ben c'était moi, Papa. Un chirurgien a recousu le haut de ma pommette, juste sous l'œil droit, qu'il a recouvert d'un énorme pansement, pendant qu'une infirmière te téléphonait pour t'informer de l'accident et te demander si tu pouvais venir me chercher. J'étais pétrifiée d'angoisse car j'étais en retard pour le repas du midi, et croyais fermement que cet homme était mort par ma faute. Tu as répondu que j'étais grande, que je pouvais rentrer toute seule, que je connaissais le chemin, et que je n'avais pas besoin d'un chauffeur. Ta réaction m'a anéantie. J'étais toute estourbie, n'y voyais que d'un œil, me sentais coupable d'un crime, et je suis pourtant rentrée à pied, toute seule, en titubant et en chialant comme une madeleine en poussant mon vélo.

Quand j'ai ouvert la porte de la maison, tu as souri en voyant ma tronche et tu as dit : « Hé ben ! Pas d'quoi s'affoler ! T'es pas morte ! » et comme tu avais fini ton repas, tu as continué à vaquer à tes occupations. Moi, je suis montée sans rien dire dans ma chambre et j'ai hurlé à l'intérieur de moi. Le lundi, quand tu as lu les faits divers de ton journal, tu as trouvé l'entrefilet qui relatait l'accident et annonçait le décès du vieil homme. Il s'appelait Émile. Tu m'as interpellée de ton air le plus grave : « viens voir, on parle de toi dans le journal, et l'homme que tu as renversé est mort ! ». Comme si je ne le savais pas ! Pendant des années j'ai pensé que si j'étais passée une minute plus tôt ou plus tard, l'homme serait encore en vie et je me sentais coupable d'un crime. Il revenait souvent dans mes cauchemars et, comme d'habitude, je n'ai pu en dire un mot à personne.

A la fin de la 3ème, j'ai été orientée en Lycée Technique, en seconde AB, Sciences-Eco. J'aurais préféré suivre une filière Classique, d'autant que je m'étais farci six années de Latin, deux années de Grec et que j'aimais beaucoup le français et les langues vivantes, mais tu ne m'as pas demandé mon avis. Le droit, l'économie ? Je n'y comprenais rien à rien, c'était de l'hébreu pour moi, et je ne trouvais aucun intérêt à ces matières-là. A la fin du premier trimestre, la prof principale, qui enseignait le français et avec qui j'avais d'excellents résultats, t'a convoqué pour te faire part que mon orientation en Lycée Technique n'était pas adaptée à mon profil. J'avais des « dons » pour la poésie, la peinture, le dessin, la musique et une inscription aux Beaux-Arts à Dijon paraissait mieux convenir. Je jubilais à cette idée géniale et m'étais empressée d'informer Ronan, qui habitait justement Dijon avec sa femme et ses deux enfants, et qui était d'accord pour m'héberger afin d'éviter l'internat. Ça tombait tellement pile poil que j'y ai cru, je ne parlais plus que de ça. Jusqu'au jour où : « Les beaux-arts ! Qu'est-ce que tu vas aller foutre aux beaux-arts ? Pour faire quel métier plus tard ? Artiste ? C'est pas un métier, ça, on gagne pas sa croûte avec ça » et clac !

J'ai eu beau pester, râler, ton opposition était radicale et j'ai fait... secrétariat ! « Secrétaire, ça ne te plaît pas ? Y'a du travail dans cette branche-là ! Et puis tu pourrais rentrer dans la Fonction Publique et avoir la sécurité de l'emploi ! Au pire, tu pourrais te rabattre sur sténo-dactylo ! J'en ai parlé au directeur de ma banque et il serait d'accord pour t'embaucher un mois pendant les vacances d'été. J'ai pris un rendez-vous avec lui et avec toi. Il voudrait entendre tes motivations. » MES motivations ? Pour travailler un mois l'été dans une banque plutôt que d'être avec mes copines ? Mais je n'en avais qu'une en tête, de motivation, et qui n'avait rien à voir avec un emploi de bureau, c'était combien j'allais gagner, pour pouvoir m'offrir ce qui me tentait le plus ! TA motivation à toi, je l'avais bien comprise, c'était que je me fasse une idée sur le bel avenir professionnel que me promettait le secrétariat. Je n'ai guère eu le choix car le directeur et toi étiez de mèche, et pendant un mois je me suis retrouvée bouclée derrière un guichet.

J'étais sous la surveillance d'un vieux gros caissier qui, de sa petite cabine grillagée, me jetait un œil de temps en temps. Équipée d'une petite presse à main, je devais imprimer le nom et l'adresse des clients sur leurs chéquiers. Je me tartinais les doigts d'encre noire indélébile, très épaisse et gâchais beaucoup de chèques. Le patron m'a alors déplacée à la Compensation où je devais additionner, sans calculette, des piles de chèques. Le résultat de mes opérations devait en tout point correspondre avec le travail des mécano-facturières. Je passais des heures à recommencer mes additions souvent fausses, tout en lorgnant les amas de billets que manipulait le caissier. En fin de journée, avant la fermeture, j'oblitérais le courrier dans une machine spéciale, mais j'étais tellement pressée de déguerpir, qu'en tirant sur les enveloppes pour aller plus vite, j'en déchirais une sur deux et me faisais convoquer chez le patron pour me faire houspiller. J'ai tenu bon tout le mois pour avoir ma paye tout en réalisant que le bel avenir dont tu rêvais pour moi ne serait certainement pas celui-là. J'ai dépensé toute ma paye pour m'acheter un super électrophone avec deux petits baffles et... tu as trouvé cet achat stupide et inutile : « Tu ne pouvais pas t'acheter quelque chose d'utile avec tout cet argent ? ».

En classe, à part la gym et les cours de dessin, aucune matière ne me convenait.

J'étudiais en dilettante, le minimum possible, et trouvais toujours de bonnes occasions pour sécher les cours. A dix-sept ans, je commençais à traîner avec une bande de copains et de copines, mi-hippies, mi-délinquants, et avais pas mal laissé tomber la p'tite Sœur Marie qui commençait, elle aussi, à trop se mêler de mes fréquentations douteuses. Et puis l'harmonium, la musique d'église et la messe du dimanche, par rapport aux Rolling Stones ou aux Pink Floyd, c'était franchement ringard. Par obligation j'accompagnais toujours les offices religieux, mais je n'en avais plus le goût du tout. Je voulais jouer d'autres partitions, sur un clavier électronique, avec des guitares électriques et des percussions...

Pour faire comme les copines et ne pas rester sur la touche, je draguais et me dégotais toujours des garçons dont les caresses, après quelques heures de flirt, ne me convenaient pas du tout. Épouvantée, je ne supportais pas leurs corps trop près du mien et ne leur cédais rien. Ils me rejetaient aussitôt et mes amourettes d'adolescente ne duraient pas longtemps. Les copines me prenaient pour une sacrée dinde de ne pas « en profiter », mais il était hors de question qu'on force mon corps à quoi que ce soit et, les sexes durs cachés dans les pantalons me révulsaient d'horreur. Je considérais mon corps comme un objet intouchable, et je ne pouvais parler à personne de ce que j'en connaissais, même pas à mes copines.

Je reconnais que je faisais tout le contraire de ce que tu attendais de moi, Papa. En réalité, j'allais chercher à l'extérieur ce qui me manquait à la maison : le grain de folie avec des copains et copines les plus loufoques possible, la confiance, la tendresse et l'attention auprès d'une religieuse, « l'amour » auprès des « amoureux »... Je fuyais, je te fuyais, toi et maman. Quand tu me chopais, tu me bridais un peu plus fort et je me rebiffais avec les moyens du bord. Les mots qui revenaient sans cesse à mon sujet étaient : « Tiens-toi tranquille ! Tais-toi, mais tais-toi donc, bon sang de bonsoir ! Mais qu'est-ce qui m'a foutu une môme pareille ? Tu vas la fermer oui ou non ? Tu as le diable au corps, on ne t'a pas demandé ton avis, sale caractère, bourrique, tête de lard, etc. ». C'étaient les mots d'amour de mon éducation. Tu avais raison, Papa, ça n'allait pas du tout, et je n'avais qu'une idée en tête : partir le plus loin possible. Je ne savais pas comment, ni pour aller où, ni pour quoi faire, mais mon désir était plus fort que tout et j'attendais, impatiente, que l'opportunité se présente.

Pour apaiser mes colères et mes rebuffades, je remplissais des tas de petits carnets sur lesquels j'écrivais mes révoltes et les gardais précieusement, bien cachés. Je ne les ai jamais détruits et les ai toujours aujourd'hui. La majorité d'entre eux sont griffonnés de courts poèmes très « gores ». Sur l'un d'entre eux, j'avais recopié à chaque ligne et à toutes les pages : « Vous allez tous crever, vous allez tous crever...... » et à la dernière ligne, à la fin du carnet : « Et moi, je vais vivre ! ».

En classe de première, après mon échec retentissant à la banque, j'ai décidé de faire un stage pour obtenir le BAFA et devenir monitrice de colonies de vacances. Les enfants me branchaient plus que les petites secrétaires ou les vieux caissiers. D'une part ce brevet me permettrait de faire quelques heures de vacations dans un Centre Social le mercredi après-midi, et je pourrais accompagner des colos loin de la maison tout l'été d'autre part.

La première colo était en Alsace, la seconde en Touraine, près de Bourgueil. C'est dans la seconde que j'ai rencontré « par hasard » Jaheu, qui est tombé fou amoureux de moi.

Je ne m'y attendais pas le moins du monde étant donné qu'à cette époque, j'avais un flirt avec un guitariste. Pourtant, sans le connaître et va savoir pourquoi, j'ai choisi

Jaheu. Et tu sais quoi, Papa ? Il était comédien, militant au Parti Communiste, anti-clérical, ses parents étaient profs, et ils habitaient à Versailles ! Tout un programme ! J'avais décroché le gros lot et ne pouvais pas espérer mieux ! Pour oser te le présenter, il a fallu jouer serré ! Après une solide description de mon milieu familial, il s'est composé un rôle à la hauteur, et grâce à Ronan qui aimait plaisanter, la rencontre s'est à peu près bien passée. Notre amour m'a donné le courage d'aller jusqu'au bout de mon année de Terminale et de passer mon baccalauréat.

Une petite étoile clignotait dans ma tête car je savais qu'ensuite, je partirais rejoindre Jaheu dans la capitale. Le bac de secrétariat ? J'ignore comment, mais je l'ai eu de justesse ! Yeahhhh ! « Y'a de la chance que pour la racaille », hein Papa ! J'étais mineure (j'avais 19 ans et la majorité était à 21 ans), mais rien ne pouvait plus me retenir sous ta coupe. J'ai continué à te mentir sur toute la ligne en te disant que Jaheu, qui avait 24 ans, vivait chez ses parents, gagnait bien sa vie, m'avait trouvé un petit appartement sympa, et que je ne tarderais pas à trouver un travail car j'avais une piste du côté de l'Éducation Nationale.

Tu m'as laissée partir, tant bien que mal. En tout cas, sur le quai de la gare, il n'y a pas eu d'embrassade, ni de souhaits de réussite, ni rien d'autre, car j'étais seule avec mon sac à dos. Qu'à cela ne tienne, je me suis envolée joyeuse et libre, rejoindre mon amoureux, prête et décidée à m'inventer une nouvelle vie avec lui, abandonnant mon enfance comme une vieille peau devenue trop petite et inutile.

Il suffit de ne plus penser aux choses difficiles du passé pour qu'elles disparaissent en fumée comme un vieux rêve périmé n'est-ce pas ? C'est ce que tu m'avais appris, et c'est probablement de cette façon aussi que tu avais été façonné et que tu fonctionnais.

En tout cas, c'est comme ça que j'ai imaginé poursuivre ma route.

Chapitre IV
Je vais voir ailleurs... (1973-1977)

Une heure et demie après mon départ, j'étais dans les bras de Jaheu sur le quai de la gare de Lyon à Paris. Fous de joie, nous avons d'abord fait la fête avant de rejoindre Versââââilles, mâââ chèèèère, où Jaheu avait dégoté notre premier petit logement. C'était un grenier à la limite de la salubrité avec des meubles pourris et un lot de vieille vaisselle dépareillée, sans eau chaude ni salle de bains, et W.C. collectifs sur le palier. Jaheu n'habitait pas du tout chez ses parents qui étaient de mèche avec nous, et ce grenier fut donc notre premier nid d'amour. Si tu l'avais su, Papa, tu nous aurais maudits à jamais, car selon ta morale, une femme vivant à la colle, c'était une catin. Tu ne l'as donc jamais su, et j'ai ainsi vécu « dans le péché », pendant un peu plus d'un an.

J'étais partie sans « rien » emporter, seulement mes rêves et quelques vêtements. Pas un centime, pas de compte en banque, mais des projets de vie plein la tête. Je n'avais pas de travail et Jaheu, peu d'économies. En réalité, il vivotait avec des petits contrats au sein d'une jeune compagnie théâtrale. Matériellement, nous étions vraiment fauchés et je m'étais bien gardée de te le dire, de crainte que tu m'empêches de partir.

La famille de Jaheu m'a accueillie les bras ouverts. Ses parents émargeaient à l'Éducation Nationale, son père était maître de conférences en littérature anglaise, un intello donc, militant au Parti Communiste, et sa mère enseignait dans un collège. Il avait un jeune frère, militant lui aussi, et chacun clamait son athéisme anti-clérical avec fierté.

Tu vois, Papa, je n'avais pas « loupé mon coup », le changement était radical, tout l'opposé de toi, maman, ma famille et mon éducation. J'atterrissais sur une autre planète, dans un monde inconnu et chaleureux. Un vrai conte de fée ! Chez eux tout était différent de ce que je connaissais jusque-là. Ils parlaient beaucoup entre eux, habitaient une superbe maison en pierre meulière au milieu d'une pelouse fleurie, dont le confort m'a sauté aux yeux : moquette et tapis dans le séjour, bibliothèque surchargée, cuisine « moderne » et même un piano et un petit fox terrier qui courait partout. Le dimanche, les repas étaient somptueux et les après-midi consacrés à des visites de monuments historiques et des balades en voiture. La mère très coquette se maquillait, allait chez le coiffeur, avait un métier et m'appelait « ma chérie ». Ouah ! Abasourdie, je croyais vivre un rêve qui me coupait le souffle au point de ne pouvoir sortir un mot. J'étais muette face à leur éloquence et leur érudition, avec l'impression désagréable de n'avoir reçu aucune instruction.

Par crainte de passer pour une demeurée, je préférais donc rester silencieuse et réservée. Ils me demandaient régulièrement si j'allais vraiment bien. Je dois te dire, Papa, qu'ils discutaient beaucoup politique avec un langage très spécifique auquel je n'étais pas initiée, et le Capitalisme Monopoliste d'État, tu parles si ça me passait au-dessus du cabochon ! Je ne comprenais rien et me sentais tout-à-fait primitive et inculte.

Amoureux et patient, Jaheu passait beaucoup de temps à faire mon éducation politique afin que je comprenne les fondements de leurs idéaux, de leurs révoltes et de leurs engagements. Je m'en suis peu à peu imprégnée, et les bonnes causes qu'ils défendaient me sont rapidement apparues d'une évidence incontestable, d'autant plus que pour eux, Dieu, l'enfer et le paradis n'existaient pas plus que le Père Noël. C'était juste des balivernes inventées par des humains autoritaires et tyranniques, pour effrayer d'autres humains faibles et fragiles, afin de les empêcher de se révolter et les maintenir en esclavage : « L'opium du Peuple ! ». Mes intuitions de petite fille trouvaient enfin un écho auprès d'adultes sérieux qui tenaient la route ! Il suffisait de réfléchir un peu ! Trouvant là un bon moyen d'exprimer ma révolte de façon constructive et me sentant soutenue, j'ai violemment renié l'éducation catholique dans laquelle tu m'avais comprimée, et le Dieu tout-puissant qu'on m'avait asséné à grands coups de catéchisme.

Je n'ai eu aucune difficulté pour épouser leur philosophie, leurs convictions, leurs idéaux, leur rébellion et n'ai pas hésité à prendre ma carte au Parti pour militer à leurs côtés.

La bagarre, la révolte, les manifs, tu parles si ça me convenait, Papa, j'étais convaincue et enthousiaste ! J'avais trouvé LA solution à toutes les misères du monde, à toutes les injustices sociales : Il suffisait de prendre le pouvoir et de construire une société avec d'autres valeurs.

Tous les problèmes humains avaient une solution et toutes les questions avaient une réponse dans un monde où la justice sociale serait la priorité. Et en s'y mettant tous, c'était pour bientôt car avec le Programme Commun nous avions le vent en poupe. La solidarité, la fraternité et le partage qui nous rassemblaient en étaient un avant-goût prometteur. Je participais à toutes les réunions de cellule, distribuais les tracts, collais les affiches, vendais les journaux au porte à porte et participais à la fête de l'Humanité, dans une ambiance exaltante. A l'aise comme un poisson dans l'eau, j'ai lié de nouvelles amitiés et ai vécu ces nouvelles orientations de ma vie comme une véritable renaissance ou soufflait un bon vent de liberté.

En ce qui concernait mon avenir professionnel, le métier d'institutrice m'attirait beaucoup. J'avais potassé la pédagogie de Célestin Freinet et, sous réserve de pouvoir l'appliquer, l'enseignement m'aurait bien plu. J'ai donc passé le concours d'entrée à l'École Normale d'instituteurs. Il se composait d'un écrit, que j'ai réussi mais dont je n'ai aucun souvenir, et d'un oral dont je me souviens très bien en revanche. Au hasard, j'ai pioché un petit papier sur un plateau et suis tombée sur le sujet suivant : L'innocence est-elle une vertu ? J'ai eu beau me labourer la cervelle pendant plus d'une heure, ma petite tête de vingt ans était creuse et cette question m'a laissée de marbre. Que l'innocence soit ou non une vertu, je n'en avais strictement rien à cirer et face au jury, je n'ai pas fait long feu. En revanche, grâce à l'écrit j'ai été considérée comme admissible, ce qui m'a permis d'être immédiatement recrutée comme institutrice « suppléante éventuelle », puis comme « remplaçante », tout en m'épargnant l'École Normale et un engagement de dix ans au sein de l'Éducation Nationale à la sortie. Grâce aux accointances de la mère de Jaheu avec une inspectrice académique j'ai bénéficié d'un petit coup de piston et rapidement décroché des remplacements de longue durée. J'ai tenté de mettre en place la pédagogie Freinet qui ne convenait ni aux parents d'élèves ni à ma hiérarchie. Ils revendiquaient un enseignement plus classique et une autorité plus soutenue avec les enfants. Il faut dire que je me comportais comme une copine avec eux et dans ma classe, c'était souvent le foutoir. Malgré cela, j'ai obtenu de bonnes notes aux inspections et après deux années d'enseignement, j'étais titularisable.

Tu es quelquefois venu me rendre visite avec maman ou bien je descendais certains week-ends avec Jaheu auprès de vous et de la grand-mère. Ces retrouvailles étaient presque toujours dramatiques tant nos échanges verbaux étaient vigoureux et dévastateurs.

Mes engagements politiques en étaient la cause et les provocations fusaient de part et d'autre.

Face à tes coups de gueule je me défendais bec et ongle, sans baisser la garde face à ton anti-communisme primaire et ta vision satanique des luttes sociales en général, et de celles des enseignants en particulier. Ils représentaient pour toi une bande de paresseux mécréants de gauche ayant choisi la sécurité de l'emploi et les congés. Comme de bien entendu, je faisais partie de cette horde de bons à rien.

Tu avais également hâte que je « régularise » au plus vite la relation que j'entretenais avec Jaheu car ces longues « fiançailles » te paraissaient suspectes et tu m'as demandé si je ne songeais pas à me marier un jour. Bien que le mariage n'ait pas été au cœur de nos préoccupations du moment, Jaheu et moi avons obtempéré afin de soulager tes suspicions et tu t'es empressé de me délivrer une autorisation car j'étais mineure. La date du mariage programmée, tu m'as fait un super chantage : « Si ce n'est pas un mariage à l'église, ne compte pas sur ma présence, ni celle de ta mère ! ». Pour me compliquer l'existence, c'était réussi, car pour Jaheu et sa famille, un mariage à l'église était impensable. Après moult tergiversations avec les deux familles et afin que tu me fiches la paix, nous nous sommes soumis à tes exigences. Nous nous sommes donc mariés en plein mois de décembre, avec une simple bénédiction à l'église, mais... bonjour l'ambiance dans l'église ! Le sabre et le goupillon ! La mariée n'était pas affublée d'une robe de princesse en mousseline chantilly blanche et ne correspondait pas à l'image que tu t'en étais faite, mais j'espère que ça t'a vraiment fait plaisir d'être à son bras. Moi, oui, ça m'a réellement fait plaisir...

La semaine suivante nous avons rendu visite à ma grand-mère G... qui vivait toujours avec toi et maman et dont la santé s'était beaucoup dégradée en sept ans. Je luis avais promis qu'elle verrait les mariés en costume et n'ai pas failli à ma promesse. Du fond de son lit, elle ne souriait et ne parlait plus depuis longtemps mais ce jour-là, elle a tendu la main vers moi, son regard s'est éclairé, nous nous sommes tendrement embrassées et j'ai su que je lui avais fait un inestimable cadeau.

Ensuite, nous sommes partis quatre jours pour notre voyage de noces, à une vingtaine de kilomètres, dans un petit hôtel-auberge car nos moyens ne nous permettaient pas de nous offrir un cadeau plus somptueux. Deux jours après notre arrivée, un coup de fil a brutalement interrompu nos agapes, car la grand-mère G... venait de mourir. Je me suis consolée en m'imaginant qu'elle avait fermé les yeux avec une belle image de sa petite-fille en tête. Quant à maman, elle a marié sa fille et perdu sa mère quasiment en même temps !

De retour à Versailles, mon existence a repris son cours. J'étais heureuse de travailler et de gagner ma vie, mais il y avait toutefois une ombre au tableau : le métier de Jaheu occupait tout son temps, week-ends et nuits compris, sans être compensé par des revenus convenables. En outre, certains des ses rôles ne me plaisaient pas du tout et il partait parfois en tournée durant lesquelles il partageait une vie communautaire avec les autres artistes, ce qui réveillait chez moi une jalousie explosive. Je le voulais pour moi toute seule et il avait beau m'expliquer que c'était du théâtre, que ça n'était pas la réalité et qu'il n'aimait personne d'autre que moi, rien n'y faisait. J'étais jalouse comme une tigresse, et avais peur de le perdre.

J'ai donc décidé de démissionner de l'Éducation Nationale l'année même de ma titularisation, renonçant ainsi à toute possibilité de fonctionnarisation, afin de pouvoir « suivre » mon mari. Là, j'ai créé un vrai drame dans nos deux familles. Mes beaux-parents étaient atterrés par cette décision, et toi, qui m'avais pourtant dit pis que pendre sur les enseignants, tu as été scandalisé que je renonce à « un avenir si prometteur et une si belle sécurité de l'emploi » pour devenir... actrice ! En d'autres temps l'Église catholique considérait les comédiennes comme des femmes de « mauvaise vie » et les excommuniait. Tu avais dû en rester à ces notions-là, mon pauvre Papa ! En tout cas, pour moi c'était à n'y rien comprendre, car quoi que je fasse, j'étais toujours coupable de quelque chose et c'était toujours négatif et inacceptable pour toi. Mais j'ai tenu bon avec Jaheu et pour nous protéger nous avons mis un peu plus de distance entre nous et toi en espaçant nos visites en province.

Tu t'es alors mis à jalouser mes beaux-parents qui nous voyaient plus souvent. Bref, tu trouvais toujours une bonne raison pour nous fustiger et bien sûr, j'étais responsable de ta rogne. J'espérais ardemment pour toi, pour moi, que tu t'adoucirais un jour et, en attendant ce jour-là, je ne te portais vraiment pas dans mon cœur... Toujours est-il que Jaheu et moi n'avons pas perdu de temps pour créer notre propre compagnie de théâtre. Nous voulions être nos propres maîtres et savions exactement quels types de spectacle nous voulions monter. Pendant plusieurs mois, nous avons décortiqué des centaines de textes anciens à la Bibliothèque Nationale, tout en nous formant à de nouvelles techniques dans diverses troupes. Nous nous sommes ensuite lancés dans la Commedia dell'Arte et le théâtre de rue car nous étions fascinés par les personnages masqués, les arlequinades, les saltimbanques et le cirque.

Nous nous sommes éclatés à chercher, inventer, créer, répéter et jouer, même si les quelques contrats que nous décrochions nous permettaient tout juste de vivre décemment.

Tout à fait autonomes dans notre vieille fourgonnette, c'était une vraie joie de partir sur les routes pour honorer nos contrats. Nous surmontions nos soucis matériels en nous contentant de peu et avons déménagé trois fois avant de trouver un nouveau grenier, insalubre lui aussi mais pas meublé, donc un peu moins cher que le premier. C'était un ancien grenier à foin de l'époque napoléonienne et pour y accéder, il fallait escalader une échelle de meunier et rester courbés une fois à l'intérieur car il était très bas de plafond. La vie de bohème qui fait rêver tant de gens n'était pas toujours facile, et les réactions familiales à la hauteur : « Je te l'avais bien dit qu'artiste, ce n'est pas un métier ! Si tu as des difficultés, débrouille-toi, tu les as bien cherchées ! ». Face à ce genre de réaction, j'ai gardé le maximum de secrets sur ma vie privée et professionnelle, motus et bouche cousue, dignité oblige.

Face à nos choix et à l'état de dénuement dans lequel nous vivions, mes beaux-parents se sentaient déshonorés et ne bougeaient pas d'un pouce. Leur attitude à notre égard était claire : ils attendaient que nous nous cassions la figure pour nous couvrir de reproches et tenter de nous faire revenir dans le droit chemin de l'Éducation Nationale. Nous les feintions en leur assurant que tout allait très bien et assumions notre « pauvreté » dans la dignité. Notre métier de création, le militantisme et notre amour compensaient tout.

Après deux ans de mariage, notre désir d'enfant a été très fort. Alors, on a fait un vrai bébé d'amour, et j'étais très fière d'arborer mon gros ventre rond. Nous attendions cet enfant dans la plus grande sérénité. Jean-Yves aimait poser sa tête sur mon ventre pour lui parler, le caresser, le sentir bouger, lui faire écouter de la musique, lui raconter dans quelle famille il allait naître, lui décrire nos vies... Débordants de projets d'avenir, d'enthousiasme et d'ambition, tout nous semblait possible. Notre bébé serait évidemment le plus beau et le plus heureux avec les meilleurs parents du monde. J'étais fin prête pour les bisous d'amour, les câlins tendres, les tétées, les berceuses, et tout, et tout... et tout ce que je n'avais pas eu.

Nos trois premières années de vie commune avaient bien commencé, nous débordions d'énergie créatrice, nous allions transformer la société de fond en comble, tout était donc parfait, bien en ordre dans ma tête et avec ce bébé, la vie promettait d'être de plus en plus belle.

La naissance était prévue pour la fin août 1977. Nous n'avions pourtant pas calculé notre coup, mais avec un peu de chance, elle pourrait être le plus beau cadeau d'anniversaire du futur papa qui aurait vingt-neuf ans le 26 août. En attendant le jour J, je potassais avec assiduité quelques bouquins sur le développement psychologique de la première enfance, afin de me préparer à accueillir et à accompagner mon tout-petit dans les meilleures conditions.

Comme prénom pour une fille, nous avions choisi Aélis, mais mon beau-frère avait dit : « A hélice ? Pourquoi pas hélicoptère ! ». Quel abruti ! Du coup nous avons décidé que si c'était un garçon, il s'appellerait Guillaume et si c'était une fille, Perrine.

Chapitre V
Bienvenue Perrinou... (1977)

Deux ou trois fois, j'ai cru que ce bébé, qui gigotait allègrement dans ma bedaine tendue, allait naître un peu plus tôt que prévu car à partir du mois de juin, j'avais eu plusieurs épisodes de petites contractions. Le gynécologue n'y avait rien trouvé d'inquiétant et m'avait assuré que, le moment venu, il serait présent à mon accouchement dans sa clinique privée puisqu'il avait pour mission d'accompagner ses patientes jusqu'au bout de leur grossesse.

Ayant toute confiance en lui et en moi, j'ai donc pris le temps de peaufiner mon bébé au fil des jours d'été, mais le quinze août passé, mon impatience s'est réveillée. Garçon ? Fille ? Cadeau d'anniversaire pour Jaheu ? Allez mon p'tit bébé, quelle merveilleuse surprise tu nous mijotes ? Je suis prête !

Pour les 29 ans de Jaheu, j'étais un peu patraque. L'émotion y était sans doute pour quelque chose et j'ai attendu paisiblement des signes plus convaincants, Jaheu à mes côtés dans notre petit grenier. Nous passions la soirée, alternant câlins rassurants et petits jeux de cartes et vers 22 heures, j'ai senti un filet d'eau chaude glisser le long de mes cuisses. En me levant, un flot m'a détrempée. Jaheu a sauté sur le téléphone pour appeler un taxi pendant que je garnissais mon entre-jambe d'une énorme serviette éponge. Puis, soutenue par Jaheu j'ai descendu l'échelle comme j'ai pu et nous nous sommes engouffrés dans le taxi.

Joyeusement arrivés devant la clinique en pleine nuit, nous avons carilloné à l'entrée jusqu'à ce qu'une femme, les yeux bouffis de fatigue, nous ouvre la porte. C'était la sage-femme de service qui, d'un air mal aimable et en traînant des pieds, m'a examinée dans la « salle de travail ». A sa mine épuisée, nous avons supposé que sa journée de travail l'avait éreintée. Sans entrer dans les détails, elle m'a attesté que l'accouchement n'était pas pour tout de suite. Émue et légèrement inquiète je pressentais une naissance imminente mais ne pouvais pas deviner où en était la dilatation du col. Je l'ai priée de prévenir mon gynécologue.

Après une absence de quelques instants, elle est revenue avec une seringue et m'a fait une intra-musculaire pour dissiper mon anxiété, me certifiant que la naissance n'aurait pas lieu avant le début de la matinée. Il était plus de minuit, c'était donc râpé pour le cadeau d'anniversaire.

Elle nous a ensuite installés et laissés seuls dans une petite chambre. La fatigue gagnant, nous nous sommes assoupis main dans la main et les contractions se sont progressivement évanouies. Un grand calme plat régnait dans les couloirs, et durant toute la nuit nous n'avons plus revu personne.

Vers 9 heures du matin, des contractions rapprochées durcissaient à nouveau mon ventre. A notre coup de sonnette la sage-femme a réapparu et m'a conduite illico presto sur un brancard, direction la salle d'accouchement, tout en m'informant que le Dr L..., parti en week-end n'était pas disponible. Jaheu qui avait souhaité assister à l'accouchement ne me quittait pas d'une semelle. Pendant une trentaine de minutes, j'ai poussé, haleté et transpiré sans difficulté particulière, jusqu'à l'expulsion d'une petite fille, chaude et gluante, que l'on a délicatement déposée sur mon ventre avant de sectionner le cordon ombilical.

A demi consciente, je n'ai pas réalisé que mon bébé était violet et qu'une fois le cordon coupé, il n'avait pas crié du tout. En réalité ma petite fille était cyanosée et ne respirait pas.

Elle n'était pas vivante, Papa.

Un branle-bas innommable s'est propagé dans le service et une déferlante a envahi la salle. Abandonnée sur ma couche, tout s'agitait autour de moi sans que je saisisse la situation. Jaheu serait mieux à même de raconter la suite car de là où j'étais et dans la position que j'occupais, je ne voyais rien. Une femme près de moi appuyait sur mon ventre et prenait soin de ma toilette. Quant à Jaheu, il me tenait toujours la main et assistait, impuissant et muet à l'effervescence générale.

Par la suite, il m'a décrit dans le détail le déroulement des opérations en employant souvent le mot « boucherie » : le bébé sanguinolent, embarqué dans une petite pièce vitrée contiguë, déposé nu sur une paillasse de carreaux blancs et froids, des mains qui pompaient sur sa poitrine ou qui le secouaient de toutes leurs forces, pendu par les pieds.

Des instants interminables… jusqu'au premier cri de Perrine, c'est-à-dire plus de dix minutes après sa naissance. Puis ce fut la course pour trouver une couveuse. L'une était occupée, l'autre ne fonctionnait pas. Appel d'une ambulance, et évacuation immédiate du bébé dans un hôpital de Colombes.

Une fois mon bébé « enlevé », on m'a réinstallée dans une chambre en me disant que tout allait très bien. Deux autres jeunes mères, accouchées de la veille, partageaient ma chambre avec leurs bébés, paisiblement endormis dans leurs berceaux. Complètement vidée, j'ignorais tout de ce qui se passait avec le mien. J'aurais voulu courir, voler, me propulser jusqu'à Colombes, mais j'étais exténuée et avais mal au ventre. Neutralisée, je me suis enfouie sous les draps pour ne plus rien voir, ne plus rien entendre, et j'ai pleuré toutes les larmes de mon corps, dans une solitude effroyable. Jaheu m'avait laissée pour annoncer la naissance, la déclarer en mairie, et cavaler jusqu'à l'hôpital afin de comprendre ce qui se passait. Jusqu'à son retour le soir, personne n'est venu m'expliquer quoi que ce soit. Toute la journée, j'ai assisté à un incessant défilé de visites aux autres mamans, aux félicitations, aux déballages des cadeaux, j'ai vu les câlins, les embrassades, les déferlements de joie, les coupes de champagne débordantes, et suis restée toute seule, désorientée, bouleversée, abattue, complètement détraquée. Après sa course folle à travers la banlieue, Jaheu m'a retrouvée prostrée dans la chambre en venant m'annoncer que... Ouf ! Mon bébé était sauvé... Mais je voulais le voir, là, tout de suite... J'étais meurtrie de ne pas le connaître et avide de vérifier tout cela par moi-même. Pas question que je reste bouclée dans cette clinique à attendre quatre jours l'heure de ma sortie, en assistant aux congratulations des autres.

Mon sang n'a fait qu'un tour et dès le lendemain matin, sans rien dire à Jaheu et contre l'avis médical, j'ai signé une décharge et les ai tous plantés. Je suis partie à pied, pliée en deux, le ventre flasque et cuisant, jusqu'à notre maison, ai décroché les clés du fourgon et ai foncé comme une dératée jusqu'à Colombes. Là, j'ai tourné en rond un bon moment avant de trouver le fameux hôpital. Une fois garée, j'ai couru et sauté dans l'ascenseur jusqu'au dernier étage.

Un silence de marbre régnait à l'entrée du service. Des sas, des portes, quelques familles qui s'épaulaient en pleurant, une autre qui s'esclaffait « T'as vu les pieds qu'il a ? Il sera footballeur comme son père ! ». Tout à coup, Jaheu est apparu, éberlué de me voir là. Il m'a enlacée avant de me conduire jusqu'à Perrine. Elle était dans la dernière couveuse, tout au bout d'un très long couloir vitré. Jaheu m'a demandé de ne pas regarder les autres bébés avant d'avoir atteint le nôtre, mais je n'ai pas pu. Il me cachait quelque chose ou quoi ? Je les ai jaugés jusqu'à ce que ma tête et mon cœur se carambolent à la vue de tous ces minuscules bébés pas finis (la plupart étaient de grands prématurés), tout nus, branchés sur des machines et des écrans fluo. Jaheu me serrait de plus en plus fort, m'affirmant que Perrine était vraiment belle, que je n'avais rien à craindre. Après avoir bousculé quelques mamans qui sanglotaient dans le couloir, je suis arrivée le souffle court jusqu'à la vitre derrière laquelle Perrine dormait dans sa couveuse.

C'était vrai, Jaheu ne m'avait pas menti, mon bébé était tout entier, deux bras, deux mains, tous les doigts, deux jambes, deux pieds, un visage paisible, les yeux fermés, bien rose et grassouillet. Non, il ne lui manquait rien. Mes tensions se sont relâchées, et j'ai éclaté en sanglots. Mon petit, tout petit, une sonde dans le nez, une sonde dans le vagin, des patchs collés sur tout le corps la reliant par des fils à des écrans de contrôle, des clignotements verts, rouges, un ruban de gaze sous les reins attaché à l'extérieur de la couveuse, des alarmes qui se déclenchaient, des infirmières qui couraient, attrapaient la gaze, la secouaient, faisaient tressauter le bébé plusieurs fois jusqu'à l'arrêt de l'alarme... Et moi, inefficace, de l'autre côté de la vitre… Impuissante… C'en était trop pour moi… La gorge nouée, je me suis écroulée dans les bras de Jaheu. Perrine était là, séparée de moi par des vitres, aux bons soins de mains étrangères, sous le contrôle de machines qui déclenchaient des sirènes...

C'était insoutenable.

Un médecin nous a informés que Perrine allait bien, que ses jours n'étaient pas en danger et qu'il n'y avait aucun souci à se faire. Elle resterait en couveuse une quinzaine de jours jusqu'à son transfert dans une chambre stérile où je pourrais la prendre dans mes bras. Ensuite, nous pourrions regagner nos pénates avec elle. Il suffisait d'être patient et d'attendre.

Alors j'ai attendu, attendu, attendu…. en venant voir mon bébé tous les après-midi pendant deux semaines, la tête pleine d'un vide sidéral, ne sachant plus ni qui j'étais, ni si ce bébé était bien le mien. Mon ventre était plat, j'avais donc bien accouché... c'était tout. Seule chez moi, j'étais entourée de vide : vide le couffin, vide le petit lit, vides les piles de brassières et les couches, vides les biberons... J'aurais voulu passer mes nuits au pied du mur dans un petit coin de ce grand couloir vitré, face à la couveuse… mais j'étais la maman d'un vide froid qui se lovait le soir dans les bras chauds de son chéri.

Par bonheur, le lait dans ma poitrine me rappelait que j'étais mère et j'en ai pris grand soin. Pour qu'il ne tarisse pas, je le tirais consciencieusement plusieurs fois par jour et le portais à la PMI de mon quartier où il était alors distribué à d'autres bébés que le mien.

Le jour prévu de la sortie de couveuse, impatiente dès le matin, j'"étais folle de joie.

L'attente de l'heure des visites me parut interminable. A mon arrivée, avant l'ouverture du sas d'entrée, j'ai dû me laver les mains jusqu'au coude, enfiler une blouse stérile et me coiffer d'un petit bonnet. J'avais pris soin de ne pas tirer mon lait afin d'en faire profiter mon bébé. Une infirmière a sorti Perrine de son berceau et l'a déposée dans mes bras. Tout mon corps s'est mis à frémir, et j'ai immédiatement su que c'était MON bébé à MOI, celui que j'avais attendu pendant neuf mois et qui était sorti de MON ventre. Le temps était minuté et j'étais malhabile, troublée, débordante d'émotions multiples. Debout, le bébé serré contre moi, j'ai enfin pu sentir son odeur, l'embrasser, lui parler, lui dire qu'elle était ma petite fille, que je l'aimais du plus profond de moi, qu'elle s'appelait Perrine, que j'étais sa maman pour toujours, et que j'étais très jalouse des infirmières qui la soignaient. Je voulais m'évader avec elle, l'emporter, la délivrer de ces lieux et de cette odeur d'hôpital.

Son corps mou respirait la paix. Je me suis assise, ai sorti mon sein pour l'allaiter, mais c'était difficile et ça n'a pas marché. Nourrie artificiellement depuis sa naissance, elle n'arrivait pas à téter. J'étais désappointée, offensée, mais qu'à cela ne tienne, je recommencerai le lendemain.

La porte s'est ouverte trop rapidement, la visite était déjà terminée et je suis repartie, avide d'être au lendemain. De jour en jour, la durée des visites s'est allongée, me permettant de faire les changes, donner le biberon car elle n'arrivait toujours pas à téter, et surtout faire de gros câlins très doux. Le jour de la sortie approchait.

Lors d'un après-midi particulièrement doux et serein, alors que j'étais lovée dans un fauteuil, Perrine au creux de mes bras, une infirmière a déboulé dans la chambre pour lui faire une prise de sang. Elle cherchait désespérément une collègue pour tenir le bébé. A ma proposition de remplacer la collègue absente, j'ai déclenché un « Oh ! Non ! Il faut avoir l'habitude, vous risquez de faire un malaise ! » auquel j'ai répondu que je tenais debout, que je n'étais pas une mauviette et qu'elle pouvait compter sur moi. Je voulais surtout protéger ma petite fille, qu'elle sente une maman « forte » sur laquelle elle puisse compter. Pressée d'en finir, l'infirmière a obtempéré. Lorsque l'aiguille a pénétré le minuscule bras, Perrine a hurlé et j'ai serré très fort les dents, mais j'ai tenu bon sans flancher. Ensuite je l'ai consolée comme j'ai pu, en pleurant avec elle, car j'imaginais tout ce qu'elle avait déjà enduré depuis trois semaines, sans ma présence à ses côtés.

Le grand jour est enfin arrivé. Très en avance sur l'horaire, Jaheu et moi avons débarqué avec notre petit couffin fleuri. Au cours d'une brève rencontre, le chef de service nous a remis le carnet de santé de Perrine avec un excellent bilan de sortie : « Votre petite fille va très bien, ne vous faites aucun souci, tout est parfait ».

Tout à fait rassurés, nous avons délicatement glissée notre petite fille à l'intérieur d'un petit drap en liberty bleu turquoise et rose indien, l'avons déposée dans son modeste couffin de paille, et sommes fièrement rentrés à notre domicile dans notre vieux fourgon.

Mon existence toute chamboulée allait de nouveau pouvoir reprendre un cours paisible. Elle allait aussi être complètement transformée, car maintenant nous étions réunis tous les trois, débordants d'amour...

Perrine avait alors un mois.

Voilà Papa, comment s'est passée la naissance de Perrine.

Chapitre VI
Diagnostic… Bingo

Les amis et la famille ont pu faire connaissance avec ce nouveau bébé, et maman et toi vous êtes réjouis à la vue de Perrine, votre deuxième petite fille. Chacun a enfin pu offrir son cadeau et nous avons été comblés.

Dans notre minuscule logement vétuste où les rayons du soleil filtraient difficilement à travers l'opacité des vasistas, le quotidien avec Perrine était assez compliqué. Le manque de W.C., de salle de bains, et l'impossibilité d'installer une machine à laver m'obligeaient à de multiples tours de force. En outre, monter et descendre une échelle plusieurs fois par jour avec un bébé tout mou dans les bras était un exercice périlleux, mais nos finances ne nous permettaient pas de nous loger plus décemment. Sur ce sujet, motus et bouche cousue car « on nous l'avait bien dit ! ». Heureusement, à elle seule, Perrine était un soleil qui irradiait partout, et les « acrobaties » multiples pour franchir les obstacles ne m'effrayaient pas.

J'ai rapidement repris les répétitions, tout en assumant mon rôle de mère. J'ai réorganisé mon emploi du temps de fond en comble pour assumer deux métiers à la fois, (maman et comédienne !) sans pour autant cesser de militer au Parti. Couchée dans son couffin Perrine m'accompagnait partout et j'interrompais séances ou réunions pour les biberons et les changes. J'avais définitivement renoncé à lui donner le sein et l'ai beaucoup regretté, mais « ça » ne marchait pas du tout avec elle.

Jour après jour, j'observais minutieusement ses moindres gestes et réactions, afin de les comparer avec les fiches de lecture que j'avais établies pendant ma grossesse, et sur lesquelles j'avais scrupuleusement noté tous les tests concernant le développement psychomoteur du petit enfant.

Perrine était présente, s'intéressait et réagissait à tous les bruits autour d'elle, nous suivait des yeux, prenait du poids, reconnaissait ma voix et celle de son papa en nous faisant de merveilleux sourires... Pourtant, après deux mois, son corps était toujours très mou et sa tête ballottante. En visite à la PMI, la puéricultrice m'a assuré que le bébé reprendrait peu à peu des forces, et que sa faiblesse apparente était la conséquence de l'hospitalisation. « Vous êtes trop pressée, Mme Blandau, votre petite fille a subi un grand choc, il faut lui laisser du temps ! » Les semaines suivantes, idem… Très éveillée et souriante, la petite blondinette manquait toujours de tonus. Dans la salle d'attente, je voyais bien que les bébés du même âge, sur les genoux de leurs mères, commençaient à se tenir assis avec un soutien, et qu'avec quelques stimulations ils pouvaient tenir leur tête droite plusieurs instants. « Je veux bien attendre, mais quand même, ça cloche un peu chez Perrine, et j'aimerais bien en avoir le cœur net…Elle m'agace cette puéricultrice ! Je veux voir un pédiatre au plus vite ».

A la première visite, après avoir effectué quelques tests sur le bébé, le pédiatre a confirmé « Oui, votre bébé a un léger retard psychomoteur, mais vous savez, c'est normal, après un mois d'hospitalisation… elle est encore bien petite… il faut lui laisser un peu de temps… », « Merci docteur, on vous doit combien pour ce que nous savions déjà ? » Le mois suivant, en pleine répétition, une douleur foudroyante dans le côté droit m'oblige à stopper net. Pliée en deux, je rentre précipitamment chez moi et fais venir un médecin d'urgence. Il diagnostique un vague problème au foie et me prescrit une hospitalisation immédiate afin de faire des examens approfondis.

Bingo ! Ambulance, hôpital de Versailles, anti-douleurs, prises de sang, urines, la totale ! J'ai été obligée d'y passer la nuit dans l'attente des résultats prévus pour le lendemain.

Le lendemain matin ? Je suis toute jaune de la tête aux pieds : blanc des yeux... jaune, ongles... jaunes, selles... mastic ! Résultats d'analyse ? Illisibles... le sang trop « chargé ».

« On ne peut pas vous laisser sortir Mme Blandau, il va falloir attendre un vrai diagnostic. On pense à une crise de foie, ou une hépatite ? On ne peut rien confirmer pour l'instant. Ça pourrait aussi être votre vésicule biliaire, mais on n'y croit pas trop à 23 ans ! », « Mais ça n'est pas possible, je ne peux pas rester hospitalisée ! J'ai un bébé de trois mois seul avec son papa qui doit travailler. Je veux sortir ! Je veux mon bébé ! », « Il n'est pas question de vous laisser sortir, et votre bébé ne pourra pas vous rendre visite… Les petits enfants sont interdits dans le service ! », « Et vous allez me garder comme ça pendant combien de temps ? », « On ne sait pas, ça dépend de vous… » La nuit venue, ni une ni deux, j'ai discrètement enfilé mes vêtements, me suis chaussée, et.... ai mis les voiles. En traversant la cour, un infirmier m'a interpellée pour me ramener manu militari jusqu'à ma chambre, où j'ai piqué une crise de nerfs ! Il m'a plantée là, désemparée, en ayant bien pris soin de subtiliser toutes mes affaires personnelles afin d'éviter toute récidive.

Je ne supportais pas d'être à nouveau brutalement séparée de Perrine. Je savais que Jaheu ne mettrait pas toute une équipe de comédiens dans l'embarras en ne se rendant pas aux répétitions. Une comédienne absente, c'était bien suffisant ! Deux, c'était toute la troupe qui était bloquée. « Mais qu'allait devenir Perrine ? Qui allait s'occuper d'elle ? ».

Jaheu, qui n'avait toujours pas son permis de conduire, et qui devait se rendre aux répétitions par les transports en commun, me rassurait comme il pouvait. Ses parents lui avaient proposé de prendre Perrine quelques jours chez eux dans la journée, et Jaheu la récupérait le soir, en rentrant du travail. J'étais morte d'angoisse, car je n'avais aucune confiance. Perrine n'avait que trois mois, il n'y avait que moi qui savais m'en occuper ! Au bout d'une semaine, mes beaux-parents ont fait comprendre à Jaheu qu'ils ne pouvaient pas continuer à garder Perrine... Merci les beaux-parents ! Par contre, BRAVO Papa ! Avec Maman, tu as été d'accord pour prendre le bébé, le temps qui serait nécessaire à mon rétablissement. Tu es donc venu chercher Perrine et tu l'as ramenée chez toi. Tu m'as dit par la suite que vous étiez peu rassurés, seuls, tous les deux, avec ce petit chez vous. Je sais que tu as passé de nombreuses heures à la bercer, car elle était tellement « perdue » sans moi, elle pleurait beaucoup. Un grand coup de chapeau à toi et à Maman ! Pendant ce temps, je me morfondais dans l'attente de résultats probants. Ils ont fini par tomber au bout de deux semaines : vésicule biliaire pleine de calculs, opération imminente. Aucun médecin ne croyait qu'il était possible qu'une jeune femme de 23 ans ait fabriqué un tel tas de caillasses.

J'ai donc subi une ablation de cette vésicule, à la suite de quoi je suis encore restée hospitalisée une dizaine de jours avant de pouvoir sortir. Au total, je venais d'être à nouveau séparée de mon bébé pendant un long mois.

Tout incompréhensible que fût ce nouvel incident dans ma vie, je me suis demandé, beaucoup plus tard, d'où provenaient ce « mauvais sang » et ces « cailloux » que mon corps avait fabriqués. Je suis restée de très longues années sans trouver de réponse, avant de déduire que j'avais probablement un « terrain propice », mais que peut-être aussi, tout ce que j'avais « encaissé » depuis mon enfance s'était cristallisé à l'intérieur de moi, sans jamais pouvoir sortir, m'empoisonnant ainsi la vie.

A ma sortie d'hôpital, je me suis précipitée sur ma fille qui allait avoir quatre mois, et j'ai repris dare-dare le cours de mes activités sans la quitter des yeux.

Quelques semaines se sont écoulées avant que je m'aperçoive que j'étais de nouveau enceinte. Toutes les perturbations que je venais de traverser avaient retardé mon retour de couches, et je n'avais pas pu reprendre de contraceptifs. Cette seconde grossesse était inconcevable, et ma décision fut vite prise d'y mettre fin, car la priorité des priorités, c'était la vie de Perrine. J'ai donc subi une Interruption Volontaire de Grossesse, dans une clinique près de Versailles. Entrée le matin toute perdue et affolée, j'en suis ressortie libérée dans l'après-midi sans aucun remords ni culpabilité. Ça, mon cher Papa, tu ne l'as jamais su non plus, car un avortement, pour un catholique comme toi, c'était un crime gravissime que tu ne m'aurais jamais pardonné.

Perrine n'arrivait toujours pas à redresser sa tête, à se tenir assise, à tenir un objet dans sa main, à vocaliser, à téter correctement ses biberons. Je devais agrandir tous les trous des tétines car elle n'avait pas assez de force pour « tirer » correctement dessus. Par contre, ses sourires et ses yeux avides étaient de purs émerveillements et me ravissaient.

Je me questionnais sérieusement sur les réponses qui m'avaient été faites à plusieurs reprises au sujet de son « retard », et mon besoin de savoir ce qui se passait chez ma fille a pris le pas sur tout le reste. Deux nouveaux pédiatres ont confirmé mes observations, avouant leur incompétence pour faire un diagnostic plus précis.

Un troisième a échappé de peu à la torgnole. En effet, après un examen minutieux et silencieux de mon bébé pantelant, il s'est assis derrière son bureau et, tout en remplissant la feuille de soins, m'a déclaré froidement et magistralement, que « Perrine avait un très gros retard moteur, et que la probabilité était élevée qu'elle soit un légume à vie, mais que nous avions beaucoup de chance d'être les parents d'une petite fille comme ça car ça allait nous faire grandir. Pour preuve, sans sa fille handicapée, le Général de Gaulle ne serait certainement pas devenu le grand homme politique qu'il avait été ! ».

« Quoi, j'ai accouché d'un légume, moi ? NON ! C'est une jolie petite fille, pas un légume, pas une plante verte ! Une femme ne peut pas accoucher d'un légume ! Il est taré ce mec ! Et qu'est-ce que de Gaulle vient foutre là-dedans ? Je m'en tape, de de Gaulle ! ».

Hors de lui, j'ai vu Jaheu se lever, retrousser ses manches, prendre la feuille de soins, en faire une boulette, et la jeter à la figure du médecin interloqué, en l'injuriant. Il a eu droit à tous les noms d'oiseaux et j'ai bien cru que Jaheu, qui ne contenait plus sa rage, allait lui éclater la tête sur le mur. Nous sommes partis sans payer la consultation évidemment, et dans un état de choc et de colère indescriptible.

Non mais, franchement, Papa, tu ne crois pas qu'il aurait pu réfléchir un peu avant de parler, ce connard ? Il en connaissait quoi, lui, du retard moteur de Perrine, et qu'est-ce qui l'autorisait à faire cette interprétation-là ? « Un légume » ! Il parle devant mon bébé et le traite de légume ? Je vais t'en foutre, moi ! Ma fille ne sera jamais un légume ! Est-ce qu'il y a une seule mère qui mette au monde un légume ? Les poireaux font des poireaux, les patates des patates et une mère humaine… un enfant, un petit humain, même si… Non, je ne veux pas y penser ! Ça n'est pas possible ! Je ne peux pas accepter ce diagnostic ! Il faut que je voie quelqu'un de plus compétent.

A la PMI, on m'avait conseillé d'aller au CAMSP (Centre d'Apprentissage Médico-Social Précoce), pour voir un kiné qui pouvait aider Perrine à récupérer son retard. Je l'accompagnai plusieurs fois par semaine pour qu'elle fasse des exercices, de la gymnastique pour bébé, et personne jusque-là ne m'avait parlé de légume à vie. D'ailleurs, on ne m'avait rien dit du tout. Mais du coup, je commençais à douter. Il fallait que je trouve une explication.

En effet, Perrine allait sur ses six mois, et autant personne n'échappait à ses grands yeux d'amour et ses sourires lumineux, autant son absence de maintien postural sautait au regard de tout le monde. Elle était toujours molle dans mes bras, la tête bringuebalante, ne tenait pas assise, n'arrivait pas à attraper ses jouets, ne pouvait rien saisir volontairement… Oui, ses bras, ses jambes bougeaient, mais ses mouvements étaient anarchiques, ses membres s'agitaient sans qu'elle puisse les contrôler, et elle ne pouvait rien faire toute seule.

Plus elle voulait quelque chose, moins elle pouvait le faire. Du coup, je la tenais presque toujours dans mes bras, tout contre moi, afin que ça se remarque le moins possible. J'évitais ainsi les regards et les questions des « curieux », mais les déplacements avec elle devenaient de plus en plus compliqués, acrobatiques et épuisants.

Une amie de belle-maman l'avait informée que l'hôpital de Garches était spécialisé dans la rééducation fonctionnelle et que peut-être nous pourrions y rencontrer un médecin compétent. Munie de ce précieux renseignement, j'ai téléphoné illico-presto au secrétariat, et obtenu un rendez-vous avec le Pr. L... Dans le cabinet de consultation j'ai assisté, une fois de plus, aux mêmes tests sur les réflexes que précédemment. Excitée, je commençais à trouver toutes ces manipulations de mon bébé très indécentes, et avais hâte qu'on m'explique, qu'on m'éclaire... Je voulais SAVOIR... Après un bref entretien, une réponse est arrivée.

— Votre petite fille est I.M.C.

— S'il vous plaît docteur, ça veut dire quoi exactement ?

— Infirme Moteur Cérébral... Votre petite fille a des lésions cérébrales, je ne peux pas vous en dire beaucoup plus. Ici à Garches, nous nous occupons des T.C, des Traumatismes Crâniens. Je ne suis pas spécialiste pour les I.M.C... Je vous conseille d'aller au Kremlin-Bicêtre, et de prendre un rendez-vous avec le Pr. Tr...

— S'il vous plaît docteur, c'est grave ? Qu'est-ce qu'il faut faire ? Ça peut s'arranger ? En grandissant, elle va devenir comment ma petite fille ?

— Je ne peux pas répondre à vos questions, Madame, c'est vous qui allez le découvrir... Personne ne peut savoir. C'est encore un bébé, et chaque bébé évolue différemment. Je ne connais pas les lésions exactes de Perrine. Voyez cela avec le Pr.Tr…, elle est spécialiste de l'infirmité motrice d'origine cérébrale, et pourra vous en dire davantage que moi !

Au sortir de cette consultation, la réponse incomplète du médecin avait éveillé une sacrée inquiétude en moi, et tous ces sigles, jusque-là inconnus, me tournaient dans la tête.

J'avais compris que Perrine avait quelque chose de différent, mais ne savais ni d'où ça venait, ni si c'était grave ou pas. J'ignorais en quoi consistait cette infirmité, et les incidences qu'elle aurait sur le développement de ma petite fille. J'étais très impatiente de rencontrer cette Mme Tr…, qui allait tout m'expliquer en détail, mais il a encore fallu attendre plusieurs semaines, les rendez-vous dans les services de consultations spécialisées des hôpitaux étant très longs à obtenir.

Je ne sais ni comment, ni pourquoi, mais Jaheu et moi gardions confiance, sans dramatiser la situation. Certes, nous étions soucieux, mais sans plus. Habités d'un amour aveugle, rien de grave ne pouvait nous arriver. Nous poursuivions ardemment notre travail de création, les répétitions, les représentations et le militantisme, accompagnés de Perrine dont la présence me perturbait quelquefois à cause de toute l'attention qu'il fallait lui porter.

Puis le jour J arriva. Après avoir traversé toute la banlieue sud de Paris, nous sommes arrivés jusqu'à cet immense hôpital, où nous avons trouvé le service IMC dans un vieux bâtiment à l'écart, après avoir parcouru un dédale de « rues » et de parkings. Nous avons emprunté une rampe d'accès et nous nous sommes retrouvés dans la salle d'attente. Une secrétaire a rempli une fiche de renseignements et nous a invités à attendre notre tour. En entrant je n'avais porté aucune attention aux autres patients.

En revanche, lorsque je me suis assise, j'ai senti que quelque chose d'inhabituel se passait autour de moi. Après avoir jeté un coup d'œil à la ronde, j'étais au bord du malaise.

Une autre jeune maman, accompagnée de son mari, tenait un bébé dans ses bras, et j'ai tout de suite remarqué, à la manière dont elle le tenait, qu'il avait probablement les mêmes problèmes que Perrine. Elle s'était fait la même réflexion en me voyant entrer, et nous avons rapidement échangé quelques mots.

Une autre famille attendait, avec un petit garçon de 3 ou 4 ans, assis, sanglé dans un minuscule fauteuil. J'osais à peine le regarder tant il agitait ses membres crispés dans tous les sens, poussant de petits cris gutturaux, le sourire baveux. Il me fixait de ses grands yeux et secouait son corps dans tous les sens sans pouvoir s'arrêter. Sa maman, calme, lui essuyait la bouche toutes les trente secondes en lui caressant la joue. A travers son sourire, je présageais qu'elle « savait » quelque chose. Elle m'a juste dit : « C'est la première fois que vous venez ? ». L'esprit perturbé, j'ai banalement répondu « oui », et j'ai serré Perrine un peu plus fort contre moi. Une vague d'angoisse m'a traversée et j'ai croisé le regard de Jaheu qui semblait ressentir la même chose que moi.

Des minutes interminables se sont écoulées avant que la porte ne s'ouvre, laissant passer un couple avec un jeune enfant en fauteuil roulant, qui ressemblait beaucoup au petit garçon que nous venions de voir dans la salle d'attente.

La secrétaire nous a fait signe d'entrer. Nous nous sommes retrouvés dans une grande pièce, où un aréopage d'hommes et de femmes étaient assis, face à une immense table, en plein conciliabule. Derrière cette table, une petite femme en blouse blanche s'est levée, nous a salués d'une main ferme, sèche et décidée, avant de nous inviter à nous asseoir. Son nom était inscrit sur sa blouse blanche, Pr. Tr… Très intimidée, je lui ai exposé les raisons de notre rendez-vous avec elle, mes observations de Perrine ainsi que toutes les démarches que j'avais déjà faites. Tout le monde m'écoutait attentivement.

Puis elle m'a demandé de déposer Perrine sur la grande table devant elle. Elle lui a parlé gentiment en l'appelant « mon petit lapin » tout en la retournant dans tous les sens devant sa couvée d'étudiants. J'ai tout de suite remarqué qu'elle avait une grande habitude de manipuler un bébé comme Perrine, car elle anticipait ses réactions. Scandalisée que ma petite fille soit une fois de plus exposée et observée, nue, comme une bête curieuse, je n'ai pas trop apprécié tous ces spectateurs. Une secrétaire prenait des notes au fur et à mesure que le Pr Tr... faisait ses observations à voix haute, dans un jargon incompréhensible. Puis elle m'a demandé de raconter l'histoire de Perrine, ou plutôt le déroulement de sa naissance.

Aidée des précisions de Jaheu, j'ai relaté mon accouchement, depuis le moment de mon arrivée à la clinique, jusqu'à l'embarquement de Perrine en ambulance. Personne ne pipait mot dans cette salle jusqu'au moment où j'ai évoqué l'intra-musculaire. Un frémissement a parcouru certains visages, mais j'ai poursuivi jusqu'à la réanimation.

Puis Mme Tr... a pris la parole pour froidement nous énoncer que Perrine avait été réanimée suite à une souffrance néo-natale inexpliquée, que son cerveau mal irrigué à la naissance était sévèrement lésé, et que, sans l'ombre d'un doute, elle était atteinte d'Infirmité Motrice Cérébrale. Elle s'est ensuite adressée aux étudiants, parlant de tétraplégie, d'athétose, de spasticité et d'aphasie, et je n'ai à nouveau rien compris.

Son exposé terminé, j'ai repris la parole pour qu'elle me traduise ce que tout cela voulait dire, et lui demander si elle savait comment Perrine allait évoluer, si c'était irréversible, ce qu'il fallait faire.

Ah ! Je voulais savoir, comprendre ? Eh bien j'ai été servie, et sans précaution ! Elle m'a appris que la tétraplégie était une « paralysie » des quatre membres, que l'athétose se manifestait par des mouvements involontaires et incoordonnés, que la spasticité avait quelque chose à voir avec le tonus musculaire, la tenue de la tête et du tronc, une certaine apathie de tout le corps. A tout cela, chez certains IMC, pouvait s'ajouter l'aphasie, c'est-à-dire l'impossibilité de parler. En ce qui concernait l'intelligence, il était rare qu'un IMC soit atteint de débilité, mais cela pouvait arriver. Chaque IMC était différent et avait la même espérance de vie que n'importe quel individu. Ils n'avaient pas tous les mêmes lésions cérébrales, non évolutives mais irréversibles. En ce qui concernait Perrine, elle pouvait déjà avancer qu'elle était tétraplégique, athétosique et spastique. Pour le reste, elle était bien trop petite pour pouvoir se prononcer. Nous le découvririons ensemble, au fur et à mesure de sa croissance.

Dans l'immédiat, la seule prise en charge existante consistait en séances de psychomotricité, plusieurs fois par semaine.

Le couperet venait de tomber. J'étais en mille morceaux, foudroyée sur place, muette.

Je suis sortie du bureau, effondrée, enterrée vivante sous mes rêves, étouffée de hurlements silencieux, les yeux brûlants de larmes sèches, le cœur étranglé de désespoir, le ventre en plein naufrage, et j'ai sombré dans un trou noir sans fond, face à cette réalité inacceptable : Perrine ne serait jamais comme les autres enfants. Handicapée pour toujours, ni elle, ni moi n'aurions jamais droit au bonheur.

Écorchée vive, je me suis précipitée dehors, ai fermé les yeux en serrant Perrine sur mon cœur du plus fort que je pouvais, et me suis abandonnée dans les bras de Jaheu en cherchant ma respiration avant de pouvoir enfin pleurer et crier : « NON ! Pas moi ! Pas Perrine ! Pas nous ! ».

Un pantin, j'avais accouché d'un pantin, Papa, d'une énigmatique petite fille en chiffon, complètement disloquée, irrémédiablement désarticulée… avec un visage d'ange et des yeux pleins de lumière… une boule d'amour dans un corps entravé ! Avant de reprendre la route, j'avais déjà hurlé ma détermination et ma révolte à Perrine : « Je crois en toi, je ne me laisserai pas faire, je me battrai et te vengerai ! »

Peux-tu comprendre ma souffrance, Papa ? Connais-tu une seule femme au monde qui rêve de donner la vie à un enfant comme le mien ? Sur le chemin du retour, Jaheu et moi nous questionnions sur les causes de cette réanimation. Pourquoi cette suspicion sur les visages lorsque j'avais évoqué la piqûre ? Je pressentais qu'il y avait quelque chose de louche dans cette naissance. Pourquoi les contractions s'étaient-elles interrompues après l'injection ? J'avais pourtant perdu les eaux à mon arrivée, le travail avait commencé ! Mon bébé était vivant à ce moment-là ! Pourquoi ne l'était-il plus en naissant ? Sur quoi s'était basée la sage-femme pour savoir que le bébé naîtrait le lendemain matin ? Elle était très fatiguée, et le gynécologue était en week-end ! La meilleure façon d'en avoir le cœur net était de retourner au plus vite à la clinique afin de demander le compte-rendu de mon accouchement.

Le lendemain matin, je me suis présentée à la clinique pour récupérer mon dossier.

Après avoir décliné mon identité, la secrétaire médicale s'est absentée un bon moment. A son retour, elle était désolée mais mon dossier était introuvable, probablement égaré quelque part ! La sage-femme qui croisait dans les parages m'a frôlée, et m'ayant reconnue, s'est discrètement volatilisée sans rien dire. De toute évidence ma présence était indésirable et j'ai immédiatement instinctivement ressenti, que Perrine avait été victime d'une faute professionnelle, d'une « erreur médicale ».

Une violence inouïe m'a submergée, mêlée d'une envie de tout casser, de tuer... en même temps que, dans mon esprit, apparaissait le visage serein et souriant de Perrine me faisant brusquement comprendre que je ne pourrais rien changer au passé, qu'il fallait que je garde mes forces pour aller de l'avant avec elle, et que finalement, mieux valait être à ma place qu'à celle de cette sage-femme inconsciente et de ceux qui la couvraient.

Après ce temps de réflexion, j'ai abandonné toute idée de poursuites judiciaires qui m'auraient pompé toutes mes énergies, alors que le plus urgent était de les conserver afin de pouvoir partir à l'aveuglette avec Perrine, sur un chemin totalement inconnu.

Chapitre VII
Les proches… pas beaux

La famille et tous les amis attendaient impatiemment qu'on leur dévoile le résultat de notre visite. A l'annonce du « verdict », les réactions furent bien différentes les unes des autres.

La plupart des copains du Parti n'ont pas saisi la gravité de la situation. Ils trouvaient Perrine mignonne, et ça leur suffisait. Ils ne semblaient percevoir ni ma souffrance ni mon angoisse et pensaient que de bons soins, des traitements appropriés, des institutions spécialisées, etc… étaient LA solution au handicap de Perrine, et donc à tous mes soucis. Ils ne voyaient que le côté matériel, médical et social de la situation et n'évoquaient jamais la souffrance psychique que cela engendrait en moi. C'était un sujet tabou, donc à éviter.

A leur corps défendant, je dois dire que je n'exposais pas cette souffrance, ayant si bien appris à souffrir en silence ! Mais là, je ne pouvais plus me dire « ça fait même pas mal », car mon esprit était déchiré et mon cœur transpercé. J'avais honte de souffrir, me sentais coupable de semer le désordre autour de moi et ne pouvais rien manifester de ces sentiments négatifs qui me perturbaient. Je les gardais serrés à l'intérieur de moi, dignité oblige, hein Papa ! Du côté famille, le père de Jaheu a souhaité le rencontrer en privé, pour lui déclarer qu'il serait préférable de « placer » Perrine pendant qu'elle était toute petite, de l'abandonner donc, et de refaire un autre bébé pour l'oublier. Il en avait discuté avec son épouse et d'après eux, leur petite-fille ratée était un désastre insupportable pour leur honneur. Cette répugnante proposition conduisait inévitablement à briser notre couple et j'ai senti qu'ils n'hésiteraient pas à me faire boucler dans un hôpital psychiatrique si nécessaire.

Leur attitude m'a écrabouillé le cœur, je les ai maudits et ne leur ai plus jamais accordé ma confiance. Ils étaient des gens méchants, égoïstes et menteurs, déconnectés de leurs idéaux généreux. Avaient-ils vraiment conscience de la gravité de leurs propos ? J'en doute encore aujourd'hui, Papa.

Quant à toi, j'ai certes senti que tu avais une réelle compassion pour Perrine, mais pas pour moi, car tu as continué à me traiter exactement comme avant et à me rentrer dans le chou à la moindre occasion. Tu n'essayais pas de comprendre ce que je vivais, voulant toujours mater ma révolte. Persuadé que Jaheu était incapable de me donner du bonheur, tu as aussi tenté de me dresser contre lui. Il m'influençait, croyais-tu, et ne correspondait pas du tout à l'homme que tu imaginais pour moi ! Notre complicité te faisait enrager, mais au fond de toi, souhaitais-tu vraiment que je sois amoureuse et que je partage la vie d'un homme ? De cela aussi je doute encore aujourd'hui…

Je n'ai finalement attendu aucun soutien moral ou matériel à mon égard, ni d'une famille, ni de l'autre, me méfiant de vos « solutions tordues ». La meilleure façon de m'en protéger fut de t'éviter au maximum d'une part, et de te dissimuler la réalité dans laquelle je me débattais jour et nuit, d'autre part.

Aujourd'hui que tu n'es plus là, je vais essayer de te décrire cette réalité. Peut-être peux-tu l'entendre et l'accueillir ? Tu vas voir, c'est pas de la tarte ! Tu ne connaissais que la partie émergée de l'iceberg… Je poursuis donc…

Chapitre VIII
Saut dans l'inconnu… (1979-1982)

Très conscients de la confusion que nos deux familles essayaient sournoisement d'infiltrer entre nous, Jaheu et moi nous nous sommes serrés les coudes. Très solidaires l'un de l'autre, nous étions déterminés à braver l'inconnu ensemble avec l'enfant de notre sang, fruit de notre amour. Hé oui, Papa, nous nous aimions !

Portés par un amour démesuré, nos objectifs étaient de poursuivre notre métier tout en continuant notre combat militant. Ceux qu'il est courant d'appeler « les proches », sont devenus pour moi les amis de l'époque, une petite bande de camarades du Parti des Yvelines, point final. Tu vois, Papa, ton attitude à notre égard n'a fait que renforcer nos défenses.

Comme me l'avait conseillé le Pr. Tr… j'ai accompagné Perrine à sa première séance de psychomotricité dans le XVème arrondissement de Paris. C'était un petit jardin d'enfants spécialisé pour enfants I.M.C, créé par M. Le M… à l'intérieur d'un appartement privé. Malgré l'attention délicate et la gentillesse de l'accueil qui m'ont été réservées, j'ai vécu l'arrivée dans ce nouveau lieu comme un raz-de-marée.

Écoute, Papa ! Pour la première fois, j'ai eu devant les yeux des enfants de tous âges, tous atteints de la même infirmité que Perrine. Sous le choc, j'ai réalisé dans quelle enveloppe de chair ma fille allait devoir passer sa vie. J'ai été dévastée d'horreur à la vue de tous ces petits corps désordonnés, couchés sur de grands tapis colorés, ou assis ligotés dans des plâtres… toutes ces petites jambes qui tricotaient dans le vide, ces têtes dodelinantes, ces mentons humides, ces bras entravés par des liens invisibles, ces regards insistants, ces gorges rauques.

L'aspect de ces petits enfants captifs et la disharmonie de leurs corps m'ont violentée jusqu'à la nausée. En une fraction de seconde, j'ai imaginé, j'ai VU Perrine à deux ans, trois ans, quatre ans... dix ans..., et me suis subitement cognée à une réalité irréversible insoutenable ! Mon esprit ne pouvait pas l'accepter, je la refusais, je la niais. Un gouffre s'ouvrait sous mes pieds... Rien de pire ne pouvait m'arriver... Au secours ! A moi !

En face de moi, le sourire forcé d'une mère m'a transpercée et extirpée de cette vision cauchemardesque. Je sentais cette femme en moi, je me sentais en elle. Nous vivions le même drame, au même instant. Une souffrance identique nous habitait et nous liait. Je découvrais que je n'étais pas seule et que d'autres mères traversaient la même épreuve, embarquées dans la même galère que moi. (Elle s'appelait Isia, et fut ma première amie. Sa petite fille, Ana, un peu plus jeune que Perrine, avait, elle aussi, été réanimée à la naissance. Par la suite, pendant les séances kiné de nos filles, nous nous retrouvions au bistrot du coin pour nous soutenir mutuellement, partager nos expériences, nos angoisses face à l'avenir et les petites astuces qui nous aidaient à faire progresser nos enfants...)

Tous mes projets, mes rêves d'un bel avenir pour Perrine se sont écroulés d'un bloc, et une muraille s'est dressée entre moi et « les autres », ceux qui pouvaient vivre « normalement », qui avaient toutes leurs chances, qui étaient du bon côté : ceux que la vie avait gâtés. Face à la cruelle évidence que la belle vie ne serait jamais pour moi et que le droit au bonheur s'était irrémédiablement envolé, j'entrais en désespoir.

Cette injustice face à la vie ont réveillé en moi une jalousie et une haine incontrôlables pour tous les humains qui n'étaient pas du même côté de la muraille que moi. Je haïssais tous les petits enfants sains qui jouaient dans les bacs à sable, riaient sur les manèges, couraient après leurs ballons... et leurs mères insouciantes qui bavassaient sur les bancs. Je trouvais indécents tous ceux qui me parlaient de leurs petits soucis quotidiens (rhume, mal aux pieds, tache de café sur la moquette, pain trop cuit de la boulangère, voiture en panne, retard du train, mort du papy, fuite d'eau au plafond, kilos en trop, petit chat malade, mari qui ronfle…).

J'en avais rien à foutre des bien-portants, des « normaux », qu'ils se démerdent avec leurs petits tracas et leurs illusions. Ils étaient du bon côté de la muraille, ces cons ! Leur vie, leurs projets pouvaient continuer ! En étaient-ils conscients ? Même les animaux et leurs petits bien réussis me révulsaient. J'aurais volontiers écrabouillé les mignons chatons ou les chiots parfaitement normaux pour échanger leurs vies contre la vie d'une petite fille normale.

A qui, Papa, voulais-tu que j'avoue des sentiments pareils ? C'est donc masqués qu'ils s'exprimaient, dans une révolte générale permanente que j'extériorisais au sein du Parti, qui l'entretenait soigneusement et la relayait parfois.

Comme tous les camarades, j'étais convaincue que la société dans laquelle je vivais était totalement responsable des inégalités et de la ségrégation dont j'étais la victime, et je me suis acharnée avec eux pour dénoncer ses méfaits. A cette époque de ma vie, pour tenir debout envers et contre tout, je n'avais d'autre solution que de combattre cette société inégalitaire, et tenter de la transformer. Ma vie avec Perrine n'étant que revendication et ruades, tout alimentait ma révolte et je ne risquais pas de baisser la garde.

En effet, le chemin non balisé sur lequel j'avançais péniblement était semé d'embûches, et je me heurtais régulièrement à des portes fermées qui ne me laissaient aucun répit.

Tiens Papa, voici un tout petit exemple… Comme toute mère qui travaille, j'ai cherché une place dans une crèche. Pas une seule à Versailles ne m'a ouvert ses portes, car Perrine représentait un surcroît de travail. Elle demandait beaucoup trop d'attention, et il aurait fallu une personne pour elle toute seule ! Chez les assistantes maternelles à domicile, j'ai essuyé le même refus. On me renvoyait le handicap de Perrine à la figure en permanence et on me culpabilisait de travailler : « Quand on a un enfant comme ça, on arrête de travailler pour s'occuper de lui ! Vous êtes sa mère quand même ! ». Et à chaque fois un nouveau clou s'enfonçait dans ma chair. Seules les mères sans problème particulier avaient le droit d'être aidées, alors que, dans ma tête, il était évident que ça aurait dû être le contraire. J'enrageais ! « Putain de société de merde ! Tout pour les mêmes ! ». Sur ce terrain précis, je n'ai jamais compté sur ta défense ou ta compréhension, car pour un papa comme toi, les femmes qui travaillaient étaient un vrai scandale.

Une seule amie, Françoise, qui était mariée, sans enfant, et ne travaillait pas, a accepté de me rendre service quand je n'avais aucune autre solution. Je me souviens de la crainte que j'avais à le lui demander, tellement je redoutais son indisponibilité. Elle aimait et chouchoutait beaucoup Perrine, « profitant » de la dépendance de Perrine pour jouer à la poupée avec elle. Son comportement n'était pas du tout à mon goût, mais je n'avais pas le choix, car personne ne se précipitait pour m'aider quand j'en avais besoin. Tout le monde trouvait Perrine adorable, charmante, très jolie... mais de là à vouloir me rendre service en la « gardant », c'était une autre affaire ! Je reconnais qu'il fallait une grande disponibilité et beaucoup d'attention car elle n'avait aucune autonomie.

Une série de contrats m'ont conduite à travailler quelques semaines près d'une crèche à Fontenay-le-Fleury. J'ai été estomaquée que la directrice, Mme Germain, accepte ma fille dans son groupe d'enfants. Ce fut la seule professionnelle de la petite enfance pour laquelle le handicap de Perrine n'ait pas posé de problème ! Tu vois, Papa, des gens sympas, j'arrivais quand même à en rencontrer quelques-uns de temps en temps !

Ah ! Une autre bonne nouvelle ! Un matin, nous avons appris la mort du petit grand-père qui habitait seul une espèce de taudis sans aucun confort, au rez-de-chaussée de notre cour. J'ai déboulé chez le propriétaire pour lui dire que j'avais absolument besoin d'un rez-de-chaussée pour ma fille, et il me l'a accordé. Avec l'aide d'un copain du Parti, Jaheu a entrepris quelques travaux de « rénovation » de cette petite baraque de deux pièces, afin d'y aménager un modèle-réduit de salle de bains, (avec des toilettes et une machine à laver, mon cher !) et une mignonne petite chambre pour Perrine. Nous avons pu emménager dans cette bicoque toute sombre quelques semaines plus tard, et garder notre grenier pour en faire un atelier de travail.

Papa, tu as été vraiment chouette de fabriquer un lit spécial et sur mesure pour Perrine, ainsi que quelques étagères pour mes bouquins. Mais on n'a rien sans rien, n'est-ce pas ? Alors, comme tu nous avais rendu service, tu en as profité pour nous refourguer la super bonne idée qui mijotait dans ta tête, le remède au handicap de Perrine, le cadeau du siècle, celui que je rêvais de m'offrir : un pèlerinage diocésain de cinq jours à Lourdes avec Perrine, maman, toi et moi ! Oui, oui, oui ! Tu avais quand même un sacré culot ! Je revois la tête de Jaheu quand tu as fait ta proposition. Et celle des copains du Parti quand on leur a raconté ! Tu voulais tant que ta petite-fille soit sauvée par la Sainte-Vierge, tu y croyais tellement que je t'aurais brisé le cœur si j'avais refusé, et Jaheu voulant me protéger a décidé de nous accompagner. Là, j'avoue qu'il a été héroïque, et je ne sais pas lequel des deux a protégé l'autre. De vraies tribulations ! Nous avons vécu ce voyage et ce séjour, organisés par ton Église, comme un calvaire ! Jaheu passait son temps à détourner le regard de Perrine, à lui éviter la vue de tous ces malheureux représentant un miroir permanent pour elle. Pourquoi ne nous as-tu pas payé une semaine de vacances à la mer ou à la montagne, avec une nounou pour s'occuper de Perrine ? Ça, on l'aurait vraiment apprécié ! Oui, Papa, je sais que la vie n'est pas faite pour être heureux, merci !

Perrine avait presque deux ans lorsque les kinés lui ont fabriqué sa première coque moulée en plâtre, afin qu'elle puisse tenir assise. Il suffisait de la sangler là-dedans au moyen de deux ceintures de judo. L'une lui passait entre les jambes pour les tenir écartées, l'autre sous les bras pour que son corps ne bascule pas en avant. Finies les belles petites jupettes, vive les jupes-culottes et les pantalons ! Jusque-là, je l'avais toujours « trimballée » comme je pouvais : à l'extérieur, attachée dans une poussette pour qu'elle ne tombe pas ; à l'intérieur, souvent dans mes bras, m'usant les reins, le dos et les épaules pendant ses interminables repas car elle n'ouvrait jamais la bouche au bon moment (une des conséquences de l'athétose). En dehors des repas, je la calais avec des oreillers sur un fauteuil, mais elle s'écroulait tout le temps. Sa préférence était d'être allongée par terre sur une peau de mouton. Tu vois comme c'était pratique ! Quand j'étais invitée quelque part, elle restait toute la journée dans mes bras ou ceux de son papa.

Cette coque m'a donc un peu allégé la vie.

La poussette que j'utilisais n'étant plus assez large pour ce drôle de siège, il a fallu que je la remplace et j'ai acheté le nec plus ultra de l'époque : une poussette-canne pour enfant handicapé, fabriquée en Angleterre. Elle coûtait mille francs, non remboursés par la sécurité sociale. Pour te situer ce que cet achat représentait pour moi, je peux bien te dire aujourd'hui que mon salaire moyen mensuel additionné à celui de Jaheu n'excédait pas les cinq mille francs. Putain de sécurité sociale de merde ! Tu vois, Papa, que ma révolte était régulièrement alimentée.

Ce nouveau moyen de transport très discret (on rencontre tous les jours une petite fille ficelée comme un saucisson dans un plâtre, à l'intérieur d'une poussette à grosses rayures blanches et bleues, n'est-ce pas ?) attirait les regards des curieux « normaux-bien-portants ».

C'était un vrai plaisir d'aller faire les courses avec Perrine, et de braver les commentaires délicats qui accompagnaient ces yeux de veaux :

« T'as vu l'handicapée ? On dirait qu'elle est morte ! La pauvre, j'aimerais pas être à sa place ! On devrait pas laisser vivre des enfants comme ça ! Vous êtes sa maman ? Elle a eu un accident ? Elle comprend quand on parle ? Pourquoi elle bave ? Elle peut pas marcher ? Elle peut pas parler ? C'est terrible d'avoir une gamine comme ça ! Quel dommage, elle est tellement belle ! Elle a mal ? C'est contagieux ? ». Sans compter les marches à sauter, les trottoirs encombrés, les escaliers à monter (ou à descendre), et l'empressement de tous les gentils valides à se détourner pour ne pas me donner un coup de main ! Un grand merci à tous ! Je peux vous dire aujourd'hui que non, nous n'étions pas contagieuses, et oui, nous entendions et comprenions parfaitement vos appréciations. « Et vous, vous vous êtes regardés, bande de veaux ! Ah ça ! J'imagine sans difficulté que vous n'avez pas envie d'être à MA place ! Moi non plus d'ailleurs, j'ai pas envie d'être à cette place-là ! Vous pensez peut-être que je l'ai choisie ? Tout le monde a envie d'avoir une petite fille comme la mienne ! Et vous, VOTRE place, elle est où ? Vous l'avez trouvée ? Vous l'avez choisie ? Tant mieux pour vous ! Mais si vous l'avez trouvée, si vous l'avez choisie, c'est qu'on vous en a fait de la place ! Vous pourriez peut-être en faire à d'autres ! Moi, j'en ai jamais eue ! J'ai jamais pu choisir ! Crétins ! ».

Il y avait aussi ceux qui s'apitoyaient : « Ah ! Ma pauvre... Quel malheur ! Comme je vous plains ! Pauvre petite fille ! Vous l'avez fait baptiser au moins ? Ces p'tits enfants-là vont tous au paradis ! » mais qui, comme les autres, ne bougeaient pas d'un pouce. Cette façon de mêler leur bon Dieu (celui de mon enfance, bien sûr !) à leurs propos me faisait bondir à chaque fois ! Il était un bon prétexte pour ne pas chercher à me comprendre, ni à m'aider un peu. « Non, merci bien, vot' bon Dieu, j'ai déjà donné ! ». Leurs bavardages m'horripilaient et une fois seule à la maison, je m'effondrais, car où que j'aille, quoi que je fasse, toujours, toujours on me renvoyait le handicap de ma fille, et il n'y avait pas de place pour nous.

Oui, Papa, quels qu'ils soient, tous ces humains, porteurs ou non de bonnes paroles, ne faisaient que renforcer mes doutes sur l'état de leur santé mentale.

C'est d'AIDE dont j'avais besoin, d'AMOUR, de CONFIANCE, d'ENCOURAGEMENT, de COMPREHENSION, de RECONNAISSANCE, de TENDRESSE, de COMPASSION, d'un peu de PLACE, et d'un peu plus de FRIC aussi… pas de JUGEMENT, ni de REJET, ni de PITIE, nom de DIEU ! Comment voulais-tu que je ne sois pas révoltée ! Comment voulais-tu que je ferme ma gueule ! JE SERAIS MORTE, SANS REVOLTE ! Depuis l'enfance, je n'avais jamais été à ma place ! (Ça, j'en ai pris conscience beaucoup plus tard, en thérapie…)

Peux-tu imaginer ce que représentait pour moi le fait que l'être que j'aimais le plus au monde, mon petit, était aussi celui qui me faisait le plus souffrir, la source de mon malheur ? Ça s'appelle un supplice, une torture sans fin, Papa ! Et c'est insurmontable. Oui, j'aimais ma petite fille plus que tout, mais pas son handicap. J'aurais voulu qu'elle soit traitée comme les autres enfants, pas comme une « anormale »...

Tout, dans le quotidien avec Perrine, me renvoyait à ce dilemme. Plus je luttais à ses côtés, plus je butais sur mon impuissance. Je voulais qu'elle parvienne à se servir de ses mains, de ses bras, de ses jambes et passais des heures, la contraignant à faire ce qu'elle ne pouvait pas. Je la maintenais debout, devant moi, jusqu'à en avoir le dos cassé, pour qu'elle avance une jambe, puis l'autre, mais elles étaient toutes raides, ses jambes, et elle les emmêlait. Je voulais qu'elle parle, qu'elle me dise ce qu'elle pensait, ressentait, désirait… Elle ne proférait que des sons, des cris... Oui, je voulais qu'elle sorte de ce corps-prison, et insistais pour qu'elle essaye encore, et encore… Chaque jour, je passais des heures à lui apprendre à lire, l'aider à peindre, dessiner, manipuler des objets, utiliser des instruments de musique, jusqu'à l'épuisement fatal qui me faisait baisser les bras. Insatisfaite des résultats, j'émergeais de nos séances interminables et journalières complètement abattue, éreintée, déçue, jamais certaine d'avoir bien agi ou bien choisi. Je me sentais coupable de ne pas être à la hauteur et allais pleurer toutes les larmes de mon corps dans la pièce à côté.

Une chose, une seule, fonctionnait superbement bien entre elle et moi : la communication. Depuis sa naissance, je n'avais jamais douté de son intelligence, tant quelque chose d'intact habitait son regard. Il était particulièrement expressif et il suffisait de l'avoir observée quelques instants pour s'apercevoir qu'elle l'utilisait pour nous scruter, capter notre attention et nous attirer vers elle. Elle contrôlait parfaitement les mouvements de ses yeux, de ses paupières, et de ses iris, et n'avait aucun autre moyen pour nous manifester son intelligence. Mais comment établir une connexion entre ce regard profond et notre langage habituel ? A force d'observation, j'ai fini par élaborer avec elle un langage codé très subtil qu'elle utilisait lorsqu'elle voulait me transmettre un message. Elle s'en servait continuellement pour m'aider à pénétrer sa pensée. Je te donne quelques exemples, Papa...

Le mouvement de ses iris vers le haut pouvait vouloir dire « je vais exprimer quelque chose d'ordre spirituel », ou bien « je veux te parler de quelque chose qui s'est passé hier », ou bien « j'ai mal à la tête », ou bien « je te parle de quelque chose qui est en hauteur, au-dessus, en étage », etc. Le mouvement vers le bas, c'était « je vais exprimer quelque chose d'ordre matériel » ou bien « je te désigne une partie dans le bas de mon corps » ou bien « Je veux te parler de moi, Perrine », etc. Il y avait les mouvements vers la gauche, vers la droite, etc. Je lançais alors des hypothèses : « tu veux dire ceci ou cela ? » et toujours avec les yeux elle répondait oui ou non, en les faisant aller à toute vitesse soit de haut en bas pour oui, soit de gauche à droite pour non, jusqu'à ce que je sorte la bonne phrase qui explicitait ce qu'elle voulait dire. Elle poussait alors des cris de joie qui nous mettaient du baume au cœur à toutes les deux. Nos échanges se poursuivaient parfois pendant de très longues minutes, toujours par ce « dialogue » entre les yeux de Perrine qui me « parlaient » et mes paroles qu'elle entendait. Aussi étrange que cela puisse paraître, nos

« conversations » se déroulaient pratiquement à la même vitesse qu'une conversation normale.

J'étais très fière de moi, car j'avais découvert que l'intelligence n'était pas forcément liée aux moyens que chacun possède d'ordinaire pour la manifester et j'avais trouvé la bonne piste pour que Perrine puisse exprimer la sienne. Nous donnions ainsi une belle leçon à la majorité des « normaux », si peu attentifs et tellement aptes à assigner des limites aux autres, en imposant leurs règles. Beaucoup d'entre eux pensaient que c'était une de mes affabulations et n'y croyaient pas. S'ils avaient eu la patience de nous observer toutes les deux, ils auraient pu constater et « comprendre » que c'était possible.

En revanche, Perrine et moi avions très bien compris que les « normaux », fort limités dans leur « intelligence » à eux, étaient de véritables abrutis ligotés par leurs préjugés. A cause de leur esprit borné, Perrine n'a pu communiquer qu'avec très peu d'humains (par bonheur une minorité, plus évoluée, a pénétré notre « secret », dont Jaheu, Bernard, Monique et Michèle) et je l'ai vécu comme une souffrance et une exclusion supplémentaires attisant les braises de quoi, Papa ? MA REVOLTE... eh oui ! Parce que ne pas chercher à comprendre quelqu'un, ne pas lui donner la parole pour qu'il s'explique, qu'il dise ce dont il a besoin, ce qui ne va pas, et du coup décider et penser à sa place... C'est quoi, ça Papa ? Non, non, c'est pas de l'Amour ! C'est du des-po-tisme ! Et j'en avais une trouille bleue pour l'avenir de Perrine.

Tu vois, je n'avais pas de quoi me lasser ! Je fonçais comme une dératée et la tête dans le guidon j'étais sur tous les fronts à la fois : accompagner Perrine plusieurs fois par semaine à sa kiné dans le XVème arrondissement, sillonner la France pendant les tournées, courir aux rendez-vous divers et variés, prendre soin de Perrine au quotidien, militer, aller hurler dans les manifs, participer aux réunions, rendre visite à la famille, et, bien sûr, être une bonne épouse, hein, Papa ! En bref, savourer le temps ! Ou plutôt

« mener une vie de patachon » comme tu savais si bien me le reprocher ! Les vacances ? Ah ! Oui, c'est vrai, de ton temps, ça n'existait pas, donc « on pouvait très bien s'en passer ! »

Chapitre IX
Le boulot

Comme je te le disais quelques feuillets plus haut, j'avais décidé malgré le handicap de Perrine, de « poursuivre ma vie comme avant ». J'entendais par-là mon métier de comédienne, comme tu l'avais bien compris, Papa. Cette décision t'avait fait renâcler, car tu ne comprenais pas que je puisse choisir une telle insécurité d'emploi. Mais, vois-tu, Jaheu et moi venions juste de créer notre propre compagnie de théâtre et avions déjà réalisé deux spectacles qui marchaient bien. Pourquoi aurais-je tout plaqué ? Pour faire quoi ?

Tu avais beaucoup de préjugés sur ce métier, jusqu'au jour où tu as vu l'un de nos spectacles. Là, tu as réalisé que ça n'était pas une vie de « glandeur », ni de « m'as-tu vu », comme tu l'imaginais. Note bien, tu n'es pas le seul à fantasmer sur ce métier, car la plupart des gens ne voient que le côté spectacle… la scène, quoi ! Combien de fois ai-je entendu « Comme c'est beau, la vie de bohème ! ».

N'étant que deux dans la troupe, Jaheu et moi partagions toutes les fonctions : faire des recherches en bibliothèque, écrire les spectacles, répéter, construire les décors, réaliser les costumes et les accessoires, enregistrer une bande son, prospecter, fabriquer des documentations, trouver des contrats, assurer le secrétariat, la comptabilité, etc. Toute cette élaboration en amont représentait au moins 70 % de notre activité. La scène, c'est-à-dire une heure de spectacle environ, était l'aboutissement de milliers d'heures de travail en tout genre.

Pour ce qui me concerne, en dehors des heures de répétition, j'avais la charge de la prospection et de toute l'administration de la compagnie. En gros, c'était à moi qu'incombait la tâche de trouver des engagements. Pour honorer un contrat, nous nous déplacions avec une vieille fourgonnette en très mauvais état, (pas de fric oblige !) dont j'étais le chauffeur car Jaheu n'avait pas son permis. J'étais donc souvent aussi mécanicienne ! Je mettais également la main à la pâte pour charger, décharger, et monter les décors.

C'était loin d'être un métier de tout repos, mais par rapport à Perrine, il avait l'avantage de me laisser une certaine liberté dans l'organisation de mon emploi du temps. En revanche, les jours de représentations et les tournées me posaient de sérieux problèmes pour sa garde.

C'était au niveau finances que ça coinçait le plus et j'avais beaucoup de difficultés à joindre les deux bouts. Sans compter qu'il était capital d'avoir un nombre de cachets suffisants sur toute l'année pour avoir une protection sociale, faute de quoi tous les soins de Perrine auraient été à notre charge... Une pure folie ! Ne pas oublier qu'il fallait toujours être en pleine forme, et qu'il n'était pas question d'être malade !

Tant que Perrine était petite, j'arrivais à tout mener de front. J'aimais bien le défi permanent d'aller de l'avant, avais le goût du risque et appréciais le brin de liberté et d'autonomie que m'apportait cette profession. Curieuse et touche-à-tout, ce métier me vidait et m'enrichissait à la fois. Il me plaisait beaucoup, me donnait la pêche et « compensait » ma détresse. Les situations rocambolesques ne manquaient pas, et des dizaines d'entre elles sont gravées dans ma mémoire tellement elles ont été soit complètement farfelues et drôles, soit tout à fait pénibles et dramatiques. De toute façon, chaque contrat était une véritable aventure.

Cela m'a permis de me « tremper », de me « forger », de développer un peu plus mon caractère opiniâtre et mon esprit d'initiative, et toujours, de forcer ma nature en me surpassant. Jouer sur scène m'a fait découvrir ce qu'était la « sortie de soi », une énergie très particulière et très grisante, dans laquelle la fatigue n'existe pas, mais qui ressurgit dès la fin d'un spectacle. Dans la Commedia dell'Arte, les masques me permettaient de jouer aussi bien des personnages masculins, naïfs ou roublards, que des petites soubrettes très féminines.

D'avoir assisté à l'une de nos représentations t'avait fait prendre conscience que j'avais beaucoup de cordes à mon arc (jongleries diverses, acrobatie, mime, cracheuse de feu...), à la suite de quoi tu m'avais manifesté une certaine attention pendant quelque temps. A cette occasion, Jaheu t'avait demandé de collaborer à la réalisation de quelques accessoires spécifiques et je crois que tu t'étais régalé à travailler pour nous.

Chapitre X
Quotidienneté

Lorsque je quittais ma fonction de comédienne, je redevenais la maman de Perrine et/ou l'épouse de Jaheu. Il était difficile pour moi de ne pas tout amalgamer et je vivais ces situations dans une grande confusion. Passant de l'un à l'autre sans transition à longueur de journée et de nuit, je me reposais et dormais très peu.

Le bébé Perrine, bien qu'il fût tétraplégique, me donnait à peu près le même travail que n'importe quel bébé : une alternance de biberons, de changes, de toilettes, de gros câlins dans les bras, et de promenades au soleil.

A partir de neuf mois, mon quotidien s'est épaissi à cause des séances où j'accompagnais Perrine à Paris. Pour une heure de kiné, l'aller/retour dans les embouteillages me prenait tout l'après-midi.

Cette situation a duré deux ans avant que Perrine soit inscrite à plein temps, quatre jours par semaine, jusqu'à l'âge de six ans, dans le jardin d'enfants de Mr. Le M..... Ce qui équivalait à une école maternelle. Avec moi le reste du temps, je m'efforçais d'être au plus près de ses besoins, lesquels, étant donné sa totale dépendance physique, étaient identiques à ceux d'un bébé, augmentés de ceux d'une petite fille de son âge. Pas besoin de te faire un dessin, tout mon temps y passait, car il n'était pas question que je la laisse seule, dans son coin, à attendre que la journée s'écoule.

L'athétose et la spasticité compliquaient beaucoup les choses. Elles pourrissaient la vie de Perrine et m'obligeaient à une qualité de présence auprès d'elle hors du commun.

Je m'explique... La tétraplégie de Perrine n'était pas une paralysie de ses membres, mais d'une partie de son cerveau, ce qui avait pour conséquence dramatique de lui faire faire le contraire de ce qu'elle voulait. Par exemple, si je posais un jouet devant elle, elle agitait ses bras dans tous les sens, complètement crispée, et allait le chercher derrière elle. Si elle voulait ouvrir la main, elle la fermait. Quand je m'approchais d'elle pour un câlin, elle m'attrapait les cheveux et ne pouvait plus les lâcher. Si je la mettais trop près d'un mur, ses bras et ses jambes s'agitaient sans pouvoir s'arrêter et elle pouvait se blesser en se râpant les membres.

Si je posais une assiette de soupe devant elle, inévitablement elle flanquait ses deux mains dedans. Pour manger, au lieu d'ouvrir la bouche, elle la fermait. Pour l'asseoir dans sa coque, au lieu de se décontracter à fond elle devenait raide comme un piquet. Quand nous sortions, que nous allions ensemble faire les courses, c'était pareil. Il fallait toujours que je me tienne éloignée des rayons ou des gens, car ses gestes incontrôlés me mettaient parfois dans des situations fort embarrassantes.

Autre exemple... Lorsque nous attendions à la file d'une caisse, si quelqu'un s'approchait trop près d'elle, au lieu de l'éviter, Perrine était capable de lui pincer les fesses, de donner des coups de pieds, d'attraper les cheveux d'un petit enfant qui passait à proximité, et qui croyait ensuite qu'elle était méchante. Tu vois, Papa, dans quelles situations je me retrouvais sans cesse, ainsi que les précautions et l'attention permanente que cela représentait ! La seule solution pour éviter ce genre de désagrément, c'était d'anticiper en permanence sur tous ses mouvements contrariés afin qu'elle ne soit jamais en danger. Ne me laissant aucun répit, cette vigilance constante m'épuisait et si, par mégarde ou fatigue, je la laissais retomber, je me culpabilisais ensuite de mon inattention et des risques potentiels auxquels j'exposais Perrine.

Elle était très consciente de son état et très partie prenante pour dépasser son handicap, mais très fatigable aussi. Je faisais tout mon possible pour l'aider à progresser, éviter les échecs, tout en sachant très bien que tous les progrès additionnés n'aboutiraient jamais à l'autonomie et qu'elle serait toute sa vie dépendante, sans aucune défense. Une horreur ! Ses regards suppliants me renvoyaient inévitablement à mon impuissance, et réveillaient dans mon corps et mon esprit une souffrance incommensurable et indicible... une sensation permanente d'un cœur gonflé, prêt à éclater.

Obstinée, j'exigeais d'elle l'impossible et forçais sa nature sans m'en apercevoir. Je passais des heures à me dépouiller, me vider, à l'affût de la moindre piste qui m'aiderait à accompagner l'énigme Perrine, et guettais la plus infime manifestation de son comportement ou la plus petite miette de progrès. C'était plus fort que moi. Et pourtant, en voulant la conduire vers le plus d'autonomie possible, niant son handicap et refusant qu'elle soit « anormale », c'est elle qui, malgré tout, m'emportait là où je n'avais pas l'intention d'aller. Ne voyant aucun moyen de la transformer, je butais sur SA réalité à elle et me retrouvais sans cesse tiraillée, piégée.

En fait, je n'aimais pas ma petite fille dans sa globalité et étais d'une inquiétude folle quant à son avenir. Qu'allait-elle devenir en grandissant ? Qui la comprendrait ? Qui serait à ses côtés et l'aimerait suffisamment pour lui offrir une vie digne de ce nom ? Je refusais que son existence se limite à végéter dans une institution au milieu de gens comme elle, avec une chance réduite d'épanouissement. J'aurais donné ma vie pour lui éviter cela et je rongeais mes freins face aux montagnes d'obstacles.

Tiens, les transports pour aller au jardin d'enfants... Je n'allais pas accompagner Perrine tous les jours à Paris, et passer mes journées en allers/retours, Versailles/Paris/Versailles. Après un certain nombre de démarches auprès de la Sécurité Sociale, j'ai obtenu des transports en taxi, mais... je devais avancer les frais qui s'élevaient à 400 francs par jour ! Je passais donc une matinée par semaine à faire la queue au Centre de Sécu pour être remboursée et réengager cette somme, car nous n'avions aucun fonds de caisse pour nous permettre une telle dépense.

Un matin, j'en suis ressortie effondrée, le directeur venant de m'apprendre que, vu l'insuffisance de nos cachets, nos droits étaient interrompus. J'ai immédiatement prévenu Jaheu qui s'est empressé de battre le rappel des camarades. Leurs menaces d'occuper les lieux et l'esclandre qu'ils ont déclenchée ont tellement apeuré les salariés, que la direction a fini par céder. La queue entre les jambes et la honte au ventre, je suis repartie avec mon argent.

A plusieurs reprises, des huissiers sans scrupules sont venus faire des saisies pour factures impayées : téléphone, eau, gaz, électricité, découvert à la banque... et même un trop perçu de 500 francs qui datait de l'époque où j'étais institutrice et que je devais rembourser.

Là aussi, Jaheu a failli castagner ! Ils avaient dressé une liste d'objets divers « à saisir », mais ne sont jamais venus les chercher tant c'était ridicule. Mais nous étions honnêtes et avons toujours réglé nos dettes au fur et à mesure de nos rentrées d'argent. Nos meilleurs mois étant juin et décembre, il suffisait d'attendre un peu !

Perrine était régulièrement suivie par le Pr. Tr… du Kremlin-Bicêtre qui, au sortir d'une nouvelle consultation vers ses quatre ans, m'a annoncé qu'il était temps de l'opérer d'un adducteur afin que ses fémurs ne sortent pas de leurs cavités. L'opération s'est déroulée à Vitry-sur-Seine et je suis restée une semaine dans sa chambre, à la regarder souffrir jour et nuit sans rien pouvoir faire.

A sa sortie, elle avait les deux jambes plâtrées, du bout des pieds jusqu'aux reins, en un seul bloc, avec un manche à balai pris dans le plâtre afin de maintenir ses jambes en écart facial. Elle a dû supporter cela pendant plus de trois mois. Elle pleurait toutes les nuits, et je restais près d'elle, impuissante, la caressant, la câlinant, la faisant boire… en serrant les dents. A son déplâtrage, de profondes escarres avaient entamé ses chevilles et ses hanches.

Deux ans plus tard, il a fallu recommencer pour l'autre adducteur ! Toutes ces souffrances pour soi-disant en éviter d'autres plus tard ! Et mon quotidien avec elle, pendant tout ce temps, tu l'imagines ? Plus possible de sortir ! Plus possible de l'asseoir ! Et pour la porter ? La laver ? A ses six ans, le bilan était largement confirmé. Elle ne marcherait jamais et elle était bien aphasique, elle ne pourrait donc pas parler ! Elle a quitté le jardin d'enfants pour entrer à l'école spécialisée au sein de l'hôpital du Kremlin-Bicêtre. Un petit bus scolaire la prenait le matin à sept heures, la ramenait à dix-huit ou dix-neuf heures, mais ces longs trajets l'épuisaient et après un an, j'ai dû me résigner, la mort dans l'âme, à ce qu'elle entre en internat.

J'avais négocié un bon plan avec la chef de service car, en fait d'internat la première année, elle ne dormait que deux nuits à l'école et passait tous ses mercredis, week-ends et congés scolaires à la maison. J'étais d'une inquiétude folle, tant je redoutais le manque d'attention à son égard et le danger qu'elle encourait. Mes « exigences » me conduisaient régulièrement à aller sur place, à l'improviste, pour m'assurer que tout se passait bien. Elle était dans un excellent service, le top, le nec plus ultra, car Mme Tr… ne travaillait qu'avec des salariés très compétents, débordants d'humanité. J'ai vite été rassurée et au bout d'une année, Perrine est devenue une vraie interne, ne rentrant que le week-end et toutes les vacances scolaires.

Chapitre XI
Premières fissures… (1983-1984)

Un dimanche matin, je suis allée avec Perrine rejoindre les vendeurs de l'Huma à la gare. J'y ai croisé Michèle, qui n'a pas résisté au charme de Perrine, et n'a eu de cesse de la revoir, par la suite. Tu n'as pas oublié Michèle, n'est-ce pas Papa ? C'était l'une de mes rares amies que tu appréciais.

Célibataire, disponible autant qu'elle le pouvait et toujours prête à rendre service, nous avons lié une profonde et intime amitié. Elle m'a souvent donné de sérieux coups de mains pour garder Perrine quand j'étais en représentation. Très attentionnée, elle arrivait à dépasser sa peur du handicap et s'intéressait de près aux progrès de Perrine, qui adorait sa compagnie.

Leur complicité faisait plaisir à voir et Michèle a rapidement occupé une place privilégiée au sein de notre petite famille.

A mon grand désespoir, elle fut mutée en Provence et a quitté Versailles environ un an après notre rencontre. J'ai vécu son départ comme une déchirure et en ai beaucoup souffert car je n'avais plus personne pour partager mes coups de blues, ni pour s'occuper aussi bien qu'elle de Perrine. Pourtant, je ne lui ai rien dit, rien montré, car je savais qu'un seul mot aurait pu la retenir et bloquer son avenir professionnel. Malgré notre éloignement, nous sommes restées très liées et passions nos vacances ensemble. Nombreux étaient ceux qui nous prenaient pour des sœurs de sang.

Avant son départ, nos points de vue concernant le handicap étant quasiment analogues, nous en discutions au sein du Parti. A l'époque, les questions qui m'agitaient l'esprit étaient essentiellement liées à l'avenir de Perrine et à sa place dans la société. Ayant constaté que les handicapés n'apparaissaient dans aucun document du Parti, je voulais que ça change, car une société qui n'intégrait pas ces personnes-là n'avait aucun intérêt pour moi. J'ai poussé quelques ruades, forcé les réflexions, mais obtenais toujours les mêmes réponses : « Il y a d'autres priorités ! On avance d'abord sur les problèmes sociaux actuels, ensuite on verra ! ».

En réalité les handicapés représentaient à leurs yeux une minorité complexe et diversifiée à laquelle personne n'avait vraiment réfléchi, et mes questions les dérangeaient. Je m'étais d'ailleurs bien aperçu qu'en dehors de Michèle, aucun camarade ne s'intéressait vraiment de façon constructive aux difficultés que je rencontrais depuis la naissance de Perrine.

A plusieurs reprises j'ai abordé la souffrance psychique qu'engendrait forcément le handicap et m'étais heurtée à un silence glacial car nous n'étions pas là pour discuter de « ça ». Choquée de constater que les problèmes humains posés par la vie des personnes handicapées étaient systématiquement écartés et restaient sans réponse, j'en ai conclu que pour les camarades, aucune action autre que philanthropique n'était envisageable pour ces personnes-là et qu'à l'évidence, ils ne se démarquaient pas des « normaux », mais partageaient la tendance naturelle de tout un chacun.

Alors, si dans la société qu'ils voulaient construire les handicapés avaient la même place que dans celle qu'ils combattaient et s'ils n'avaient pas non plus réfléchi à la manière de prendre en compte la souffrance psychique, en quoi cette nouvelle société serait-elle meilleure pour Perrine et tous les humains qu'elle représentait ? Quel intérêt y trouverais-je ? Sans nier les valeurs qui animaient les camarades, elles n'en devenaient pas moins d'autres normes pour moi, avec lesquelles les personnes handicapées ne cadraient toujours pas.

Putain de société de merde ! Enfoirés de valides ! De gauche comme de droite, tous les mêmes ! A quoi bon changer la société si Perrine et tous les autres tordus doivent en être exclus à jamais et vivre en marge ? Pourquoi me battre ? Attendre, toujours attendre ! Attendre que la société ait changé pour commencer à se poser la question du handicap ou de la souffrance ? Pour moi, ça voulait dire JAMAIS. C'est maintenant, là, tout de suite, que j'avais besoin de vivre ! Attendre quoi ? Que je ne sois plus là ? Je m'étais désespérément accrochée à ce maigre espoir qui donnait sens à ma vie et me faisait tenir debout depuis ma rencontre avec Jaheu, et tout s'écroulait. A l'épreuve de la réalité que je vivais, mes convictions politiques se fissuraient, j'étais l'objet d'une farce sinistre et mes espoirs n'étaient qu'illusions. J'étais près de l'explosion et n'avais plus rien à quoi me raccrocher car ma vie, brutalement, perdait tout son sens. Oui, Papa, je venais d'ouvrir les yeux sur cette réalité effroyable : MA VIE N'AVAIT PLUS AUCUN SENS ! Mais comment continuer à vivre, si je n'y trouve pas de sens ? Comment faire du sens avec le handicap, la souffrance ? Pourquoi moi ? J'étais toute jeune, Papa, j'avais trente ans, et je prenais en pleine face une réalité plus dure que du béton armé, sur laquelle je m'écrasais comme une vulgaire merde.

J'ai mis du temps à intégrer qu'il n'y avait pas de réponse à mes questions, parce que sur le plan idéologique, elles ne relevaient pas d'une analyse politique de la société... Je veux dire par là que ni le changement de rapports de production, ni la lutte des classes, ni l'abolition du capitalisme, etc… ne règleraient la question du handicap ou de la souffrance psychique.

Les personnes concernées se trouvant dans toutes les couches de la société, elles n'étaient pas représentatives d'une classe sociale ! J'avais été victime d'un leurre et me sentais intellectuellement abusée, en pleine déconfiture.

Dans le même temps, je faisais le pénible constat que non seulement Perrine n'était pas dans la norme quelle qu'on puisse l'imaginer (c'est quoi la norme ? et qui la définit ?) et qu'il fallait en faire le deuil d'une part, et d'autre part, que je devais fabriquer du sens avec de « l'anormal ». Je perdais complètement pied. Car lorsqu'il m'arrivait de trouver des pistes avec Perrine et que j'arrivais malgré tout à fabriquer un peu de sens (par exemple la communication que j'avais trouvée avec elle et que personne ne voulait reconnaître), j'étais à nouveau à contresens pour la majorité des gens « dans la norme », et de toute façon toujours en-deçà de celle-ci. Cette question de la normalité et de l'anormalité me perturbait au plus haut point. Je baignais dedans de toutes mes fibres sans pouvoir m'en extraire, puisqu'elle m'était sans cesse renvoyée à propos de Perrine. Elle n'était et ne serait jamais NORMALE et son anormalité à elle n'était pas louable.

Je te dis cela, car lorsqu'une anormalité fait de toi un génie, un être au-dessus de la moyenne, tu es adulé. En revanche, lorsqu'elle fait de toi un être sans défense, qui ne peut s'exprimer, arbitrairement passé au gabarit de la norme dès son enfance et décrété inférieur, tu es méprisé, banni, et considéré comme un paria, un inutile à déblayer.

Exclue de la norme, Perrine serait donc exclue de la vie, jetée au bord de la route. Elle passerait sa vie à regarder les autres se pavaner sous son nez en quelque sorte, car jamais elle ne bondirait de son fauteuil pour entrer dans une norme ! Tu comprends ? Son handicap était IR-RE-VER-SI-BLE, elle serait toujours montrée du doigt et, en plus, « on » déciderait à sa place, « on » aurait des idées pour elle ! Non vraiment, Papa, c'était à se taper la tête contre les murs ! J'étais en plein carambolage et ne pouvais tolérer cela pour mon enfant.

Aucune mère ne peut accepter d'avoir mis au monde un enfant pour qu'il subisse toute sa vie cette injustice-là sans pouvoir se défendre.

Pour moi, il était hors de question qu' « on » décide à sa place. C'était tellement facile de ne pas prendre le temps de communiquer avec elle sous prétexte qu'elle ne pouvait pas parler, et de s'octroyer ainsi le droit de penser à sa place ! Déjà, il fallait tout faire « à sa place », ses jambes ne marchaient pas, ni ses bras, ni ses mains, et il n'y avait pas foule dans ce cas-là pour nous aider, parce que ça prenait un temps et une énergie fous. Par contre, penser à sa place, là, il y avait du monde, ça n'engageait pas de la même façon.

J'en voulais à la terre entière de ne pas se poser ces questions-là, de ne pas chercher des pistes avec moi, et ne pouvais rien exprimer d'autre que le mépris et la violence envers tous ceux qui refusaient de comprendre... et ils étaient légion, tu sais ! J'allais éclater, ne pouvant me résoudre à ce que toute ma vie et celle de Perrine soient inutiles à jamais et refusais que Perrine soit traitée comme une « pauvre handicapée ».

A son paroxysme, ma révolte n'était plus relayée par personne et pourtant il fallait que je l'exprime quelque part, mais où ? Aucune des associations croisées jusque-là ne correspondait à mon état d'esprit, elles faisaient trop appel à la pitié, à la charité, se contentant des miettes que la société voulait bien leur laisser. Confinées dans leurs gestions singulières et leurs difficultés particulières, chacune d'elles défendait sa petite parcelle, sans faire du handicap une question de société.

Où allais-je dénicher une association revendicative ? Une association qui se batte pour que les handicapés soient pris en compte, entendus et traités comme les autres, avec de vrais droits ? Qu'ils ne soient plus derrière des murs, se contentant des « restes » qu'on leur jetterait en pâture ! Une telle association existait sûrement quelque part ! Je ne devais pas être la seule à penser comme cela ! J'étais fermement résolue à la chercher, et si elle n'existait pas, foi d'Elisa, je la créerais !

En attendant, ma vie s'était obscurcie et s'effilochait maille par maille. Broyée, abandonnée, et ne pouvant plus m'en prendre à Dieu puisque je l'avais relégué aux oubliettes, j'ai commencé à picoler comme un trou. Tu comprends, Papa ? Je me débattais au beau milieu de l'indifférence de ceux qui m'étaient les plus proches, et dans lesquels j'avais fondé tous mes espoirs depuis que je t'avais quitté ! C'était insupportable ! Quant à la « solution » qu'avait trouvée mon beau-père à la naissance de Perrine et qui m'avait révulsée, elle était finalement largement partagée par la majorité des « normaux », camarades compris. Étaient-ils conscients qu'en évoquant leurs « priorités », ils dissimulaient les questions auxquelles ils ne pouvaient pas répondre ?

Le handicap de Perrine m'entraînait irrémédiablement dans des flots tumultueux et dévastateurs dans lesquels j'étais en train de me noyer. Par crainte d'être accusée de faiblesse ou de folie, je m'interdisais de partager ma détresse et marchais désormais seule sur une corde raide, au-dessus d'un grand vide.

Alors oui, Papa, je te l'avoue aujourd'hui, pour « supporter » la souffrance qui me ravageait et que je ne pouvais mettre en mots, je suis devenue alcoolique.

Chapitre XII
La picole

En réalité, Papa, je ne me suis pas mise brusquement à boire. En effet, quand les occasions se présentaient, il y avait belle lurette que j'avais déjà mis le nez dedans, et dans ma profession, les opportunités de « faire la fête » ne manquaient pas. Sans y prendre garde, j'avais donc commencé à bien lever le coude depuis pas mal de temps, mais sans jamais m'enivrer vraiment. J'étais toujours la première à reprendre un petit apéro, à me resservir un verre à table ou à déguster une petite gnôle dans le café. Il était assez stupéfiant que je tienne aussi bien la route pour une nana, et je jouais à toujours repousser mes limites. J'en tirais une sorte de fierté et ne savais pas refuser « le p'tit verre en plus ». Apparemment j'avais donc, là encore, un « terrain propice » très glissant, sur lequel je me suis embarquée à grandes goulées dès que mes difficultés à vivre sont devenues insupportables.

Lorsque, beaucoup plus tard, j'ai réfléchi à ce « terrain propice », je me suis souvenue qu'enfant, à table, il n'y avait jamais d'eau. Te souviens-tu que vers la quarantaine, ayant besoin d'éclaircir ce sujet, je t'avais posé la question de ce que je buvais quand j'étais petite ? Tu m'avais répondu : « T'as toujours des questions aussi bizarres, toi ! Ce que tu buvais à table ou au goûter ? Ben, la même chose que les autres, du cidre ! » et je t'avais fait préciser qu'il n'y avait effectivement jamais d'eau sur la table à cette époque-là. Ta réponse a fusé « Oui, c'est vrai, et alors ? C'est grave ? », sur un ton du genre : « Mais qu'est-ce que ça peut bien te foutre aujourd'hui ? ».

Le cidre était effectivement la boisson familiale. Tu le fabriquais chaque année dans un grand pressoir pour le conserver ensuite dans d'immenses barriques, dans la cave de l'atelier où tu travaillais. J'ai de très bons souvenirs du cidre doux que je buvais tout frais, dans une demie coque de noix de coco, quand il coulait du pressoir. Il restait doux quelque temps, devenait pétillant, puis il fermentait, verdissait et râpait le gosier. A ce stade-là, il titrait entre 4 et 5 degrés, et j'en buvais autant que je voulais, sans aucune restriction. Depuis l'enfance, j'avais donc été sacrément alcoolisée.

Sur le moment, cette découverte m'a fait sourire, réalisant que, petite fille, je devais être éméchée à longueur de journée, toute l'année, sans que personne ne s'en doute. C'était mon état normal en quelque sorte ! En revanche, j'ai fait la grimace en prenant conscience que là-aussi, tu avais favorisé mon « terrain propice », et qu'étant devenue adulte, j'avais de bonnes raisons de boire plus d'alcool que les autres. D'ailleurs, pour mes vingt ans, mes deux frères et toi-même aviez pris un malin plaisir à me saouler et à me rendre malade toute la journée. Vous avez bien ri, n'est-ce pas ? C'était ma première cuite, et tu y avais bien pris ta part ! Je n'ai rien pu te dire au moment où je t'ai questionné, car j'avais trop honte d'être « alcolo », mais j'ai gardé l'information dans un coin de ma tête, pour en faire quelque chose le moment venu.

En attendant, avec toute la souffrance qui s'accumulait en moi depuis la naissance de Perrine, je n'ai eu qu'un pas à faire pour tomber dans le panneau et ai passé la vitesse supérieure sans difficulté, planquant mes bouteilles dans les moindres recoins de la maison ou au fond de mon sac, afin de les « siffler » en cachette. Incapable de me limiter, un verre en appelait un autre et les quantités dont j'avais besoin pour m'anesthésier le cerveau dépassaient souvent mon seuil de tolérance. Oui Papa, j'engourdissais mon mal-être et l'étouffais, sans me rendre compte qu'en réalité, c'était moi qui coulais.

Complètement éméchée et inconsciente des risques que j'encourais et que je faisais prendre aux autres, rien ne pouvait m'empêcher de prendre la route. J'ignore comment, de nuit, j'ai pu parcourir des milliers de kilomètres au volant, sans jamais avoir le moindre accident, alors que j'étais incapable de tenir debout ! Lorsque je voyais la route en double ou en triple, j'avais mon petit truc : à la façon corsaire, je me bouchais un œil avec un bandeau dissimulé dans le coffre à gant ! Tu vois à quel niveau d'idiotie et d'inconscience j'émargeais ! Quelle honte, Papa. Certains soirs, seule à la maison, rien ne pouvait me refréner et mes crises d'éthylisme m'emportaient au-delà de moi, jusque dans la folie. Je n'avais plus conscience de rien. Un tas de « démons » prenaient possession de mon esprit, sans que j'aie aucun pouvoir sur eux.

Sous leur emprise, je perdais totalement la raison et sombrais dans un état second dépouillé de toute sensibilité. Je devenais la proie d'un besoin irrépressible de souffrir physiquement, et étais alors capable des pires abominations : mordre mes bras jusqu'au sang, me couper la peau avec des ciseaux, me transpercer les jambes avec des aiguilles, me taper la tête entre les murs jusqu'à m'assommer. Je me revois un soir dans la salle de bains, prendre mon plus gros couteau de cuisine et une paire de sabots en guise de marteau, poser froidement ma main gauche sur le lavabo, et cogner de toutes mes forces pour me trancher le petit doigt. Résultat ? Tendons sectionnés !

C'est aussi dans ces états indescriptibles de démence que j'ai commencé à avoir mes premières idées de suicide, et n'ai pas hésité longtemps avant de passer à l'acte. Je t'en reparlerais plus loin, Papa, car les occasions n'ont pas manqué !

En ce qui te concerne, toute ta vie tu as méprisé les personnes alcooliques en général, et celles que tu connaissais, en particulier. Tu ne leur trouvais aucune excuse, les traitant de tous les noms, les jugeant sans pitié ni réserve et les traînant dans la boue en les accusant de faiblesse. Je reconnais que tu buvais toi-même rarement, et toujours très raisonnablement.

En revanche, je tiens à te dire aujourd'hui qu'une personne qui boit plus que de raison et qui se cache, un ivrogne si tu veux, c'est d'abord et avant tout une personne en très grande souffrance qui a besoin d'aide, d'attention, de soins, et surtout pas d'un jugement négatif comme celui que tu pouvais avoir. C'est presque toujours quelqu'un en détresse, en mal d'être, et qui ne peut pas dire sa souffrance autrement qu'en buvant. Ça aussi, j'espère que tu peux le comprendre aujourd'hui !

Toujours est-il que tu te doutes bien que je n'allais pas t'avouer que j'étais moi aussi tombée dedans ! Quelle infamie, ta propre fille, une alcoolo ! Ça n'aurait eu pour conséquence que de te faire souffrir, peut-être aussi de me « jeter » un peu plus fort, et je n'en éprouvais aucun désir.

Ne t'imagine quand même pas que j'étais tous les jours ivre morte. Non ! Dans la vie quotidienne, je savais m'en tenir à des doses « correctes », juste à la limite, comme on dit. Les besoins irrésistibles de surdose correspondaient à des situations insurmontables très particulières, de nouveaux clous qui, ajoutés aux autres, venaient me meurtrir un peu plus.

Chapitre XIII
Rencontres... Waouh (1985)

Quelques mois avant son déménagement, mon amie Michèle était passée un soir à la maison arborant fièrement un petit tract rose, trouvé sur un présentoir dans le bureau de son syndicat. Il émanait d'une association de personnes handicapées, l'A.M.I, (Association Nationale de Défense des Malades, Invalides et Handicapés) qui semblait tout à fait correspondre à ma recherche.

Emballée, je me suis empressée de prendre contact avec un certain Patrick, qui m'a aussitôt donné rendez-vous afin de se présenter et de discuter.

Waouh ! Super ! Je ne m'étais pas trompée, Papa ! Je venais de trouver ce que je cherchais ! Une association de personnes très concernées par la maladie ou le handicap, qui revendiquaient les mêmes droits à vivre décemment que les valides : une sorte de syndicat de handicapés. Une association « de gauche » ! J'ai vite sympathisé avec Patrick et me suis engagée dans l'association sans me faire prier. Je dois te dire, Papa, qu'ils n'étaient pas bien nombreux, les bougres, et en moyenne, en très mauvais état : aveugles, handicapés physiques, sourds, maladies invalidantes, etc... J'étais donc une bonne recrue pour eux et j'ai vite pris des responsabilités au niveau départemental. Patrick était un révolté comme moi, en grande souffrance, et nos positions par rapport à la place des handicapés dans la société étaient similaires. Je rencontrais enfin un adulte ayant bien gambergé sur cette question de la « norme » et de l'exclusion, et qui croyait comme moi, que nous allions pouvoir changer les mentalités des « valides ». Nos idées politiques s'accordaient, aucune barrière ne nous séparait, et nous sommes devenus de grands amis. Lui aussi a craqué quand il a fait la connaissance de Perrine ! Il m'a rendu de très nombreux services par la suite avec sa compagne. Oui, nous sommes devenus très intimes, et il m'a plusieurs fois sauvé la vie.

Nous militions ensemble, tenant des permanences dans différentes villes du département et organisant des réunions d'information. Nous réfléchissions aux actions à développer, en fonction des difficultés exprimées par certains adhérents. Tu me connais, Papa, je n'ai jamais fait les choses à moitié, et suis rapidement devenue une militante de choc, dépensant sans compter mon énergie et mon temps : réunions, comptes-rendus, nouveaux droits, manifestations, affiches, banderoles, stand à la Fête de l'Humanité, création de comités départementaux, rédaction d'un journal… J'y croyais et étais sur tous les fronts à la fois ! Quelques mois après mon adhésion, j'ai été invitée à une réunion des responsables de la Région Ile de France, à Montreuil, et Patrick m'y a accompagnée en voiture. Nous fûmes accueillis à bras ouverts par une demi-douzaine d'hommes dont les connaissances et la détermination m'ont beaucoup impressionnée, car en dehors des difficultés que je rencontrais avec Perrine, j'étais novice sur les autres sujets.

L'un de ces hommes, Bernard, se détachait du lot. Je le trouvais très différent des autres dans sa façon de parler et dans son comportement à l'égard de chacun. Son regard vif et pétillant était habité d'un « je-ne-sais-quoi », une douceur, un charme particulier et un sens aiguisé des luttes sociales. Apparemment valide, je lui donnais une cinquantaine d'années. Bref, durant toute la réunion je n'ai eu d'yeux que pour lui et un petit « coup de foudre » avait chatouillé mon cœur troublé. J'avais hâte de savoir qui était cet homme.

De retour dans la voiture, j'ai questionné Patrick. Tu sais ce qu'il m'a répondu ? Tiens-toi bien, Papa ! Il m'a placidement dit que Bernard était prêtre, prêtre-ouvrier à la retraite, très précisément, et l'un des piliers de l'A.M.I pour la Région Parisienne. Par contre, il n'avait pas cinquante, mais soixante-dix ans ! Tu imagines l'onde de choc qui m'a parcourue ! Patrick le connaissait un peu, le trouvait effectivement très sympa, et n'avait rien à cirer de sa fonction de prêtre, ou de curé. De toute façon, Bernard ne l'évoquait jamais au sein de l'association, il n'était pas là pour ça. J'ai cru à une plaisanterie, car pour moi, il était impossible qu'un prêtre milite avec des gens de gauche, voire des communistes ! Patrick avait dû rêver, ou il le confondait avec quelqu'un d'autre ! Eh bien pas du tout, Papa, Bernard était bien prêtre-ouvrier. Ah ! J'avais l'air maline avec mon coup de foudre pour un prêtre ! Il ne me manquait plus que ça ! Moi qui, depuis des années, avais tout fait pour éviter la curaille, voilà qu'il en déboulait juste un sur mon chemin, là où je m'y attendais le moins. Patrick était athée et que Bernard soit prêtre, curé, chrétien, croyant en Dieu ou non, n'était pas son problème, ça le faisait plutôt sourire. Laissant les bondieuseries aux « spécialistes », seul le militant, l'homme de combat l'intéressait.

Ma réaction fut très différente de la sienne, car ma curiosité piquée à vif s'étant réveillée, j'éprouvais le besoin de comprendre à quoi cette fonction faisait référence, et en quoi ce prêtre était différent des autres. D'autant plus qu'à la suite de cette rencontre improbable, le Dieu de mon enfance refaisait surface, créant en moi une perturbation difficile à maîtriser. Très ébranlée, mes sentiments confus s'emmêlaient et me propulsaient dans des états allant de la colère violente à l'abattement général.

Voilà, Papa, tout ce qui me tournait dans la tête…

Si Bernard était prêtre, il devait donc croire en Dieu ! Il était donc fou lui aussi ? Fou comme cette bande de tarés qui m'avaient cadrée toute l'enfance, avec leur Dieu tout-puissant qui régissait tout l'univers, visible et invisible ? Ce Dieu inaccessible que nous irions rejoindre un jour dans l'au-delà, après la mort ? Ce Dieu-béquille, ce Dieu-pansement qui ne servait qu'à anesthésier certains pauvres humains ? Ce Dieu immonde et son fils unique, Jésus, mort sur une croix pour nous sauver de nos péchés ? Non, non, je devais rêver ! S'il était prêtre, alors il devait dire la messe et prier aussi ? Il croyait à la Sainte-Vierge ? Au Paradis ? A l'Enfer ? Au Purgatoire ? Au Saint-Esprit ? Aux miracles ? Il faisait partie de la même Église Catholique que toi, Papa ? Avec son Dieu qui consent sans broncher à toute la souffrance du monde et à la mienne en particulier ? Mais qu'est-ce que fabriquait cet homme dans une association de gauche ? Tous les curés que j'avais rencontrés jusque-là fustigeaient les gens de gauche et n'aimaient ni leurs combats, ni leurs idées. C'était le diable pour eux, ils étaient de droite, comme toi Papa ! Ils étaient dans leurs paroisses, en soutane, avec leurs bigotes, leurs associations de charité, leurs enfants de chœur et leurs riches paroissiens ! C'était impensable, inimaginable, incompréhensible pour moi ! Je n'avais pas pu me tromper en envoyant promener toutes ces balivernes sur les roses ! Il y avait forcément une erreur quelque part, mais où ? Il fallait que j'en aie le cœur net ! En attendant, toutes ces questions « ré-envahissaient » sérieusement mon esprit, jusqu'à me faire tourner en bourrique.

J'étais fermement décidée à saisir une occasion pour en découdre avec Bernard qui, de son côté, ne me connaissait pas du tout.

Chapitre XIV
Suite du quotidien

Dans l'école du Kremlin-Bicêtre, Perrine suivait tant bien que mal son petit bonhomme de chemin. Son charme ravageur, son caractère bien trempé et très joyeux étaient ses atouts maîtres.

Personne ne lui résistait, elle avait de nombreux copains-copines et même quelques amoureux, tous très solidaires les uns des autres. Étant l'une des enfants les plus handicapées, elle avait souvent son petit aréopage de chevaliers servants. Leur état d'esprit et leur bonté naturelle m'émouvaient jusqu'aux larmes. Les enfants les moins « abîmés » prenaient grand soin des autres et jamais, par exemple, je n'en ai vu un manger sous les yeux d'un autre qui ne pouvait pas le faire seul. Même maladroits, il n'était pas question pour eux de laisser un copain démuni devant son assiette. Si tu avais vu Amalia ou Sabrina, toutes deux IMC plus ou moins bringuebalantes, donner son yaourt à Perrine, tu aurais tout compris, Papa, et tu aurais fondu toi aussi. Elles éclataient de rire quand, avec une extrême attention l'une pour l'autre et des efforts surhumains, elles ne pouvaient faire autrement que de se retrouver toutes barbouillées de yaourt. Leurs maladresses respectives les faisaient rire et elles se foutaient pas mal du résultat ! Le principal, pour elles, c'était de ne pas laisser l'autre, seul, face à ses difficultés et à son empêchement. Ah ! Papa, si tous les « normaux » que je rencontrais avaient eu cette attitude-là avec Perrine, le monde pour moi en aurait été métamorphosé !

En classe, Perrine avait appris à lire, mais elle ne pouvait toujours pas s'exprimer autrement que par son regard et ses petits cris. Avec quelques contorsions qui la faisaient transpirer par tous les pores de sa peau, elle arrivait parfois à sortir quelques sons du genre « Meum » pour maman, « digon » pour p'tit con, « i-i » pour Jean-Yves ou Philippe. Pourtant, elle avait toujours un tas de choses à raconter et à faire partager comme n'importe quelle petite fille de huit ans. Pour moi, c'était à chaque instant une grande souffrance de la voir s'agiter dans tous les sens, prête à s'exprimer, avec tous les mots qui se bousculaient dans sa tête et restaient bloqués au fond de sa gorge. Une souffrance d'autant plus grande, que ceux qui ne la connaissaient pas, les quidams stupides, interprétaient « ses cris » ou « sa mauvaise humeur », comme un défaut de caractère alors qu'ils étaient simplement le signe qu'elle avait quelque chose à dire.

Une ergothérapeute de génie, Clairette, s'échinait à chercher des aides techniques adaptées à Perrine dont la plus urgente était de trouver un moyen d'expression. Le service disposait d'un ordinateur spécialement conçu pour écrire sans clavier, grâce à un alphabet défilant sur l'écran qu'il suffisait de stopper au bon moment en appuyant sur un simple contacteur. Pour Perrine, tout a été essayé : le contacteur scotché sur son genou sous la table, à sa main, sous son menton, à côté de sa joue, mais ses mouvements involontaires parasitaient continuellement ses intentions, et elle n'arrivait quasiment jamais à arrêter le défilement sur la bonne lettre. Elle avait pourtant la rage d'y parvenir mais ne pouvait absolument pas dompter son corps. Une fois, elle a passé sa matinée pour écrire « Bonne Fête Maman ». Est-ce que tu imagines ma joie quand j'ai ouvert son cadeau, Papa ? Si tu avais vu la tête de Perrine quand elle me l'a offert ! Elle jubilait d'impatience et de fierté !

J'avais entendu dire qu'en Suisse il existait une sorte de petit radar fonctionnant avec le regard qui pouvait s'adapter sur cet ordinateur. Ni une, ni deux, j'ai trouvé les coordonnées et j'ai foncé en Suisse pour m'en procurer un. Mais pas plus que toutes les autres adaptations, Perrine ne l'a utilisé. Clairette lui a alors fabriqué une licorne (sorte de casque muni d'une longue pointe sur le front) au bout de laquelle on pouvait fixer soit un crayon, soit un pinceau, soit un aimant ou toutes sortes d'objets. Perrine se donnait toute la peine du monde pour l'utiliser, car toujours, sa tête incontrôlable balayait l'espace de gauche à droite. A la maison, je l'employais pour faire certains jeux avec elle, ou de grands tableaux de peinture.

Mais il fallait constamment être à ses côtés pour maintenir les pots de peinture et éviter qu'elle ne les renverse, changer la feuille de papier quand elle se déchirait, resserrer la licorne sur sa tête, etc… J'usais d'une immense patience pour un résultat souvent médiocre.

Avant de peindre, elle aimait que je lui lise un texte, une histoire, un poème, que je devais ensuite recopier sur la feuille. Elle y cherchait son inspiration et voulait ainsi nous aider à comprendre sa peinture.

Très coquine, elle se délectait à faire des farces. Quand quelqu'un se cassait la figure, ou se cognait, elle était pliée de rire. A la télé, le patinage artistique la fascinait et elle guettait la chute des danseurs pour s'esclaffer. Elle avait aussi une intuition générale très aiguisée, devinant certains évènements avant qu'ils ne surviennent, ou percevant des choses subtiles qu'elle essayait de me faire partager. Mais je passais souvent à côté ou m'en apercevais après-coup, ce qui avait le don de me culpabiliser d'être incapable de pénétrer ses pensées.

Elle devait garder tout cela pour elle, avec beaucoup de sérénité ! Elle adorait les ballons de baudruche et je ne manquais pas les occasions de lui en offrir un. Je prenais grand soin de le lui attacher au poignet pour qu'elle le conserve le plus longtemps possible, mais son plus grand désir était de le lâcher et de le regarder s'élever dans les airs. Oui Papa, c'était une petite fille extraordinaire tant la joie qui l'habitait transcendait complètement le handicap majeur dont elle était prisonnière. Pour sûr, à ce niveau-là, elle n'était pas « normale », tu vois ce que je veux dire ?

Pour lui éviter de trop grandes souffrances physiques dues à toutes les contractions musculaires qui secouaient en permanence son corps, Mme Tr… avait prescrit un traitement de Valium qui l'obligeait à boire beaucoup car il lui desséchait la bouche. D'autre part, les efforts surhumains qu'elle devait fournir pour le moindre geste volontaire lui donnaient des suées quasi permanentes qui lui faisaient perdre beaucoup d'eau. Il fallait donc penser à l'hydrater très régulièrement, de jour comme de nuit. Le moindre déplacement nécessitait de trimballer une foule de petites choses indispensables qui, si elles étaient oubliées, bousillaient toute la journée : le traitement, des vêtements de rechange, des mouchoirs, des changes, des serviettes, de quoi se laver, un gobelet en plastique dur (Perrine cassait les verres en serrant les dents), de l'eau et... le code. (Mon sac à dos était toujours plein à craquer.)

Le code ? C'était un énorme classeur rouge, réalisé par Clairette, qui servait à communiquer avec les personnes qui le voulaient bien et qui n'étaient pas habituées comme moi à déchiffrer le regard de Perrine. Des petits pictogrammes étaient rangés par thème à l'intérieur, sous des plastiques à diapos, et quand Perrine voulait dire quelque chose, il suffisait de prendre le code et d'en tourner lentement les pages en suivant son regard. Elle faisait un signe pour arrêter à la page qu'elle désirait, et il fallait ensuite descendre ligne par ligne, puis image par image jusqu'à la bonne, et ainsi de suite... C'était long et parfois fastidieux de l'utiliser, mais il lui rendait parfois de fiers services.

Pour en revenir à son installation assise, tu penses bien qu'au fur et à mesure de sa croissance, les coques moulées dans lesquelles elle était en permanence maintenue, prenaient de plus en plus de volume et de poids. Elles n'étaient plus en plâtre, mais en mousse dure, fixées dans un vrai fauteuil roulant. Coût des coques ? De 5 000 à 10 000 francs, non remboursés. Coût du fauteuil roulant ? 6 000 francs, remboursé à hauteur de 3 500 francs. Pour le bain, il existait un genre de hamac rigide qui se déposait au fond de la baignoire. Coût du hamac ? 2 500 francs, non remboursé.

Tu te souviens, Papa, de toutes les manipulations épuisantes que je devais faire au cours d'une journée ? En effet, Perrine, qui n'était pourtant pas incontinente, était obligée de porter des couches qu'il fallait régulièrement changer, et c'était toujours complexe de trouver un lieu où je puisse l'allonger. Plus elle grandissait, plus tous les actes quotidiens de la vie se compliquaient. Coût des changes ? 800 francs par mois, non remboursés.

Un jour que j'allais la chercher à l'école, je l'ai trouvée debout dans le couloir, à cheval sur un drôle d'engin à roulettes qu'elle faisait avancer en agitant les jambes. Je n'avais jamais vu ma petite fille debout, tu imagines ma stupéfaction ? Je revois son immense sourire, ses yeux pétillants de bonheur, ses longues boucles blondes qui tressautaient autour de son visage radieux. Elle n'arrivait pas à se diriger et se heurtait aux murs, mais quelle importance ! Elle avançait toute seule, et riait aux éclats, c'était génial ! Tout le service était en émoi devant le petit numéro de Demoiselle Perrine qui gesticulait, sous les applaudissements de tous ses copains. Inoubliable !

Je voulais posséder cet engin extraordinaire, (ça s'appelait une flèche), afin que Perrine puisse l'utiliser dehors, lors de nos promenades sur les chemins plats. Dans un premier temps, tu lui en as fabriqué une, tu te souviens, Papa ? Elle était jaune et verte ! Ensuite, devenue trop petite, je lui en ai acheté une. Coût de la flèche ? 4 000 francs, non remboursés ! Te rends-tu compte, Papa, de tout ce matériel absolument indispensable que cette société de merde laissait à ma charge ? Comme si c'était un luxe, ou des jouets ! A chaque fois, je tombais des nues, croulais sous les démarches à faire pour obtenir des queues de cerises, avec l'amer sentiment d'être une mendiante derrière les guichets des Aides Sociales. Une honte !

Mais voilà la meilleure ! Figure-toi qu'un matin, dans ma boîte aux lettres, j'ai trouvé une facture de l'hôpital me demandant de régler au plus vite la somme de 90 000 francs ! J'avais sans le savoir perdu mes droits à la Sécu et devais payer tous les prix de journée de l'institution depuis trois mois. Tu te doutes que je n'ai jamais pu m'affranchir de cette dette, mais j'ai été obligée de remplir un tas de dossiers, me déplacer, me justifier, pour que cette sinistre addition soit prise en charge par le Département. Oui, j'avais toujours l'impression de mendier le droit de vivre avec Perrine ! Comment espérais-tu que je reste calme, sans broncher ? Tous ces traquenards sur mon chemin, vécus comme de véritables machinations, m'étaient intolérables. Je me sentais en permanence engluée, entravée, ficelée, sans aucun espoir que cela puisse changer un jour. Papa, comment imaginais-tu que je puisse faire du « sens » avec tout ça ? Le désespoir rongeait mon for intérieur, et je n'avais que la violence pour exprimer mon impuissance et mon désarroi. Je voulais tout défoncer, tout casser...

La moindre petite lueur que mon quotidien s'améliore était sans cesse obstruée par de nouveaux nuages noirs. J'étais projetée dans un vide abyssal et me noyais dans l'alcool. C'est dans ces circonstances-là, que j'ai fait ma première tentative de suicide en avalant les trois boîtes de Valium que j'avais en stock pour Perrine.

Je me suis réveillée à l'hôpital, allongée sur le côté, une femme m'enfonçant un tuyau de caoutchouc embouché d'un entonnoir dans la gorge, une autre lui passant des brocs d'eau en hurlant « Madame, Madame, ouvrez les yeux, allez, allez, ouvrez les yeux ! ».

Le lendemain matin, la tête engourdie, j'ai voulu rentrer chez moi mais j'ai été obligée d'attendre la visite d'un psychiatre que j'ai longuement regardé avant de déclarer que je n'avais rien à lui dire. Après avoir signé une décharge, j'ai quitté l'hôpital chancelante, en rasant les murs.

Durant six années, je suis passée à l'acte une bonne trentaine de fois, et ne me souviens plus aujourd'hui des circonstances précises qui m'y ont poussée. C'était toujours de nuit quand j'étais seule, et si je n'avais pas de médicaments sous la main, j'avais toujours un cutter pour m'ouvrir les veines.

Tout ce que je peux t'en dire, Papa, c'est que je perdais complètement pied, prise dans les remous de forces incontrôlables. La plupart du temps, dès que je prenais conscience de ce que j'avais fait, j'appelais rapidement quelqu'un au secours, car je ne voulais pas mourir, je voulais seulement ne plus penser, ne plus vivre ce que je vivais. Au bout du téléphone, les copains très éloignés me hurlaient « Raccroche, raccroche immédiatement et laisse ta porte ouverte, j'appelle les secours ». Ils me connaissaient bien et savaient que j'étais en danger.

Deux fois j'ai débarqué dans le coma à l'hôpital Fernand Widal, à Paris où je suis restée branchée en réanimation plusieurs jours tellement j'avais forcé les doses.

A chaque hospitalisation, j'avais droit à la visite du psy de service que j'envoyais toujours balader avant de signer une décharge et de rentrer chez moi. Dans nos deux familles, personne n'en a jamais rien su. Tu peux me remercier de t'avoir aussi épargné cela, Papa.

La position que j'avais à l'époque par rapport aux psys ? Je disais : « La souffrance, y'a ceux qu'en crèvent et ceux qu'en vivent ! La mienne ne fera jamais le salaire de personne ! On n'est pas dans le même camp ! Qu'ils aillent tous se faire foutre ! ». Eh oui, c'était mon niveau à ce moment-là ! Bas, le niveau, très bas, je te l'accorde.

Un matin ordinaire, j'ai vu débouler une dizaine de mecs bizarres dans la petite cour de notre maison. Bizarres, car leur style ne collait pas avec notre habitat. Vêtus de lodens vert kaki, les mains gantées de cuir noir, ils trimballaient de grands rouleaux d'affiches sous leurs bras. Un couple de vieux italiens venaient de quitter un deux-pièces pourri juste en face de chez moi, à deux mètres de ma porte d'entrée, et ces nouveaux venus en avaient les clés.

Leur allure m'a paru suspecte et, un peu inquiète, je me suis demandé qui étaient ces nouveaux voisins ! Le soir venu, ils ont déballé des projecteurs dans notre petit bout de jardin, enfilé des casques et commencé un curieux entraînement avec des gourdins. Waouh ! J'ai senti que ça puait, et j'ai eu les boules ! Les jours suivants, un défilé de personnages du même acabit se donnait rendez-vous dans ce local, mais à première vue, personne n'y habitait. Une nuit où toute lumière était éteinte, je suis allée jeter un œil par la fenêtre. Des affiches de Le Pen recouvraient tous les murs et j'ai immédiatement fait le lien avec les prochaines élections en vue. Ils installaient leur permanence, tout simplement. Étant donné mes orientations politiques et celles de Jaheu, l'Huma qui dépassait de la boîte aux lettres tous les matins, et les autocollants ornant notre porte d'entrée, il n'allait pas faire bon rester dans les parages.

D'ailleurs, à plusieurs reprises dans la cour, j'avais été brutalement bousculée avec Perrine par l'un de ces hommes et avais désormais très peur d'être seule avec elle. Jaheu et moi avons pris la décision de décaniller dans les plus brefs délais, et les camarades du Parti se sont mobilisés pour nous trouver un nouveau logement. Incognito et sans aucun regret, nous avons quitté Versailles une nuit de juin, pour atterrir dans une gigantesque cité HLM de la Seine-Saint-Denis, la « banlieue rouge »... Pour nous communistes, c'était le rêve !

Nous avons eu les clés d'un immense appartement de cinq pièces, très lumineux, avec salle de bains, eau chaude, W.C, bureau, chambre pour Perrine, double séjour, au douzième étage (l'avant dernier) d'une barre de dix escaliers. Vivant sans confort depuis une dizaine d'années, ce logement représentait le super luxe ! En outre, le changement de banlieue ravivait quelques espoirs car j'étais convaincue qu'il serait plus facile d'y vivre avec Perrine.

Ah oui, vraiment, j'étais enchantée ! Jaheu aussi d'ailleurs, car un local au sous-sol d'une école avait été mis à notre disposition pour y entreposer tout notre matériel de spectacle et nous pouvions également utiliser une salle pour nos répétitions.

Que du bonheur ! Une vraie « promotion » ! Je n'ai pas traîné pour me mettre au travail et refaire tout le logement à mon goût et à celui de Perrine car, pour sa chambre, la demoiselle avait ses petites idées. C'est juste à cette époque-là qu'elle a été de nouveau opérée des adducteurs. Donc, re-plâtre, re-manche à balai entre les jambes, nouvelles souffrances et nouveaux empêchements pour sortir ! Mais bon, dans le confort, c'était plus facile à encaisser...

A la rentrée scolaire suivante, Perrine était toujours inscrite dans la même école. Par contre, ce n'était plus le petit car de ramassage mais une ambulance qui assurait son transport. Je trouvais cette solution bien plus confortable, et pensais que la durée des transports s'en trouverait réduite. Eh bien ! Pas du tout, Papa, car dans une simple ambulance « individuelle », j'ai découvert que trois gamins étaient entassés au milieu de leurs fauteuils roulants et de leurs cartables... Oui, oui, la Sécu autorisait et agréait cela sans problème, que ça me plaise ou non ! Le comble, c'est que pendant plusieurs semaines, les ambulanciers ne remontaient plus Perrine jusqu'à l'appartement. Et tu sais pourquoi ? Parce que s'ils coupaient le moteur du véhicule, ils ne pouvaient redémarrer qu'en poussant l'ambulance ! Oui, Papa, c'était une vraie ambulance !

Toujours est-il qu'à son retour, Perrine était souvent couverte de blessures multiples car elle se cognait partout dans le véhicule, tant les gosses étaient serrés au milieu de leurs affaires. Elle avait une peur bleue de voyager dans ces conditions-là. Avec d'autres parents, j'ai essayé de mener une action par rapport aux transports scandaleux des enfants. La réponse ? Aucun autre choix n'était possible, c'était la Sécu qui décidait du transporteur ! Papa, connais-tu des parents d'enfants valides qui auraient accepté cela ? Moi, non ! Mais nous étions si minoritaires, et si isolés les uns des autres, nous, les parents d'enfants handicapés, que nous ne faisions pas le poids face à une administration inhumaine. C'était ça ou rien du tout ! Tu parles d'un choix !

Les départs du lundi matin étaient déchirants et j'avais besoin de quelques heures pour desserrer les nœuds qui gonflaient ma gorge. Pour alléger les angoisses de Perrine j'avais trouvé un « un truc » : je scotchais un petit mouchoir imprégné d'essence de lavande sur son siège. C'était la « petite odeur de Maman » qui l'accompagnait, la rassurait, et que chacun respectait à l'école. Je me consolais en sachant que, dès son arrivée, elle serait écoutée et comprise.

Pour l'aider à communiquer et partager son vécu avec ses éducateurs et ses copines, je rédigeais toutes nos activités du week-end sur un cahier et les illustrais de photos commentées. Chacun trouvait qu'elle avait beaucoup de chance car nous sortions beaucoup et faisions de multiples activités.

Au cours d'une classe de mer elle a rencontré John, IMC lui aussi, qui habitait dans l'est de la France. Ils sont tombés éperdument amoureux l'un de l'autre. Je fondais lorsqu'elle me dictait ses lettres d'amour et me demandait de glisser celles de John sous son oreiller. Elle était très amoureuse, avait ses petits secrets, et je m'en réjouissais.

Chapitre XV
Nouvelles rencontres... (1986)

Quelques mois avant de déguerpir de Versailles, j'avais eu besoin de suivre une formation afin d'apprendre à traiter un dossier et pouvoir ainsi tenir les permanences juridiques de l'A.M.I. J'étais donc allée plusieurs après-midi faire des stages à la permanence de Nanterre, tenue par ce fameux prêtre, Bernard. Tu penses bien, Papa, que je ne m'étais pas fait prier pour y courir, tant j'étais fiévreuse de le revoir, pour discuter avec lui et mieux faire connaissance.

A la fin de la première permanence, quand tous les « clients » furent partis, très intimidée, je me suis jetée à l'eau en lui disant que je savais qu'il était prêtre-ouvrier et que je ne comprenais pas très bien à quoi cela correspondait. Je voulais surtout qu'il me dise à quel Dieu il croyait, car, au vu de mes expériences antécédentes avec la religion et après avoir cheminé avec des copains athées et anti-cléricaux, mes idées étaient très embrumées.

Je lui ai déversé toutes mes litanies sataniques sur le Dieu de mon enfance, celui que j'avais vomi de toute la force de mon cœur blessé en devenant athée, et auquel il m'était désormais impossible de croire. Puis je lui ai raconté dans quel pétrin matériel j'étais engluée jusqu'au cou avec Perrine, toute la souffrance que sa naissance avait réveillée en moi et ma révolte contre cette société de « normaux » valides qui nous excluait de ses lois.

Après ma tirade, je lui ai demandé : « Et toi, là-dedans, tu es qui ? Tu crois à quoi ? C'est pas possible, c'est qui ton Dieu à toi ? » Il m'a regardée calmement, et m'a juste répondu : « Oui, je sais tout ça... Je n'ai aucun langage pour te parler de Dieu. Le chemin que j'ai choisi, c'est Jésus, il est mon guide et j'ai confiance en son message. J'ai misé toute ma vie sur lui, et je ne suis pas déçu car elle en est transformée… » « Jésus Christ ? Celui qui est sur la croix ? C'est une horreur, pour moi ! Toutes ces histoires de morts ! Qu'est-ce que ça peut bien changer à une vie ? T'as vu dans quelle merde je suis, moi ? Je suis en train de crever toute seule avec ma fille, et tu me dis ça à moi ? C'est impossible ! »

Ensuite, il a évoqué le mouvement des Prêtres-Ouvriers, qu'il avait rejoint en 1954 après la guerre, en m'expliquant :

— qu'il n'était pas curé car il n'avait aucune responsabilité paroissiale et qu'il n'en voulait pas,

— qu'il était en désaccord sur un tas de points précis avec sa hiérarchie, qu'il la trouvait particulièrement encroûtée et qu'il revendiquait une certaine marginalité par rapport à l'Église Catholique officielle,

— qu'il avait travaillé toute sa vie comme ouvrier d'usine, et vivait depuis trente ans avec deux autres prêtres-ouvriers qui avaient fait les mêmes choix de vie que lui,

— qu'il s'était battu au travers de responsabilités syndicales, aux côtés de ses compagnons de travail, membres de la C.G.T, et…

— qu'il était très proche de la philosophie marxiste !

Abasourdie ! J'avais de quoi être abasourdie, Papa ! Jamais, nulle part dans mon entourage je n'avais eu le moindre écho que des gens comme ça existaient ! Mais alors, qu'est-ce que Jésus (et Dieu) pouvaient bien venir faire là-dedans ? Pour moi c'était absolument contradictoire, voire inconciliable.

Une lucidité sereine et lumineuse habitait cet homme qui n'avait pas du tout l'air d'un fou, loin s'en faut, et face à sa sincérité, j'étais complètement décalée, désarmée. Je ne comprenais plus rien. Pas du tout perturbé par mes questions et mes rebuffades, il gardait tout son calme et m'a proposé, si j'en avais envie, de me prêter un bouquin. Il m'a également dit qu'à l'occasion, il aimerait beaucoup faire la connaissance de Perrine.

De retour chez moi, bien que mes idées et mes positions catégoriques se télescopaient, l'impact de cette entrevue m'avait laissé un goût agréable. Après en avoir informé Jaheu, j'ai immédiatement senti une grande méfiance, et quelques soupçons à l'égard de ce que j'avais partagé avec Bernard. Il pressentait une manipulation qui ne lui convenait pas du tout et a été très désagréable avec moi.

Qu'à cela ne tienne, j'étais trop fébrile pour en rester là et j'ai donc proposé à Bernard de passer un soir à la maison afin qu'il rencontre ma petite famille. Autant Jaheu était sur ses gardes, autant Perrine a bondi de joie à son contact. Absolument pas troublé par le handicap de Perrine, il a réussi l'exploit de gagner sa confiance en deux temps trois mouvements, comme s'il l'avait toujours connue. Ils ont craqué l'un pour l'autre, et là, Papa, j'ai été épatée.

Inutile de lui faire un dessin pour qu'il prenne la mesure de toutes les difficultés que je rencontrais, de l'énergie qu'il fallait déployer pour les assumer et de la souffrance qui m'habitait. Du coup, toute notre discussion s'est focalisée sur mes combats solitaires : l'école, la rééducation, les besoins criants de matériel adapté, l'inaccessibilité, la sécurité sociale, les allocations, la trouille pour l'avenir de Perrine, etc… A son départ, j'ai su que j'avais gagné un ami. Par la suite, il n'a eu de cesse de revoir Perrine et de m'aider dans mes démarches.

Quant au bouquin, nous n'en avions pas du tout parlé, mais il était posé sur la table et s'intitulait : Jésus avant le christianisme : L'évangile de la libération, d'Albert Nolan.

J'ai dévoré ce livre, Papa. L'auteur décrivait l'organisation de la société au temps de Jésus, l'attitude de cet homme face à celle-ci, et, au fil des pages je découvrais un Jésus à ma portée : un homme révolutionnaire, qui n'avait rien à voir avec celui de mon enfance, pas plus d'ailleurs qu'avec l'idée que s'en faisaient mes copains athées. J'ai compris ce que pouvait être un christianisme primitif, et ce fut une fabuleuse révélation pour moi, une authentique aubaine ! « Et alors ? », m'a dit Jaheu, « Tu parles d'une découverte ! Des hommes révolutionnaires, il y en a eu beaucoup, avant et après ton Jésus ! Qu'est-ce qui t'emballe autant ? Qu'est-ce que ça change pour toi ? ».

A vrai dire, Papa, je ne savais pas trop ce que ça changeait réellement pour moi, à part, sur le plan idéologique, une certaine compatibilité entre le marxisme et le message de Jésus. Dans un premier temps, cette découverte me satisfaisait. Sur le plan social, l'originalité et l'anti-conformisme de Jésus étaient tout-à-fait à mon gré. En revanche, je percevais que le contenu du message allait beaucoup plus loin, car il y était quand même question d'un « Dieu » que je ne captais pas du tout, sur lequel je butais, et qui semblait faire toute la différence avec n'importe quel autre homme révolutionnaire.

Tu comprends bien, Papa, que socialement, j'avais en partie résolu mes questions tant il était évident pour moi que la société de consommation dans laquelle je vivais était d'une totale injustice. A ce sujet tu dois avoir en mémoire nos interminables querelles autour de la table familiale ! Par contre, je pataugeais toujours avec le handicap et la part de souffrance (et de mort) qui m'étreignait, persuadée que je resterai toute ma vie une errante délirante, obligée de supporter le martyre et son non-sens absolu, jusqu'à ce que la mort, naturelle ou non, y mette fin. Et mes flirts avec elle étaient si nombreux, que je savais très bien de quoi je parlais ! Entre deux plongeons, je tenais le coup comme je pouvais, en assumant de plus en plus de responsabilités au sein de l'A.M.I, et donc en voyant souvent Bernard.

Élue au Conseil National à Lyon, je m'y suis rendue la première fois en accompagnant un copain aveugle des Yvelines. Bien que n'y connaissant personne, j'étais très attendue, et les copains m'ont fait un sympathique accueil. Dans la salle de réunions, la trentaine de personnes présentes autour de la table, toutes handicapées à des degrés divers m'a beaucoup impressionnée, car je n'avais jamais vu autant d'adultes handicapés à la fois. L'un d'entre eux, Alain, qui avait à peu près mon âge, souffrait du même handicap que Perrine.

Tétraplégique, I.M.C, il avait de tels problèmes d'élocution qu'une femme le traduisait à haute et intelligible voix. Envahi de mouvements involontaires, son corps difforme étaient la proie d'incessantes convulsions. J'ai brusquement eu la vision de Perrine adulte et ai fermé les yeux d'effroi. Le cœur au bord de l'explosion, j'ai quitté la réunion pour aller chialer toutes les larmes de mon corps derrière un arbre du jardin.

Le repas du midi se déroulait dans un restaurant proche, et le « hasard » a placé Alain juste à côté de moi. Ayant entendu parler de Perrine, il était heureux de faire ma connaissance mais je ne comprenais pas un mot de ce qu'il me disait. Très indisposée, j'ai vite réalisé que j'allais devoir lui donner à manger. Sa présence agitée à mes côtés m'était insupportable mais je ne pouvais me dérober et, bien qu'écœurée par ses postillons et ses grincements de dents, je me suis jetée à l'eau. Il bavait beaucoup, me pinçait involontairement les bras, mordait la cuillère ou mes doigts quand je lui donnais une bouchée de pain, déglutissait bruyamment, et mon dégoût grandissait de plus en plus. Je dissimulais mon malaise de mon mieux, mais n'ai rien pu avaler. Quand à la fin du repas il a voulu aller aux toilettes, j'ai craqué et demandé à cette femme qui semblait très proche de lui de l'accompagner. J'ai profité de leur absence pour quitter la table et aller vomir à l'extérieur.

Le lendemain midi, j'ai feint d'être occupée jusqu'à ce qu'il soit installé et me suis empressée d'aller m'asseoir à l'autre bout de la table. C'est Bernard qui s'est naturellement approché de lui, l'a fait manger et l'a ensuite conduit aux toilettes. Leur relation était tout à fait simple et normale, ils avaient l'air de bien se connaître, d'être très à l'aise ensemble et de bien s'amuser. Quant à moi, pleine de remords et de honte, je me suis traitée de vulgaire incapable et de sacrée lâche !

De retour à St-Denis, agitée par une débandade de sentiments inavouables et ne pouvant empêcher mes pensées d'osciller de cet homme à Perrine adulte, j'ai plongé dans mes placards et englouti tout l'alcool qui s'y trouvait. Ivre morte et incapable de contrôler mes pulsions, j'ai évidemment fait une nouvelle tentative de suicide.

Le lendemain, je suis sortie de l'hôpital en lambeaux, couverte de honte de la tête aux pieds, et me suis écroulée, prisonnière d'un étau dans lequel j'étouffais face à l'évidence insoutenable que me réservait l'avenir de Perrine.

A cette époque-là, j'ai fait plusieurs fois le même cauchemar. Je nageais en apnée dans une piscine dont la surface était recouverte d'une épaisse couche d'un liquide huileux verdâtre et très amer, qui m'empêchait de remonter à la surface pour reprendre souffle.

J'allais me noyer asphyxiée et suffoquais longuement avant de couler à pic. Sur le point de mourir, j'entrevoyais une toute petite porte, un passage minuscule tout au fond de la piscine, qui donnait sur une autre piscine emplie d'une eau claire d'un bleu lumineux. Mais j'étais si « grosse » et empêtrée, que je n'arrivais pas à franchir cette porte. J'avais très envie de rejoindre cette eau pure dans laquelle je pourrais nager librement, reprendre souffle et être sauvée de la noyade, mais j'avais beau me débattre, je n'y avais pas accès... A ce moment du rêve, je me réveillais « en nage », c'est le cas de le dire ! Point final.

Tu sais, Papa, j'avais parfois conscience que j'étais toute disloquée, en train de mourir à petit feu, évitant de justesse la psychiatrie. Prisonnière d'un cercle infernal, je n'avais aucune issue... Je pesais 45 kg, ne mangeais quasiment rien et ne dormais que deux ou trois heures par nuit. Physiquement épuisée et complètement désespérée, je me vidais peu à peu et n'avais rien à perdre... Tu entrevois ce qu'est le désespoir à travers ce que je te raconte, Papa ?

J'avais laissé tomber le bouquin de Bernard, et en étais restée à ce simple constat que l'homme-Jésus était une sorte de révolutionnaire progressiste, et que concrètement, ça ne changeait pas grand chose pour moi. Jaheu avait peut-être raison, c'était sans grand intérêt et sans rapport avec un Dieu.

Un matin, j'ignore dans quels rêves mon inconscient m'avait propulsée, mais à mon réveil, quatre mots de Jésus, probable réminiscence d'enfance, clignotaient dans mon esprit : « Je suis la Vie ».

« Ah ! Tu es la vie ? Et moi je suis en train de crever ? Attends un peu, on va voir ça... Ça sera toi, ou ça sera moi...et ça ne va pas traîner, car je suis pressée et n'ai justement rien à perdre ».

J'avais trente et un ans, Perrine en avait huit. Tu sais ce que j'ai fait Papa ? Un pari, le seul pari de mon existence, un pari complètement dingue, un défi de folie. Avec qui ? Avec Jésus et son Dieu, la bonne blague ! Autant s'adresser au bon Dieu qu'à ses saints ! Je ne pouvais viser plus haut, tu ne crois pas ?

J'ai couru acheter un Évangile, sans rien dire à personne, tu penses bien ! Même pas à Bernard et surtout pas à Jaheu, j'aurais eu honte ! Quand je l'ai eu entre les mains, je me suis dit : « Tu joues à la roulette russe avec ce livre, tu paries ta vie ! », et j'ai décidé de jouer le jeu à fond en solitaire, car je ne voulais surtout pas que quiconque me guide dans sa lecture ou son interprétation. Afin de découvrir par moi-même, j'avais pris soin de me vider l'esprit de toutes représentations de Dieu. Je voulais que ce soit comme dans un duel, ma vie de merde et de souffrance avec Perrine dans une main... et l'Évangile dans l'autre main. Je ne me raccrocherai à rien d'autre et verrai bien où pencherait la balance. Tu vois le genre de défi, Papa ! Et tu me reconnais bien, n'est-ce-pas, dans le « tout-ou-rien », le « ça passe ou ça craque »...

Chapitre XVI
Petite parenthèse

Là, je vais faire une petite parenthèse pour toi, Papa. Tu ne trouves pas que l'enchaînement de tout ce qui m'arrive est très curieux ? Que les évènements se succèdent bizarrement sans que j'exerce aucun contrôle sur eux, me conduisant toujours là où je n'ai pas prévu d'aller ? Est-ce que tu remarques que depuis le début de mon existence, la seule volonté que j'ai, c'est de quitter ce qui cloche, de fuir ce qui ne me convient pas, ce qui me retient prisonnière, sans jamais savoir à l'avance où je vais mettre les pieds ? Et notes-tu que ce qui m'aiguillonne, c'est la révolte ? MA révolte ! Rien ne l'apaise, tout ce que je vis l'aiguise... Elle hurle en moi, se cogne à des murs d'indifférence, me consume chaque jour davantage et me permet de rebondir. Comment vivre sans elle ? C'est grâce à elle que je redresse la tête et décourbe le dos, que de nouveaux chemins s'entrouvrent lorsque les anciens m'écorchent et me font trop saigner.

Ma vie n'est devenue qu'un cri qui me revient sans cesse en écho et qui bat jour et nuit à mes tempes brûlantes. De tous ceux que je croise, personne ne peut s'imaginer dans quelles tempêtes intérieures je me débats, car aucun mot assez puissant ne peut les décrire.

Ya-t-il encore des humains sur cette terre grise ? Un horizon possible ? Où se cachent-ils ? Vais-je pouvoir résister longtemps ?

Chapitre XVII
A l'assaut du ciel… (1986-1988)

Lors de mes toutes premières lectures de l'Évangile, j'ai découvert que Jésus donnait la priorité aux exclus, aux plus petits, aux tordus, aux malades de toutes sortes, à tous ceux qui souffrent et... aux petits enfants. C'était même une exigence radicale. « Ah ! Mais c'est nous, ça ! C'est Perrine, c'est moi ! ». Waouh ! Jésus parlait de nous, tu te rends compte, Papa ? Ça commençait plutôt bien, j'étais rassurée. Depuis huit ans que je hurlais à qui voulait bien l'entendre qu'il fallait nous faire une place et cesser de nous regarder avec des yeux de veau ! De plus, Jésus les guérissait ! Là je ne comprenais pas trop comment il allait pouvoir me guérir, pas plus que Perrine ! Mais bon, je gardais confiance et allais peut-être le découvrir au fil des pages ?

Fière de moi, je piochais régulièrement dans les textes quand brusquement je me suis souvenue d'Alain, à Lyon, et de mon attitude envers lui, mon dégoût, ma peur et mon rejet. Là, Papa, j'ai pris une sacrée claque en réalisant que je m'étais comportée exactement de la même façon que tous ces connards de valides sur lesquels je cassais du sucre depuis tant d'années, et que je ne valais pas mieux que n'importe quel quidam qui se détournait de ma fille ! J'avais les mêmes blocages, les mêmes peurs et la même attitude qu'eux ! Quel culot de demander aux autres ce que j'étais incapable de faire alors que j'étais moi-même concernée ! Aïe, Jésus venait de marquer le premier point, mais pas question pour moi de contourner la radicalité du message et d'abdiquer, sinon j'avais perdu et n'en saurais pas plus sur Dieu.

J'ai donc été obligée de m'interroger sur mes propres capacités à accueillir l'autre, celui ou celle qui remettait en cause ma bonne santé physique ou mentale, celui qui me faisait peur et que je préférais écarter de mon chemin pour ne pas m'impliquer, celui qui n'était pas dans la « norme » et qui chamboulait mes valeurs. Oui, Papa, l'Évangile me forçait à me remettre en question et à changer, car j'avais tout faux ! Malgré lui, Alain m'avait fait découvrir que j'étais une trouillarde, une lâche et que mon regard sur lui était inhumain. En voyant en lui tout ce qui ne fonctionnait pas, tous ses « en-moins », je l'avais renvoyé à son anormalité. En élargissant ma réflexion, j'ai réalisé que je me comportais exactement de la même façon avec Perrine, c'est-à-dire que je voyais d'abord son handicap (que je refusais), avant de voir la petite fille. Ce fut terrible de découvrir cette vérité-là sur moi, tellement je me trouvais nulle, piteuse et nue. J'avais mauvaise conscience et me sentais prisonnière d'un regard-carcan qui m'enfermait dans ma façon de fonctionner. J'avais le regard qui clochait, mais comment changer mon regard ?

Ah ! Pour être un révolutionnaire différent des autres, ce Jésus, il l'était ! Mes intuitions ne m'avaient pas trompée ! J'entrevoyais tout juste de quelle révolution il était question, qui n'avait effectivement rien à voir avec celle des copains du Parti. Et je sentais surtout que, sans pouvoir les nommer, mes résistances étaient de taille. Mais Dieu, dans tout ça, il était où ? Je voyais Bernard de plus en plus fréquemment, pour l'A.M.I. bien sûr, mais aussi avec Perrine car il était vraiment génial avec elle et ils s'aimaient beaucoup. Dès qu'elle avait des congés scolaires, il rappliquait à la maison et on s'amusait comme des fous. On partait en forêt, allait visiter des musées, se payait le cinéma, le resto… Ma vie devenait légère quand nous étions ensemble. En un rien de temps il avait appris le langage des yeux de Perrine, savait lui donner à manger, l'installer et l'attacher dans son siège, c'était incroyable ! Il poussait son fauteuil en plaisantant avec elle, montait et descendait les escaliers sans jamais se lasser. Il débordait d'une énergie peu commune, et la qualité de sa présence auprès de Perrine était vraiment le reflet de la qualité de ses pensées et de ses paroles. C'était un vrai bonheur d'être ensemble mais il ne pouvait pas être à ma disposition autant que je l'aurais souhaité, et dès qu'il repartait, je m'écroulais à nouveau, et faisais de nouvelles tentatives de suicide à la moindre difficulté.

Je discutais un peu avec lui à propos de la souffrance, mais il était très discret, mesurant le poids que je portais. Il me respectait plus que tout et je ressentais vraiment beaucoup d'amour pour lui, tu sais Papa, mais je le gardais pour moi, car c'était un amour impossible, voire interdit. Il était prêtre, j'étais mariée, et je ne voulais pas le déstabiliser dans ses choix de vie.

De temps en temps, il me passait un nouveau bouquin, ou des feuillets photocopiés, que je m'empressais de dévorer. Je lisais la nuit jusqu'au petit matin en prenant des notes, car dans la journée je n'avais pas une minute à moi. J'ai rempli des cahiers entiers, Papa, et je les ai gardés !

C'est ainsi que j'ai fait la connaissance de la philosophe Simone Weil au travers de plusieurs livres dont : La pesanteur et la grâce. La pesanteur, j'étais bien placée pour comprendre ! Mais la grâce ? C'était plus compliqué, car je n'y avais pas accès et en souffrais beaucoup. Sans perdre confiance, je poursuivais ma lecture solitaire de l'Évangile sans rien en partager, tellement ce que j'y découvrais me remettait en cause. Je butais sur les choix radicaux qu'il fallait faire et me culpabilisais de mon impuissance. Certains passages tournaient en boucle dans ma tête et je pensais souvent à « Laisse-tout et suis-moi », au « Chameau qui passe plus facilement par le chas d'une aiguille qu'un riche ne peut entrer dans le royaume des cieux », à « La porte étroite », au « Royaume de Dieu qui est au milieu de nous », à « La Lumière du monde », aux « Premiers qui seront les derniers », aux Béatitudes, à la Résurrection des morts et à Marie, cette mère qui assiste, impuissante, à la condamnation et à la pendaison injustes de son fils.

Oui, Papa, tous ces textes me secouaient de plus en plus car dans le même temps ils me confirmaient en partie ce que je vivais, ou vérifiaient certaines de mes intuitions tout en pointant mes erreurs et mes aveuglements. Je perdais souvent les pédales, continuant régulièrement à m'enivrer et à m'auto-détruire, déchirée entre le désir de changer et la peur de l'inconnu, de quitter ma peau, de me perdre. Pourtant j'avais imperceptiblement commencé à muer et ne pouvais plus faire marche-arrière, sinon quoi, Papa ? J'abdiquais face à mon défi et ça, foi d'Elisa, je ne pouvais pas l'envisager !

Certaines de mes « trouvailles » faisaient l'objet de discussions sérieuses avec Jaheu, et Perrine nous écoutait attentivement. Jaheu, curieux et sceptique à la fois, s'imaginait que je régressais en cherchant Dieu et craignait que je tombe dans le panneau de la religion. Pourtant, il respectait ma démarche et la prenait au sérieux.

En revanche, il ne supportait pas que je passe mon temps libre avec des personnes handicapées ou avec Bernard. Mes nouvelles relations émoussaient sa jalousie, le poussant à des exigences envers moi, auxquelles, trop épuisée, je ne pouvais plus répondre. Je carburais au café, aux cigarettes, à l'alcool et n'avais que la peau sur les os.

Dans l'inventaire de ce qui me barrait la route et freinait mes choix, le premier de la liste fut mon métier de comédienne. Je n'avais plus le cœur de monter sur les planches, porter des masques ou jouer des rôles et les spectacles devenaient une corvée dont je m'acquittais de mauvaise humeur, sans aucun enthousiasme. Du coup, Jaheu était souvent violent avec moi, nous nous disputions et notre relation se détériorait de jour en jour. Je l'évitais au maximum, repoussais ses avances et ses câlins, avais peur de son corps et refusais de lui donner du plaisir. En retour, il me traitait de « boulet », de « sarcophage » et hurlait en cassant tout sur son passage. Il m'obligeait de force à lui céder mon corps et je vivais nos relations sexuelles comme de véritables viols pendant lesquels je me raidissais en mordant les draps et en serrant les poings.

Nos rapports s'estompant, j'avais interrompu toute contraception. L'accident n'a pas manqué d'arriver, j'ai été à nouveau enceinte. Conçu sans une once d'amour, j'ai pris la décision de ne pas garder ce bébé et de me faire avorter une seconde fois. Cette deuxième I.V.G, vécue seule, fut pour moi un vrai cauchemar. N'ayant pas les moyens de m'offrir une anesthésie générale, j'ai réalisé et senti tout ce qui se passait et ai vraiment cru qu'on m'étripait. Je n'oublierai jamais cette longue marche solitaire me conduisant à l'hôpital, la gorge serrée, mon baladeur sur les oreilles tonitruant : *Le reniement de saint Pierre* de Marc Antoine Charpentier. J'avais choisi mon morceau de musique ! A la suite de cet événement, dans la liste de mon inventaire sur ce qui entravait mon éventuelle liberté, mon mariage avec Jaheu arrivait en deuxième position.

Pour tenter de désamorcer le conflit « spirituel » qui m'opposait à Jaheu, Bernard avait souhaité nous présenter les deux « frères » avec lesquels il partageait sa vie, son « équipe », disait-il. Jaheu avait accepté et n'avait pas été déçu. Et pour cause, durant tout le repas, il ne fut question que de politique et de syndicalisme. Jaheu avait été rassuré et moi, légèrement désappointée, car je pensais que nous aborderions d'autres sujets. En faisant le tour de la maison, ils nous avaient rapidement ouvert la porte de leur « petite chapelle » installée dans le sous-sol, et dans laquelle ils se retrouvaient chaque dimanche, pour prier et célébrer l'Eucharistie avec quatre ou cinq « fidèles ». Sous le regard horrifié de Jaheu, j'avais émis le souhait de les y rejoindre « pour voir » ! Ma simple curiosité du début s'est vite transformée en besoin vital. En effet, ces moments intimes de partage où j'avais enfin une place me mettaient du baume au cœur et me donnaient du tonus pour toute la semaine. Pourtant je n'y disais pas un mot, me contentant d'une présence silencieuse tant mon émotion était forte et inexprimable. A la lecture des textes rien ne pouvait arrêter les larmes qui montaient de mes profondeurs, et je restais muette, les yeux clos.

Ces nouvelles connaissances m'avaient incitée à rencontrer d'autres chrétiens à leur image, plus proches de chez moi, pour éventuellement faire partie d'un groupe de réflexion, de recherche, de partage, voire d'entraide. Je cherchais donc dans mon quartier jusqu'à ce qu'un soir, un copain du Parti, croisé dans les escaliers, me parle d'une certaine J…, une « bonne sœur » qui militait avec sa femme à la C.N.L. Selon lui, elle vivait en communauté dans un appartement, avec d'autres « bonnes sœurs » donc, mais il ne les connaissait pas.

Munie de cette précieuse information et un peu perplexe car j'ignorais que des religieuses pouvaient habiter en H.L.M, je me suis rendue à l'appartement de cette fameuse J…, pour voir si ça pouvait coller avec ma recherche.

Dring ! Une femme souriante aux cheveux blancs m'a ouvert la porte. Après lui avoir dit l'objectif de ma visite elle m'a répondu que J... était absente. Puis elle s'est présentée (elle s'appelait Monique) et m'a invitée à faire de même. Je lui ai dit que je venais d'emménager dans la cité, que j'étais communiste et que j'avais eu son adresse par un camarade. Et bien sûr, que j'étais comédienne, maman d'une petite fille handicapée, en recherche par rapport à Jésus-Christ et en mal de rencontrer d'autres chrétiens « pour voir ». Très sympathique, elle m'a promis de passer me voir pour faire connaissance de Perrine et de Jaheu.

Elle faisait partie de la Congrégation des Petites sœurs de l'Assomption, vivait effectivement avec trois autres « copines » dans un appartement de ma cité, et avec Perrine, nous sommes rapidement devenues des amies. Lorsque par la suite j'ai fait connaissance de J…, je n'ai pas regretté qu'elle fût absente lors de ma première visite, car entre elle et Monique, y'avait pas photo, c'était vraiment Monique que je devais rencontrer. Tout comme Bernard, je sentais qu'elle était habitée, quelque chose d'indéfinissable s'exprimait à travers ses yeux bleus, et son ouverture à ma souffrance ainsi que ses attentions à mon égard ont embaumé mon cœur. Perrine aussi l'aimait beaucoup. Elles se comprenaient toutes les deux, avaient une grande complicité et partageaient une relation très intime. C'était vraiment des rayons de lumière qui arrivaient jusqu'à moi.

Nous nous voyions assez régulièrement, pour « papoter », partager un repas ou un petit goûter. De sa voix douce, elle me glissait quelques conseils du genre : « Quand tu marches, essaye de mettre ta tête dans tes pieds ». Je la trouvais un peu loufoque et ne comprenais rien du tout, mais peu m'importait. Elle s'est engagée à mes côtés au sein de l'A.M.I et nous avons milité ensemble sur notre quartier. Je ne me souviens plus sous quelle forme je l'ai informée de mes prémices de « recherche spirituelle », mais je m'étais bien gardée de lui dévoiler mon défi, car je voulais avancer et trouver toute seule !

Grâce à elle j'ai pu rencontrer d'autres chrétiens sur le quartier, mais je n'ai sympathisé avec aucun d'entre eux, car ils ne saisissaient rien aux questions que je posais sur le sens de la souffrance et de mon côté je ne comprenais pas leur jargon. De toute façon, Perrine et moi leur faisions peur et pour moi, c'était rédhibitoire. J'étais très exigeante !

J'avais un critère déterminant pour choisir ceux avec qui je pouvais « m'entendre », entrer dans une relation vraie : c'était leur comportement avec Perrine. S'ils s'adressaient à elle sur un ton trop mielleux, la maintenaient à l'écart comme si elle n'existait pas, parlaient d'elle au-dessus de sa tête en s'adressant à moi, ne lui faisaient pas la bise comme à n'importe quel autre enfant, ça suffisait pour que je les tienne à distance et que je m'en méfie.

D'ailleurs, Perrine savait très bien me renseigner sur ce qu'elle ressentait des autres et, évidemment, elle ne se trompait jamais. Elle avait un sacré flair pour débusquer ceux qui l'aimaient vraiment et ceux qui faisaient semblant. Sa sélection éliminait la majorité des gens, limitant notre entourage à ceux qui en valaient vraiment la peine.

Quelques mois après notre emménagement, certains évènements de taille m'ont fait déchanter quant à notre super nouveau logement. Le premier, c'est que notre appartement grouillait de cafards la nuit, et malgré ma vigilance et toute la meilleure hygiène du monde, il n'y avait rien à faire. Tous les immeubles en étaient infestés, c'était une horreur, Papa. Impossible d'éradiquer ces immondes bestioles !

Le second, c'est que l'ascenseur tombait régulièrement en panne, de préférence le week-end, et n'était jamais réparé avant plusieurs jours. Peux-tu t'imaginer vivre au douzième étage avec un enfant en fauteuil roulant, sans ascenseur ? Une fois, il est resté trois mois hors d'usage. Oui Papa, trois mois ! Les seuls escaliers utilisables étaient des escaliers aveugles (aucune fenêtre), encombrés d'un fatras de poubelles, de vélos, de fouillis abandonnés, de merdes de chiens, et sans lumière, car toutes les ampoules avaient été récupérées par des voisins sans scrupule. En outre, ils étaient en colimaçon ! On dit souvent que la goutte d'eau fait déborder le vase, eh bien moi, ce n'était pas une goutte, c'était « un torrent » qui balayait tout, qui faisait déborder le vase.

Je vivais dans l'angoisse permanente, car pour Perrine et moi, en cas d'urgence, il n'y avait aucune issue de secours. Nous étions piégées comme des rats, là-haut ! Impossible de sortir ! En cas d'extrême nécessité, je devais appeler les pompiers ! Non, mais tu vois ça, Papa ? J'avais beau me débattre pour faire intervenir l'Office HLM et la Mairie, mais personne n'en avait rien à foutre ! Les seules personnes à me rendre visite, à me demander si j'avais besoin de quelque chose, c'était Monique, (qui venait de se faire opérer des genoux !) et Bernard qui habitait à une heure de bus ! Les copains ? Y'en avait plus un seul dans ce cas là ! Tu sais Papa, très souvent, je m'accoudais à la fenêtre de mon douzième étage, avec une cantate de Bach dans les oreilles, et une envie de me balancer dans le vide qui me tortillait l'estomac.

Lors d'une permanence de l'A.M.I. dans la cité, j'ai entendu parler d'une famille dont le père, en fauteuil roulant, était coincé dans son appartement depuis 10 ans !

Je suis allée leur rendre visite, et effectivement, suite à un accident de la route, cet homme, jeune, qui était père de trois enfants, était devenu tétraplégique. Toute la famille habitait en étage, mais son imposant fauteuil roulant, ne passait dans aucune porte du logement. Il était donc cloîtré dans une seule pièce, sans pouvoir en sortir.

J'ai aussitôt entrepris des démarches pour que cette famille soit relogée, mais, comme elle avait des dettes de loyer assez importantes, la Mairie ne voulait rien entendre.

Pour faire pression, j'ai lancé une campagne de pétitions dans toute la cité, tiré des affiches, imprimé des tracts, rien n'y a fait. A plusieurs associations, nous avons décidé de mener une action de plus grande envergure. Nous avons monté des tentes avec sono devant la Mairie, fait venir la télévision et avec plusieurs costauds nous avons sorti cet homme de chez lui.

Nous l'avons installé sous l'une des tentes avec son fauteuil et son lit, et avons décidé que nous ne bougerions pas de là avant qu'il ait les clés d'un logement accessible. Nous avons fini par gagner ! C'était une mairie communiste, Papa, et les élus n'en avaient rien à cirer ! Ils croyaient que j'étais une « gauchiste », une ennemie politique donc, qui faisait exprès de semer la pagaille. Je n'en revenais pas, les bras m'en sont tombés face à leurs préjugés ! En attendant, tous ces évènements me rendaient folle de rage et m'épuisaient jusqu'à la corde. Je ne décolérais jamais, et la fréquence de mes tentatives de suicide ne baissait pas.

Ah ! Les pompiers me connaissaient bien ! Entre Perrine qu'il fallait remonter dans son fauteuil roulant quand l'ascenseur était en panne, et moi qu'il fallait descendre de toute urgence à l'hôpital, ils auraient pu tenir un quartier général dans mon escalier ! Je peux te dire, Papa, que Monique n'avait pas fait ma connaissance sous les meilleurs auspices, et que sa présence à mes côtés fût souvent celle d'un « ange gardien ».

Elle m'avait fait promettre, quand je me sentais partir à la dérive, de lui donner un coup de fil avant de passer à l'acte inéluctable. Mais je n'ai pas toujours tenu mes promesses.

Un soir, seule avec Perrine qui dormait dans sa chambre, sous l'emprise de l'alcool, j'ai déclenché la pire crise de folie qui soit. Je voulais tuer Perrine, et moi avec. Monique a rappliqué dare-dare, car elle savait fort bien que je ne rigolais pas du tout. Elle a passé toute la nuit, seule à mes côtés, à me retenir et m'apaiser. J'étais dans un tel état que je ne me souviens de rien d'autre. Au petit matin, j'étais calmée, je crois que Jaheu est rentré, et elle a pu repartir chez elle.

Mon pauvre Papa, je ne me remémore plus aujourd'hui toutes les terreurs que j'ai traversées, d'autres s'en souviennent très bien pour moi, et ne veulent pas me les dévoiler, pensant que ça ne me serait d'aucune utilité maintenant. Je leur fais confiance. Toujours est-il que tous ceux qui m'aimaient à l'époque, me conseillaient vivement de me faire soigner, d'aller voir un psy, car je ne disais rien à personne de tout ce qui se passait à l'intérieur de moi.

Mes réponses à leurs bons conseils étaient toujours les mêmes ! « Mais je ne suis pas malade ! Si toutes les conditions étaient remplies pour que j'aie une vie correcte, je n'aurais pas tous ces problèmes ! Mes réactions sont des réactions normales ! Que les psys prennent donc ma place et ils comprendront ! ». J'avais surtout très peur qu'on m'enferme et qu'on place Perrine d'office dans je ne sais quel établissement de sinistre renommée.

J'avais pourtant la chance, depuis que je connaissais Bernard, de partir en vacances avec lui, Perrine et une bande de super ami(e)s, dans une merveilleuse petite maison près de Grasse. Chacun était aux petits soins pour nous et nous passions de vrais bons moments. La vie là-bas était agréable et douce, un petit paradis ! Soudés par une profonde amitié et une vraie solidarité, nous étions très heureux de partager ces temps libres ensemble. Eh bien même là, Papa, j'avais encore des crises la nuit, dès que j'étais seule, et je passais à l'acte à chaque fois. Je ne pouvais pas résister à ces ténèbres épaisses et noires qui m'encerclaient et dissolvaient tous les instants lumineux de la journée. J'étais cependant surveillée de très près, mais j'arrivais presque toujours à déjouer l'attention et à me faire du mal.

En fait, je ne savais pas profiter de la vie, convaincue au plus profond de moi que ma vie et celle de Perrine n'avaient aucun sens. Cette question du SENS occupait tout mon esprit, tout mon mental, me barrant tout espoir et toute vision d'un bonheur accessible, d'un avenir serein. Ma recherche spirituelle n'était qu'une intuition mentale, pas encore une réalité, un vécu, une expérience vivante. Je sentais bien, parfois, que je m'approchais de « quelque chose » de vrai, que certaines résistances se lézardaient, mais je ne savais ni les repérer, ni les nommer et elles restaient plus fortes que tout. J'avais peur de me perdre sans elles, de ne plus être moi-même, et pour me donner la sensation d'exister, j'éprouvais le besoin de me faire du mal. La souffrance physique que je m'imposais était une digue contre ma souffrance psychique. Un sacré cercle vicieux dont je n'avais aucune clé pour en sortir. Toute ma vie n'était faite que de NON, de REFUS, de révolte CONTRE quelque chose, et je rendais la terre entière responsable de ce que je vivais.

A la fin de l'automne 1988, à la suite d'un sérieux pétage de plomb et une nouvelle hospitalisation d'urgence, Bernard m'a vivement conseillé d'aller me reposer seule une semaine chez l'un de ses amis, Michel, qui vivait en quasi-ermite dans un magnifique petit village des Alpes-Maritimes, près du plateau d'Albion. Retraité, il passait de longues heures à sculpter d'énormes morceaux de bois, ou bien à peindre des aquarelles. J'y suis arrivée un matin, après avoir fait la route de nuit. Il était assis en tailleur, au soleil, sur les marches de sa maison, en train de méditer. Le facteur venait de passer et son courrier était posé à côté de lui. Je ne le connaissais pas du tout et il m'a accueillie les bras ouverts, en me proposant un café avant d'aller me reposer. J'étais complètement amorphe et pendant que je finissais ma tasse, il a ouvert une première lettre. Se tournant vers moi, il m'a dit : « Tiens, un courrier d'une grande amie de la Région Parisienne ! Tu viens de là-bas toi aussi ! ». Je lui ai répondu que la Région Parisienne était vaste. Puis il a lu sa lettre dans laquelle était glissée une photo.

Il a repris : « Ah ! C'est sympa, elle m'a mis une photo avec tous les petits de son groupe, tu veux voir ? ». J'ai pris la photo, l'ai attentivement regardée et ai effectivement vu une adulte au milieu d'un groupe de tous petits enfants. Puis j'ai écarquillé les yeux et tu ne devineras jamais, Papa, qui je venais de reconnaître ! J'ai rendu la photo à Michel en lui disant que je connaissais cette femme, qu'elle s'appelait Gisèle. C'était la directrice de crèche qui avait accueilli Perrine quand elle était bébé, il y avait de cela plus de dix ans. Michel en est resté muet de stupéfaction et moi aussi d'ailleurs.

Tu te rends compte, Papa, de la situation ? Je venais de faire huit cents kilomètres, j'atterrissais chez un inconnu, et je lui annonçais que je connaissais sa copine ! Un vrai rêve ! Il m'a proposé de signer quand il lui enverrait une réponse à son courrier, ce que j'ai fait évidemment. Quelques mois plus tard, je lui ai rendu visite chez elle, à Fontenay-le-Fleury.

Son souvenir de Perrine était d'une clarté limpide et elle a eu hâte de la revoir. Ces retrouvailles furent merveilleuses et nous nous sommes liées d'une très grande amitié. Sa retraite approchait et elle prévoyait d'aller vivre en Auvergne, des projets d'accueil plein la tête. En quelques mois, Perrine fit rapidement partie de son projet principal. Super, non ?

Quant à Michel, j'ai découvert un homme calme et serein, d'allure sportive, assez érudit, qui avait le même parcours que Bernard puisqu'il était également prêtre-ouvrier à la retraite. Chaque jour, nous allions nous balader dans la montagne avec ses boîtes d'aquarelles, et il était très heureux de me faire partager sa passion. Le soir, fatigués, nous discutions longuement au coin du feu, et j'étais bien.

La veille de mon départ, il s'est rendu à une réunion et m'a laissée seule. Cette solitude brutale a aussitôt déclenché en moi un malaise des plus profonds comme j'en avais l'habitude. Je n'avais ni cutter, ni alcool, ni médicaments, et commençais à tourner en rond dans son atelier, en me mordant les poignets.

Sur l'un des murs était accrochée une grande photo. Le fond de cette photo était très sombre, comme une nuit de laquelle émergeait une jeune femme enceinte, nue, debout dans un œuf dans des tons de feu. Elle avait déjà attiré mon regard plusieurs fois au cours de mon séjour, mais ce soir-là, elle s'imposait à moi, comme une évidence.

Je me suis donc assise sur un gros morceau de bois, face à cette photo, en essayant de contenir la folie qui montait en moi. La pénombre grandissant, j'avisais une bougie et l'allumais avant de reprendre ma place immobile. Mon baladeur sur les oreilles, j'écoutais une liturgie orthodoxe. Ma souffrance progressait et devenait de plus en plus envahissante. Je me suis obstinée à ne pas bouger et à fixer très longuement cette photo, sans offrir la moindre résistance. Très lentement, j'ai senti le poids lourd de mon corps s'enfoncer dans la terre, prêt à être englouti, sans aucune peur en moi, comme si je me dissolvais. Simultanément, quelque chose de léger et de lumineux émergeait en moi m'envahissant complètement, avec la sensation d'être là sans y être vraiment, en apesanteur, hors du temps. J'ignore combien de temps a duré cet instant inoubliable, ni comment je l'ai quitté, mais quand j'en suis « revenue », toute ma souffrance avait disparu, et un petit grésillement de vie me chatouillait partout. Je n'ai rien compris du tout, j'ai seulement fait le constat qu'en m'étant complètement abandonnée à ce qui souffrait en moi, prête à « disparaître » à l'intérieur de « ça », une légèreté, un bien-être, étaient apparus. Je suis alors montée me coucher dans une immense paix. Je pensais très fort à

Perrine et, pour la première fois, je nous ai senties toutes les deux rassemblées dans cette paix-là.

Le lendemain matin, je n'ai rien osé dire à Michel car j'étais incapable d'expliquer ce qui m'était arrivé et je craignais qu'il me prenne pour une dingue. J'ai donc repris la route dans la journée, lui promettant de nous revoir avec Perrine, et j'ai avalé les huit cents kilomètres du retour sans m'en apercevoir, Papa.

De retour dans ma cité, j'ai retrouvé tous mes problèmes de logement, de couple et de travail auxquels s'ajoutait le changement d'institution de Perrine, car elle atteindrait la limite d'âge pour le Kremlin-Bicêtre en 1989.

Je me suis replongée sans tarder dans mes lectures de Simone Weil, entre autres, de l'Évangile et de la Bible en particulier. En effet, au travers de l'expérience bouleversante vécue chez Michel, il me semblait que certains messages jusque-là très obscurs pour moi (et notamment l'histoire de Job) pourraient enfin se révéler et je désirais ardemment en avoir le cœur net. Je m'imposais de tout vérifier par moi-même, afin que le défi lancé à « Je suis la Vie » s'ancre vraiment en moi. Confiante, j'étais déterminée à poursuivre mon chemin quoi qu'il arrive. Puisque Perrine avait été au centre de cette paix en moi et qu'en outre elle faisait partie des priorités de Jésus, je comptais sur elle pour m'aider à y voir clair. De toutes les questions essentielles que j'avais en tête (le sens de la souffrance, de la mort, bref, ce que je vivais !), je n'étais pas du tout encline à me contenter de réponses partielles… C'était Dieu qui m'intéressait, rien de moins.

Jaheu envisageait de monter un nouveau spectacle pour le bicentenaire de la Révolution Française et je n'avais aucune envie de le suivre sur cette voie. Quant à mes anciennes relations (professionnels du spectacle et camarades du Parti), face à ma vie qui bifurquait, elles ont rapidement battu en retraite. Mais qu'importe, j'étais décidée à poursuivre mes responsabilités au sein de l'A.M.I.

en y militant davantage, dans l'espoir de rencontrer d'autres parents d'enfants handicapés et de lier de nouvelles amitiés plus authentiques.

Je connais personnellement cette "Sœur Monique". C'est grâce à elle que j'ai l'immense privilège de connaître Elisa BLADAU

Chapitre XVIII
Radicales décisions... (1989-1990)

Effectivement, je n'ai pas eu de difficultés à me faire de plus en plus d'ami(e)s handicapé(e)s : nous étions sur la même longueur d'onde. Certains d'entre eux habitaient la région lyonnaise et je les rencontrais au cours de réunions nationales. J'avais donc revu Alain de nombreuses fois, et était devenue l'une de ses grandes amies. J'étais arrivée, en les forçant un peu, à faire sauter les barrières qui m'empêchaient de l'approcher. Du coup, quand il venait sur Paris, j'avais même accepté d'être sa tierce personne, m'occupant de lui comme de Perrine lorsqu'il logeait chez moi. De nombreux autres amis me rendaient fréquemment visite, et je les accueillais toujours avec beaucoup de plaisir. Nous avions tant de choses à partager, tant de questions et de réflexions identiques, que nos amitiés étaient de vrais soutiens pour Perrine et moi.

En revanche, ces nouvelles relations incommodaient Jaheu qui n'appréciait pas du tout ma disponibilité à leurs côtés, au détriment de mes engagements professionnels. Leur présence renouvelée à mon domicile l'indisposait beaucoup. Il trouvait que ça me prenait trop de temps et d'énergie et ne supportait plus mon attitude désinvolte à son égard. Une distance irrémédiable se creusait entre nous et j'encaissais reproche sur reproche. Ce en quoi il avait tout à fait raison, mais mes priorités dans la vie étaient en train de basculer, j'étais en plein bouleversement, incapable de tout mener de front.

Depuis son enfance et quoi qu'il advienne, Jaheu avait choisi de vouer sa vie au théâtre et aucune réalité ne pouvait l'en faire décrocher, c'était sa priorité. Cramponné à sa passion, sa présence aux côtés de Perrine se raréfiait et je devais souvent me débrouiller toute seule. En fait, je constatais que plus je m'ancrais dans la réalité de Perrine et les implications que cela supposait, plus Jaheu s'en distanciait.

D'une de mes lectures de l'Évangile avait surgi comme une évidence : « Laisse tout et suis-moi » et j'en arrivais à faire des choix cruciaux. Après avoir mûrement pesé ce que cette phrase réveillait en moi, je décidai, en cette fin d'année 1988, de laisser derrière moi ce qui freinait mon défi. Selon mon inventaire j'optai pour le renoncement définitif à mon métier de comédienne ainsi qu'à ma relation avec Jaheu en me séparant de lui.

J'ai déclenché une violente tempête entre nous, mais j'étais prête à assumer mes choix en cherchant du travail et un nouveau logement pour y vivre avec Perrine.

Après avoir fait quelques heures de ménage à Paris, un mi-temps de secrétariat au journal l'Humanité, j'ai fini par trouver un plein temps dans une association de Gennevilliers, où j'étais « maîtresse de maison » dans un home d'enfants. Un boulot épuisant, puisque je travaillais trois jours et trois nuits d'affilée, week-end compris, pour avoir ensuite deux jours de congé consécutifs. Les week-ends travaillés étaient une horreur pour moi car Perrine ne pouvait pas sortir de son institution et je vivais cela comme un abandon. Pour ce qui est de trouver un appartement, je ne m'attendais pas à rencontrer autant de difficultés. J'y reviendrai plus loin. En attendant, je vivais séparée de Jaheu, mais dans le même appartement avec tout ce que cela pouvait comporter de heurts et de tensions quotidiennes.

En juin 1989, je suis allée visiter la nouvelle institution dans laquelle Perrine ferait sa rentrée scolaire. C'était un service spécialisé, à l'intérieur d'un hôpital du Val de Marne. Nous étions toutes les deux très anxieuses, car nous n'y connaissions personne. En outre, Perrine allait devoir quitter tous ses ami(e)s, enfants comme adultes, et cela représentait pour elle un grand saut dans l'inconnu. A notre première visite, je n'ai pas du tout aimé cet établissement, Perrine non plus, et pour cause.

Un tas de gosses de tous âges traînaient dans des couloirs larges comme des rues.

Les moins handicapés jouaient entre eux, les autres étaient abandonnés, seuls. Certains pleuraient, d'autres criaient ou se bagarraient, et personne ne faisait attention à eux. Une atmosphère lourde régnait entre ces murs sombres et impersonnels aux allures de cour des miracles. Des salles, dont certaines étaient ouvertes, donnaient dans ce labyrinthe de couloirs : réfectoires, salles de classe, de bains, de kiné, de télé, de jeux, dans lesquelles certains enfants étaient plantés, attendant, complètement désœuvrés, qu'une présence bienveillante à leur égard se manifeste. Non, vraiment Papa, ni mon impression ni celle de Perrine n'étaient très positives. Je ne pouvais l'imaginer interne dans un tel univers et pourtant... il a bien fallu m'y résigner, car c'était ça ou rien.

Pour que la rentrée scolaire soit moins écrasante j'avais promis à Perrine d'aller passer tous mes mercredis disponibles auprès d'elle en y associant Bernard, et de trouver rapidement une autre solution. En effet, je n'avais pas l'intention de continuer à travailler comme une abrutie avec des enfants, pendant que ma propre fille était malheureuse à l'autre bout de Paris. Mon ami Patrick étant parti vivre dans un petit village en Ariège, je prévoyais de l'y rejoindre dès que j'aurais assez d'économies, afin de créer un vrai lieu de vie pour Perrine avec quelques amis. Nous nous soutenions l'une et l'autre de ce secret espoir.

En attendant, je rongeais mon frein car l'office du logement et la mairie s'obstinaient à ne me proposer aucun logement. J'ai interprété, peut-être à tort, que les élus se vengeaient de l'action que j'avais menée quelques mois auparavant en occupant le parvis de la mairie. En tout état de cause, j'ai dû me battre avec l'A.M.I pendant presque deux ans avant d'avoir les clés d'un appartement neuf, en rez-de-chaussée d'une petite cité très sympa.

Durant ces deux années, inutile de te faire un dessin, Papa, c'était l'enfer chez moi.

Heureusement que Jaheu travaillait dans d'autres compagnies et qu'il s'absentait souvent ! Entre mes horaires de travail, les ascenseurs en panne, ma fatigue qui s'accumulait, Jaheu et ses accès de violence indescriptibles, je perdais régulièrement les pédales.

Par chance, Bernard était souvent à mes côtés, me soulageant comme il pouvait des journées les plus lourdes avec Perrine. Chaque soir, il m'appelait pour savoir où j'en étais, et gardait son téléphone à portée de main toute la nuit pour le cas où, en pleine crise, j'aurais eu l'idée de l'appeler en urgence. Sans m'en informer, il avait constitué un « Comité Perrine » avec certaines de ses relations qui s'étaient engagées à verser une cotisation mensuelle sur un compte. Cet argent était à ma disposition pour me permettre de salarier un jeune quelques heures par mois afin de m'épauler avec Perrine. Mais personne ne pouvait faire face à ma place à toutes les angoisses qui me submergeaient quand j'étais seule la nuit, et que je contrôlais rarement. J'aurais bien voulu faire remonter en moi cette expérience vécue chez Michel, j'avais un peu progressé sur le chemin d'un certain « relâchement », mais c'était insuffisant et je me faisais encore beaucoup de mal.

Deux ou trois fois, sous l'emprise de l'alcool et pour me venger de « je-ne-sais-quoi », je n'ai rien trouvé de mieux que de faire venir des hommes inconnus chez moi, des voyeurs, que je recrutais par le biais du téléphone rose, pour qu'ils assistent à mes scènes de folie, un mélange de sexe et de souffrance. Ma pudeur d'aujourd'hui m'empêche de t'en dire plus, Papa... J'ai eu la chance inouïe que jamais aucun d'entre eux ne se soit autorisé à enfreindre les limites que je leur imposais, et ai tout à fait conscience aujourd'hui d'avoir joué avec le feu en m'y brûlant le bout des ailes.

A propos d'aile, j'ai oublié de te dire que l'été 1989, j'ai voulu voir l'effet que produisait sur moi un vrai saut dans le vide. Sur le chemin des grandes vacances, avec Perrine et Bernard, nous nous sommes arrêtés chez une amie près de Grenoble. De là, ils m'ont accompagnée à St-Hilaire-du-Touvet afin que je fasse un baptême de l'air en Aile Delta. En haut de la falaise, debout sur la minuscule plate-forme face au vide, j'ai été étonnée de ne ressentir ni vertige, ni peur. Je m'y suis jetée sans aucune appréhension, et durant tout le vol mes émotions atteignirent l'extase.

Figure-toi, que j'y suis retournée avec Michèle il y a quelques années, et n'ai pu m'approcher de la piste qu'à quatre pattes, tellement j'étais morte de trouille face à ce vide ! J'en suis repartie aussitôt.

Pour en revenir à mon défi, j'avançais pas à pas. Après analyse de mon expérience chez Michel, j'avais réalisé qu'en restant là où ça fait mal, sans agir, sans fuir et sans penser, je pouvais accéder à une dimension intérieure où je ne souffrais plus. Ne possédant aucune technique particulière, j'ai tenté de retrouver cette « légèreté » en moi, et il m'est arrivé plusieurs fois de tomber par hasard dans ce vide mystérieux. Plusieurs de mes ami(e)s ont été témoins de ces « évasions » inexplicables qui les ont beaucoup impressionnés, sans que je puisse rien en dire. Leurs durées variaient de quelques minutes, à plusieurs heures… La plus longue s'est produite dans la forêt de Fontainebleau. J'y étais partie seule un matin, et me suis aperçue de mon « absence » qu'une fois rentrée chez moi puisqu'on était... le lendemain après-midi !

Dans sa nouvelle école, Perrine s'était liée d'amitié avec Christelle. Elles étaient inséparables et Christelle, un peu moins handicapée que Perrine puisqu'elle parlait, prenait grand soin d'elle. Elle avait pigé son langage, ce qui leur permettait de partager une foule de petits secrets. Perrine m'a un jour exprimé son souhait d'aller au catéchisme avec elle. Je n'étais pas très enthousiasmée mais après tout, elle avait bien le droit ! Je l'ai donc inscrite… Après plusieurs séances, elle était revenue très fâchée et ne voulait plus y retourner.

« On me raconte n'importe quoi… et je sais que ce sont des bêtises ! », m'avait-elle dit.

Pourtant, elle aimait beaucoup participer aux eucharisties avec moi le dimanche matin chez Bernard. Je sentais que mes questions sur Jésus, Dieu, le sens de la souffrance et de la mort, la travaillaient elle aussi à son niveau. Tu parles, Papa, si elle était concernée ! Elle avait sa propre recherche, nous en discutions ensemble de temps en temps et je trouvais que pour une enfant de douze ans, elle avait une intelligence, une sensibilité, et un développement spirituel bien supérieurs à la moyenne des « valides normaux », enfants et même adultes.

Je vais te raconter deux évènements qui m'ont ouvert les yeux, Papa.

Le premier a eu lieu un dimanche matin, alors que nous étions rassemblés avec Perrine et que nous venions de faire la lecture de l'Évangile sur le miracle d'un paralytique. Tu imagines notre malaise face à Perrine écoutant ce texte, aucun de nous n'étant capable de prendre la parole pour dire quoi que ce soit au sujet de ce miracle. En revanche, Perrine qui s'agitait dans son fauteuil voulait dire quelque chose. Aidée de Bernard, j'ai pris tout mon temps pour extirper les mots de sa pensée, pendant que les autres copains piaffaient d'impatience. Voici, Papa, ce que Perrine a exprimé et que j'ai reformulé à haute voix pour qu'elle confirme si j'avais bien compris : « Je suis handicapée quand vous passez à côté de moi en feignant de ne pas me voir, de ne pas me comprendre. Je suis handicapée si vous ne me donnez ni à manger, ni à boire. Je suis handicapée si vous me laissez toute seule quand vous allez vous promener, sans m'emmener avec vous. Je suis handicapée si vous ne m'aidez pas à vivre. Si vous faites tout cela, en revanche, je ne suis plus handicapée du tout. Je m'en fous de mon handicap, c'est votre problème à vous, pas le mien ! ».

Et paf ! Dans les dents ! LA CLAQUE ! Perrine, une petite fille de onze ans, tétraplégique de naissance, venait de nous définir ce qu'était pour elle un miracle… Elle nous disait que c'était notre regard et les actes qui en découlaient ou pas, qui étaient pour elle le miracle. Autrement dit, si nous portions sur elle un regard négatif et que nous l'abandonnions à son sort, elle était handicapée. Si nous la voyions d'abord dans son « être intact », et que nous nous engagions à participer à sa vie, elle pouvait donc être pleinement associée à la nôtre. Nous étions différents mais semblables, et elle n'était plus handicapée. C'était ça, pour elle, un miracle... l'Évangile selon Perrine, comme me l'a écrit plus tard un ami prêtre !

Le second s'est déroulé dans la petite chapelle de la cité des 4 000 à La Courneuve, où j'allais très exceptionnellement le dimanche. J'étais avec Monique, et Perrine était assise dans son fauteuil roulant, entre nous deux. Le prêtre terminait une homélie dansante par ces mots : « Et l'Amour, il est là ! », pointant du doigt, dans une grande envolée de manches, une immense croix derrière lui. J'ai senti Perrine tressaillir et pousser un petit cri pour que je porte mon attention sur elle. Je la vois encore fixer cette croix de ses grands yeux, abaisser aussitôt la tête pour se regarder ficelée dans son fauteuil roulant et me jeter ensuite un petit regard en coin pour s'assurer que j'avais bien compris.

Eh bien oui, Papa, j'avais bien saisi et réalisé qu'à travers la personne de Jésus, ma recherche d'un Dieu vivant aboutissait à Perrine, qu' IL ETAIT ELLE, non pas suspendu à une croix, mais dans une position non moins confortable d'impuissance et de dépendance totale... en attente d'évidence... Pour sûr, Papa, ça n'est pas là que je pensais Le trouver, car c'est justement là où je refusais d'aller. Pourtant, c'est au travers de Perrine qu'Il se révélait à moi et que je L'avais sous les yeux sans Le voir depuis toutes ces années.

A travers ce dévoilement brutal, j'ai vécu le plus grand chamboulement intérieur qui soit depuis sa naissance. Une petite voix s'était infiltrée, me susurrant par vagues « Perrine a raison, ce n'est pas elle le problème, c'est toi. C'est toi, Elisa, l'infirme qui peine, inefficace et lâche, ajoutant du mal au mal, sans attention au bonheur réel de ta fille, et tu es dans l'erreur sur ce qui fait le bonheur d'être. Regarde-là, elle te le fait découvrir et elle en sait plus long que toi à ce sujet. Tu satures et ne peux pas continuer à vivre écartelée sur un chemin de mort. Ton regard est voilé, empêtré dans ton refus de la différence de Perrine et ton entêtement à vouloir qu'elle soit comme tout le monde. Pourquoi ne vois-tu que ce qui est cassé, ce qui ne fonctionne pas ? Essaye un peu d'ouvrir les yeux sur l'être intact et merveilleux qui se cache derrière. Tu ne penses pas que tes résistances ont assez duré, retenant dans leurs griffes une part de toi-même que tu ne connais pas ? Tu es ligotée par tes « NON ». Elisa, ton être est prisonnier et à travers ta souffrance, c'est lui qui hurle pour naître et voir le jour. Ose un petit « OUI » de temps en temps, tu verras bien ! N'attends-pas qu'il soit trop tard, qu'as-tu à perdre ? »

C'est vrai ça, Papa, qu'est-ce que j'avais à perdre à part mon pari ? Ramenée à mon défi primitif, « Je suis la Vie » ouvrait un passage en me donnant sa « solution ». L'expérience valait la peine d'être tentée ! C'était donc vers des « OUI » qu'il me fallait progressivement m'engager : « OUI » au handicap de Perrine, « OUI » à son apparence physique, « OUI » à sa vie dans son intégralité. Je me suis glissée dans cette brèche et ai clopiné bon an mal an vers ces « OUI »-là, jusqu'à l'amer et désagréable constat du : « Eh bien OUI, c'est moi qui suis de travers, aveugle, mal foutue et lâche », prémice d'une improbable métamorphose.

Tous ces « OUI » ne se sont pas réalisés d'un coup de baguette magique, Papa, et m'ont demandé des efforts et une patience constante car mon éducation et le mal qu'on m'avait fait ne m'avaient pas préparée à ce chemin-là.

En réorientant mon regard en douceur, j'ai appris à ne plus voir Perrine avec des retards psychomoteurs, des troubles du langage ou des séquelles neurologiques, mais simplement en devenir... tout comme moi. Très curieusement, ce nouveau regard portait sur tout et les détails de la vie, les petites choses auparavant jugées banales, ont lentement pris beaucoup de parfum et de saveur. Perrine me les montrait depuis longtemps, mais j'étais toujours passée à côté sans les voir ou sans y porter une attention particulière. Parallèlement, les grands projets qui me tendaient vers un avenir angoissant et incertain se sont graduellement évanouis, me laissant à un présent clair et lumineux. J'ai eu la nette et pleine conscience de fabriquer de la vie, de créer et d'alimenter du vivant à l'intérieur de moi. Perrine m'apprenait à vivre pour rien, et nous y trouvions l'une et l'autre beaucoup de plaisir.

A partir de ce retournement radical, l'Évangile fut de plus en plus éclairant et saisissant. Certains des textes m'interpellaient si profondément que je réalisais concrètement à quel point et à quel niveau ils me préexistaient, me laissant libre de les incorporer ou non. En me confrontant à ce que je vivais, ils me révélaient mes errances et les moyens d'en sortir. J'avais établi un dialogue avec eux et y puisais les ressources pour oser débrider mes verrouillages et réarticuler mon existence sur d'autres bases. En fait c'était un peu comme si j'avais eu rendez-vous chez un médecin qui, après la description de mes symptômes, m'aurait délivré une ordonnance.

Tu te souviens, Papa, du 21 décembre 1990 ? C'est le jour où j'ai enfin eu les clés de mon nouvel appartement. Jaheu était absent ce jour-là et a dû s'apercevoir de mon départ à son retour. Tu es venu m'aider à déménager avec mon frère Ronan et son fils, et… l'ascenseur était en panne ! Je n'ai pas vidé l'appartement, loin s'en faut, heureusement ! Tu as compris toutes les larmes et les cris que j'avais pu pousser dans le noir de ces douze étages en colimaçon, au travers des poubelles, des mobylettes démontées, et des crottes de chien ! Et tu sais quoi, Papa ? En 1974, ce même 21 décembre, c'était le jour de mon mariage… Curieux non ?

Chapitre XIX
Le papa de Perrine

Avant de poursuivre ma route avec Perrine, je voudrais juste te dire un mot de Jaheu, Papa, car je l'ai vraiment beaucoup aimé.

En fait, c'était un homme très généreux, perfectionniste et plutôt du genre bon vivant.

Lui aussi était bourré de questionnements portant essentiellement sur la fonction du théâtre et de l'artiste en particulier. Ses idéaux et son éducation l'ont empêché d'emprunter mon chemin spirituel, car pour Jaheu, Dieu était une affaire radicalement réglée. En étant athée, il avait choisi de nier son existence, et n'avait pas de temps à perdre pour chercher ce qui n'existait pas. Logique !

Pourtant, pendant un certain temps ma recherche l'avait interpellé et je suis sûre qu'il en avait saisi le sens profond. Malgré cela, il préférait se retrancher derrière des préoccupations politiques, professionnelles ou militantes plus immédiates.

Jusqu'à ce que je prenne la décision de le quitter, il a été un très chouette papa, efficace, complice, plein de tendresse et d'amour pour sa fille et pour moi. Il nous a donné le maximum de ce qu'il pouvait, avec les forces et les moyens qui étaient siens. C'était un père au-dessus de la moyenne et tout ce qu'il faisait avec Perrine était toujours une source de grande joie. A cause des priorités qu'il s'était fixées et auxquelles il n'a pas voulu déroger, il n'a pas pu répondre aux exigences que la vie de Perrine imposait. Sa passion pour le théâtre était l'axe central de sa vie et rien ne devait faire barrage à son travail et ses recherches.

Lorsque le handicap de Perrine est devenu trop lourd à accompagner, qu'il est devenu incompatible avec la liberté de Jaheu, il a relâché sa présence auprès d'elle, laissant reposer les responsabilités et l'organisation de nos vies sur mes épaules. Je l'ai couvert de reproches et lui en ai beaucoup voulu mais... il avait atteint son seuil de tolérance et ne pouvait le dépasser !

Il a craqué à sa façon lorsque tous mes amis, très abîmés, ont pris beaucoup d'importance pour moi. A travers mes choix existentiels et ma recherche spirituelle, il a senti que je le lâchais et il s'est retourné contre moi avec une grande violence. J'ai donc préféré le laisser vivre ce qu'il avait à vivre, en respectant ses choix et sans influer davantage dans sa vie. C'était mieux pour lui, et pour moi aussi.

En revanche ce fut sans doute une très grande souffrance pour Perrine, et elle l'a portée avec beaucoup de dignité car elle avait en elle des ressources peu communes, comme je te l'ai déjà dit. Je suis certaine que notre nouvelle vie à deux, l'attention accrue que je lui prodiguais, et tous nos nouveaux amis, dont Bernard, Monique et quelques autres, ont été pour elle de grandes bouffées d'amour qui l'ont aidée à supporter cette séparation.

Chapitre XX
Un nouveau départ... (1990-1991)

Seule avec Perrine, cette installation fut pour moi un vrai soulagement et un passionnant nouveau départ. Le soutien moral de mes quelques amis était des plus précieux et malgré mes faibles moyens matériels j'ai réorganisé notre vie à deux avec beaucoup d'ardeur et une certaine euphorie. Une vraie sortie de prison !

Toutes les tensions liées à mes anciennes conditions de vie et aux querelles interminables avec Jaheu se relâchaient, je pouvais respirer un air neuf et faire mes premiers pas dans un monde à découvrir au fil des jours. Un grand bonheur frémissait en moi et j'aimais le partager en dansant et en chantant avec Perrine. Pourtant, mes peines, ma souffrance et mes faiblesses ne s'étaient pas miraculeusement envolées. Non, elles étaient toujours là, Papa, mais elles étaient compensées, comme transfigurées, par cette joie en moi. La seule ennemie capable de me faire perdre pied (et ça m'arrivait encore quelques fois) était la fatigue. Je la redoutais plus que tout, mais comment y échapper ? Mon rythme de vie ne me laissait guère le choix.

J'avais installé un coin-oratoire dans l'appartement et Perrine aimait qu'on s'y retrouve à la lueur d'une petite bougie. En cette fin d'année 1990, un soir où nous étions blotties dans ce cœur à cœur, elle m'avait dit : « On prie ensemble et c'est bon, mais c'est qui, Jésus, pour toi ? ». Je lui avais répondu : « Pour moi, c'est toi ! ». Elle avait alors baissé les yeux en souriant et m'avait à son tour répondu : « Je suis heureuse, parce que pour moi, c'est toi aussi ». C'est ainsi qu'on se disait l'amour profond qui nous reliait désormais l'une à l'autre... un amour fou, Papa.

Pour Noël, la section catéchisme qu'elle avait fréquentée quelques semaines avant d'y renoncer, avait invité Perrine à une petite célébration. Elle avait voulu y participer avec sa copine Christelle, et tenait beaucoup à ce que j'y sois présente. Je m'étais donc un peu forcée pour lui faire plaisir et l'y avais accompagnée. Quelques parents et leurs enfants ainsi que les « dames du caté » étaient rassemblés dans une grande salle impersonnelle. Je n'y connaissais pas grand monde et après un rapide petit bonjour, nous avons eu droit à une messe insipide et triste. Au moment de la communion, Perrine m'a fait signe de la conduire pour qu'elle reçoive l'hostie. (A Courbevoie, chez les copains, elle avait l'habitude de communier avec nous sous les deux espèces). J'ai donc poussé son fauteuil roulant et pris la file avec elle. Arrivées devant le prêtre, il dit à Perrine : « Ah ! Non ! Perrine, ce n'est pas possible, tu ne viens pas au caté et tu n'es pas baptisée ! ». Elle a commencé à s'agiter nerveusement dans tous les sens, manifestant un fort mécontentement. J'ai tendrement posé ma main sur sa joue pour la calmer en lui glissant dans l'oreille : « Ne t'inquiète pas ! Tu vas voir ! ». Je me suis approchée à mon tour, ai pris l'hostie dans ma main et l'ai ostensiblement coupée en deux pour lui en donner la moitié. Tu aurais vu la tronche du curé et de toutes les ouailles, Papa ! J'ai cru que j'avais commis un véritable sacrilège ! En tout cas, Perrine était très heureuse de ce partage avec moi, et nous sommes retournées à notre place.

Après la célébration, un goûter était organisé autour de petites tables. Nous nous sommes installées à l'une d'elles, et tiens-toi bien, Papa, personne n'est venu nous rejoindre ! Nous étions pestiférées et sommes restées comme deux nouilles avec nos bonbons et nos petits gâteaux. Perrine m'a alors fait signe qu'il valait mieux que nous quittions les lieux au plus vite. Super Joyeux Noël, tu ne trouves pas ?

Dans son institution j'avais bien repéré quelques dysfonctionnements dont certains étaient à l'origine de vrais drames avec Perrine. Tous ses retours les week-ends commençaient par leur récit. Elle m'a ainsi appris que :

— M..., une aide-soignante, ne supportait pas son corps agité pendant les bains et qu'elle la battait pour qu'elle mette fin à ses agitations ;

— certains soignants l'installaient n'importe comment dans son lit pour la nuit, et qu'elle se cognait la tête en criant pendant des heures sans que personne ne vienne la voir ;

— il arrivait qu'on revisse très mal son siège moulé sur le fauteuil roulant, et qu'elle bascule par terre se blessant ainsi plusieurs fois en récréation ;

— les repas étaient trop rapides et souvent froids. Certaines personnes la forçaient à manger sans lui laisser le temps de déglutir et elle s'étranglait à chaque fois. Un vrai supplice !

— On ne la changeait pas systématiquement dès qu'elle s'était souillée et elle pouvait rester des heures trempée dans ses mauvaises odeurs ;

— dès son arrivée le lundi matin, certaines mains arrachaient le mouchoir avec la « petite odeur de maman » scotché sur son fauteuil ;

— personne ne pensait à lui donner régulièrement à boire, elle restait pendant des heures la gorge en feu et... qu'elle en mourrait ! J'arrête là, Papa, car même vingt ans après, ces horreurs me transpercent le cœur.

Sur le premier point, elle m'avait un jour dicté ce petit papier pour décharger sa colère : *« Je voudrais casser la tête de cette idiote de femme qui me donne des fessées parce que mes jambes se raidissent quand elle fait ma toilette. Ce n'est pas une femme, c'est un singe. Il vaudrait mieux qu'elle remonte dans son arbre au lieu de me faire du mal, et qu'elle me foute la paix. Si je pouvais, je lui enverrais mon poing sur la figure. Des folles pareilles, y'en a pas besoin dans mon service ! ».*

Quant au dernier point, Perrine y revenait régulièrement, aussi bien avec moi qu'avec d'autres amis auxquels elle demandait de prendre son code. Elle leur faisait tourner les pages et les stoppait invariablement sur l'image d'un petit oiseau couché, les pattes en l'air. C'était le pictogramme pour le mot : mourir. Je la rassurais fréquemment, lui expliquant qu'il n'y avait aucune raison qu'elle meure puisqu'elle était en parfaite santé. Malgré cela, cette obsession ponctuait tous ses week-ends.

Armée de toutes ces informations, je faisais des descentes régulières dans l'institution pour piquer mes coups de gueule et tirer tout cela au clair. Comment supporter de tels comportements inconscients de la part de professionnels payés pour s'occuper le mieux possible de ma fille dépendante ! Perrine comptait sur moi pour la défendre, et je m'y employais, en allant sur place à l'improviste pour vérifier ses dires. Dans ces cas-là, j'étais encore capable d'entrer en furie ! La chef de service me recevait plus ou moins aimablement dans son bureau avec Perrine, essayant de la faire changer d'avis. Mais Perrine persistait en hurlant et sans baisser son regard. Nous quittions le bureau rassurées par de belles paroles et ... rien ne changeait.

As-tu déjà rencontré une seule institution qui reconnaisse officiellement ses dysfonctionnements ? Cette femme s'était même autorisée à me glisser que si cette école ne me convenait pas, je n'avais aucune obligation d'y laisser ma fille. Tu vois la réponse, Papa ? Aimable façon, tu ne trouves pas, de se débarrasser de gens importuns comme moi. Et elle serait allée où Perrine ? Il n'y avait de place nulle part !

Afin d'éviter à Perrine de végéter dans des lieux si inhumains, je m'étais fixée la date buttoir du mois de juin pour mettre en route mon projet de lieu de vie. En attendant, nos « au revoir » du lundi matin étaient déchirants et je me culpabilisais d'être impuissante, de ne pas pouvoir la protéger et la défendre davantage, mais... j'étais obligée de gagner ma vie et d'aller travailler.

Je me questionnais sur cette force hors du commun que Perrine possédait en elle, lui faisant traverser toutes ces épreuves en gardant toujours cette lumière vive et cette joie indéfinissable dans les yeux. Où allait-elle la puiser ? J'ai fait un rapprochement entre ce que je vivais parfois d'instants lumineux ou « d'absence agréable », quand j'arrivais à des seuils ultimes de souffrance, et j'étais persuadée que Perrine avait accès à cette source au plus profond d'elle-même.

J'ai retrouvé une lettre que j'avais écrite à Monique peu avant Pâques, le 18 mars 1991. Je te la recopie en partie, Papa, elle te dira où j'en étais à cette époque-là...

« Tu sais, Monique, je pense que c'est normal que Perrine ait de la facilité à « balayer » très rapidement le passé et à vivre au présent, à « l'instant », presque.

Sa naissance a commencé « à l'envers », la mort a été la première, la vie est venue après... Qu'on le veuille ou non, cela est à jamais gravé en elle... Je suis certaine qu'elle sait ce qu'est la vie éternelle... absolument certaine... (même si c'est encore inconscient). Et pour elle, le CHRIST est « Évident » d'une certaine façon. Ce qui est beaucoup moins évident, c'est quand nous voulons lui en parler, car nous n'avons rien à lui dire, RIEN... C'est par elle qu'il passe pour nous attirer... pas le contraire... J'ai compris cela depuis très longtemps, elle est BELLE ma croix, elle est PURE, DOUCE, VIOLENTE, et PASSIONNANTE. Ils étaient peu nombreux au Golgotha pour l'aider à la porter... Il y avait davantage de spectateurs que d'acteurs, me semble-t-il et Il a continué à monter doucement mais sûrement jusqu'au lieu du crime de l'Humanité.

L'Amour n'existe que crucifié... Tu me chantais tout à l'heure : « Les amoureux sont souvent malheureux » et Brassens avait mis en musique : Il n'y a pas d'amour heureux, d'Aragon... Comme tout se tient... Parfois, je ressens si fort que « tout cela se tient si bien », que ma tête bascule dans « quelque chose » qui paraît « fou », mais je sais que je ne suis ni malade, ni folle au sens où on l'entend.

Je pense à Perrine, qui, je le crois, n'a aucune illusion. Quelles peuvent-être les illusions d'une petite fille dans l'état physique de Perrine ? L'as-tu déjà vue hésiter ? Mentir ? Blesser ? Diviser ? Elle a en elle cette « non dualité » des « Enfants du Verseau »… Elle a des rêves… c'est sûr… mais pas d'illusions, et elle va droit au but, droit au cœur. Ceux qui ne sont pas prêts à recevoir autant d'amour POUR RIEN, se sauvent… Ils ne peuvent pas supporter cette brûlure du regard, cette patience, et tout l'amour qui brille en son centre.

C'est pour cela que Perrine ne supporte plus ou difficilement les bavards, les « causeux », les dames du caté, les faux sourires, etc. C'est pour cela qu'elle vit au présent et qu'elle jette si vite son passé, sans pour autant se bousculer vers un futur qui, par définition, n'existe pas.

J'attendais qu'elle me le « dise » depuis longtemps… Maintenant c'est fait… et je suis si heureuse et si bouleversée à la fois… et cette femme à l'école, qui se permet de la frapper… c'est à hurler… et pourtant je ne ressens aucune haine, mais une grande douleur, très très grande… Nous sommes dans des mondes si différents ! C'est tout… C'est simple, n'est-ce pas ? Tu as raison, Monique, de dire que Perrine est étonnante, et elle n'a pas fini d'en étonner beaucoup… » Cette année-là, Pâques tombait le 31 mars, et nous avons vécu ce week-end de fête dans une grande joie. Nous étions allées nous balader avec Bernard au Parc de Bagatelle, avions longuement admiré les cerfs-volants, et, dans l'une des allées, Perrine avait voulu faire sa première photo. J'avais peiné pour lui tenir l'appareil devant les yeux, me laisser guider dans le choix de son sujet et appuyer sur le déclic au bon moment. Très fière, elle n'avait pas voulu me révéler ce qu'elle avait photographié, me réservant la surprise lors du développement.

L'après-midi, j'avais planté quelques rosiers (eh oui, j'avais un minuscule bout de jardin devant chez moi) en suivant les conseils de Perrine qui, de son fauteuil, m'indiquait les meilleurs endroits où les mettre, afin de suivre leur floraison de la fenêtre. Ensuite, elle avait voulu peindre sur une grande feuille de papier et avait choisi un texte tiré d'un livre de Jean Vanier. Sa peinture terminée, je l'avais recopié comme j'avais l'habitude de le faire. Le voici :

« Et que ma joie donne la joie,
Et que mon espérance donne l'espérance,
Et que je puisse d'une manière silencieuse
Communiquer l'esprit qui vit en moi.
Non pas ce que je dis, mais la façon de le dire,
Une attente profonde,
Une manière d'écouter les battements si faibles de ton cœur. »

Inutile de te dire, Papa, que son choix nous avait pour le moins estomaqué, Bernard et moi ! Elle s'était très appliquée et le résultat était plutôt ensoleillé.

Le soir, elle avait souhaité visionner un film sur le magnétoscope. Celui qui la fascinait et qu'elle regardait très souvent : *Le grand bleu.*

Notre séparation du mardi matin fût bouleversante car je travaillais le mercredi et ne pourrais lui rendre visite. En revanche, j'étais libre tout le week-end.

Le vendredi soir, j'attendais son retour en compagnie de Patou, une grande amie handicapée, lorsque mon téléphone a sonné. C'était la chef de service qui m'annonçait froidement que Perrine ne rentrerait pas à la maison ce week-end.

« Ah, bon ! Et pourquoi ça ? » « Il faut qu'elle soit hydratée, son taux de potassium est très mauvais, elle est en danger ! » « Oui, ça, je sais qu'avec vous elle est en danger. Je suis capable de m'occuper de ma fille et elle n'a jamais eu de problème d'hydratation avec moi depuis treize ans. Alors, s'il vous plaît, vous la confiez aux ambulanciers, et elle rentre à la maison ! » « Dans ce cas, Mme BLANDAU, vous prenez vos responsabilités, et nous vous demandons de bien vouloir faire une prise de sang demain matin à la première heure. Vous trouverez une décharge à signer dans son cahier de transmission ! » « Une décharge ? Pourquoi une décharge ? Bon d'accord, je verrais ça ! En attendant, vous faites rapatrier Perrine chez moi au plus vite sinon je viens la chercher ! » Une heure plus tard, Perrine était de retour, le visage blanc et angoissé portant les traces fraîches de ses larmes. Après de doux bisous et un câlin prolongé, elle m'a expliqué qu'elle avait dû « se battre » à nouveau toute la semaine pour qu'on lui donne à boire.

Dans son cartable, j'ai effectivement trouvé une décharge que je devais signer et retourner. Tu peux être sûr, Papa, que je n'en ai rien fait. Par contre, je l'ai gardée et la voilà : « Je soussignée Dr. G. certifie que Mme BLANDAU désire que sa fille Perrine rentre à son domicile le vendredi 5 avril 1991, malgré des examens sanguins réalisés le matin même montrant une hyperkaliémie. Nous lui avons fait part des risques cardiaques possibles. Mme BLANDAU s'est engagée par téléphone à faire pratiquer, à jeun, un contrôle de dosage sanguin le samedi 6 avril avant 8 heures. En cas de problème, Mme BLANDAU dégage l'hôpital de toute responsabilité. »

Et tu crois que j'allais signer ça, Papa ? Oui, bien sûr, j'ai fait le dosage sanguin comme prévu et il était normal. J'avais l'habitude de me relever chaque nuit autant de fois qu'il le fallait pour que Perrine boive, et n'avais jamais dérogé une seule nuit à ses besoins. A l'institution, par contre, il semblait qu'on dorme la nuit plutôt que de s'occuper des enfants.

Perrine ayant retrouvé son petit air guilleret et pimpant, ma colère et mon anxiété se sont apaisées et nous avons passé un super week-end toutes les deux. Le lundi matin, elle est repartie (sans la décharge signée) avec son ambulancier préféré pendant que je rejoignais mon travail dans la maison d'enfants où je devais faire trois jours et trois nuits d'affilée.

Le mardi matin, 9 avril, à 7 heures, je venais juste de me lever pour aller préparer tous les petits déjeuners de ma nombreuse marmaille quand la sonnerie du téléphone a retenti. « Allô ! Mme BLANDAU ? Ici le Dr G.... J'ai une mauvaise nouvelle à vous annoncer ! » « Quelle mauvaise nouvelle ? Qu'est-il encore arrivé à Perrine ? » « Perrine ne s'est pas réveillée, Mme BLANDAU, on l'a retrouvée morte dans son lit ce matin... » « ! ! ! ! ! ! ! ! ! ! J'arrive tout de suite ! ! ! ! ! ! ! ! ! ! ! ! ! ! ! ! ! ! ! »

Perrine allait sur ses quatorze ans
et moi j'en avais trente-sept !

Chapitre XXI
Tout dans RIEN

A cette annonce, je n'ai absolument pas réalisé concrètement ce qui m'arrivait. Tous les enfants grouillant autour de moi se fichaient éperdument de mes états d'âme, et je faisais face à leur vacarme et à leurs demandes en me répétant silencieusement : « Perrine est morte ! Perrine est morte ! Ma fille est morte ! ». Un grand blanc devant les yeux, ma tête était vide.

J'ai averti mon employeur de venir prendre ma relève au plus vite et ai alerté Bernard qui a immédiatement accouru, accompagné de France, une amie commune venue passer quelques jours chez lui.

Les mots sont faibles pour décrire toutes les émotions qui me traversaient. Je me souviens que j'étais assez calme, flottante, comme si mes pieds ne touchaient plus terre, sans pensée, sans cri, sans larme... complètement vidée.

Après avoir traversé tout Paris, nous sommes arrivés à l'institution sans un mot.

Accueillis dans un silence froid, nous avons suivi la chef de service jusqu'à une grande pièce où le corps de Perrine reposait sur un drap blanc. J'ai fermé ses paupières entr'ouvertes, l'ai embrassée et suis ressortie, toujours aussi vide et flottante, ne voulant surtout rencontrer ni le personnel ni les enfants du service. Un bureau a été mis à ma disposition, afin que je puisse prévenir la famille proche, c'est-à-dire Jaheu (qui était en vacances), ses parents (qui ont donc dû lui faire la commission), quelques amis et toi Papa. Je m'entends encore dire des dizaines de fois : « Allô ? Bonjour, c'est Elisa ! » « Ah ! Quelle surprise ce petit coup de fil matinal ! Comment vas-tu ? » « Heu ! Je téléphone pour dire que Perrine est morte cette nuit ! » et les grands blancs ou les cris qui s'ensuivirent à l'autre bout du téléphone.

Sur les conseils de France j'ai demandé que le corps de Perrine soit rapatrié à mon domicile. Pas question qu'il repose dans un tiroir-frigo impersonnel de l'hôpital en attendant les obsèques, et pas question non plus d'autopsie ! Bernard a proposé de l'accompagner à visage découvert dans une ambulance pendant que je m'occupais de toutes les formalités d'usage avec France : déclaration du décès à la mairie et commande d'un cercueil auprès des Pompes Funèbres. Je te promets, Papa, j'étais hors sol, coupée de la vie, comme si le ciel s'était déchiré et que le temps et ma conscience s'étaient brutalement arrêtés, un blanc permanent devant les yeux… un zombie.

De retour chez moi, j'ai retrouvé Bernard qui avait installé le corps nu de Perrine sur son lit, sous un immense drap blanc. Une grande beauté émanait de son visage serein et la tête me tournait. Ma première réaction fut d'allumer une petite « bougie-cœur » près de sa tête et de répandre quelques gouttes d'essence de lavande (la petite odeur de maman) sur ses cheveux. Ensuite je suis restée de longues minutes à son chevet, seule et silencieuse avant de reprendre une longue série de téléphones. Je me souviens que je devais dire des mots doux, réconfortants, et notamment à la maman de John, l'amoureux de Perrine, qui s'était écroulée en hurlant au bout du fil : « Et John ! Que vais-je dire à mon John ? »

L'après-midi, épaulée de mes plus proches amis, j'ai entrepris d'organiser la Célébration de la vie de Perrine, prévue 48 h après. Je voulais l'inventer afin qu'elle colle à ce que nous avions vécu et surtout qu'elle soit à l'image de Perrine, c'est-à-dire complètement différente. Je ne souhaitais donc ni obsèques religieuses, encore moins d'inhumation civile et ne voulais déléguer son déroulement à personne. Convaincre les officiers des Pompes Funèbres de déroger à leur réglementation habituelle ne fut pas chose aisée, mais grâce aux fonctions ecclésiales de

Monique, Bernard et Geneviève, j'ai pu obtenir l'autorisation de disposer à ma guise de la chapelle de l'Emmanuel à la Courneuve, dans laquelle Perrine m'avait auparavant tant bouleversée.

J'ai commandé des centaines de petits lumignons, ai réfléchi aux textes, poèmes et musiques que Perrine aimait, et fait confiance à mes amis pour l'organisation matérielle de cette journée. Nous avons tous été « maîtres de cérémonie », prenant totalement en charge cette « célébration » qui fut civile certes, à l'intérieur d'une chapelle toute simple, emplie de lumière et du souffle vivant de Perrine. L'événement fut exceptionnel et grandiose !

Je te recopie pour mémoire la chanson préférée de Perrine, celle qu'elle avait dégotée je ne sais où (car ça n'est franchement pas la plus connue), qu'elle écoutait souvent en boucle à la maison et que j'avais bien sûr inscrite au programme. C'est une chanson de Francis Cabrel : *Tout le monde y pense,* et elle a été au cœur de la célébration.

Tout le monde y pense,
Les hommes, les anges, les vautours,
Y'a plus de distances,
Personne qu'y ait les bras trop courts,
Tout le monde espère,
Même à l'arrière des arrière-cours,
Tout le monde veut son billet-retour,
D'amour, d'amour, d'amour, d'amour.

Son éclat de chance,
Celui qui vous brûle, vous inonde,
Mais le ciel s'en balance,
Puisqu'il y en a pas pour tout le monde,
Y'a des gens plein les urgences,

Sous les lumières des abat-jour,
Qui attendent leur billet-retour,
D'amour, d'amour, d'amour, d'amour...

Ces anges qui dansent,
Sur ces pistes trempées d'alcools,
Dans ces caves immenses,
Les cheveux collés aux épaules,
S'envolent en silence,
Et s'éparpillent au petit-jour,
En cherchant des billets-retour,
D'amour, d'amour, d'amour, d'amour...

Ces femmes qui s'avancent,
En tenant au bout de leurs bras,
Ces enfants qui lancent,
Des pierres vers les soldats,
C'est perdu d'avance,
Les cailloux sur des casques lourds,
Tout ça pour des billets-retour,
D'amour, d'amour, d'amour, d'amour...

Les hommes, les anges, les vautours...
Personne qui ait les bras trop courts...
Tout le monde y pense…

Les employés des Pompes Funèbres ont respecté mes consignes et ne sont intervenus que pour le transport du cercueil de Perrine. Les amis et la famille s'étaient déplacés en très grand nombre sous un ciel ensoleillé d'un bleu profond. Souriante, je les accueillis un par un à l'entrée de la chapelle en leur remettant une petite veilleuse allumée qu'ils étaient invités à déposer sur le cercueil blanc. La chapelle s'est progressivement emplie d'une lumière incandescente et de fleurs blanches. Perrine était là, blottie dans mon cœur.

Seul son corps était enfermé dans la boîte, pas son Être. Je le sentais frémir en moi, Papa, et il me portait ! J'étais si pénétrée par notre vécu récent que je n'éprouvais aucune déchirure. Au cimetière, les larmes de certains amis me troublaient mais je restais transportée ailleurs, dans une sorte d'éblouissement permanent. J'étais habitée d'un grand bouillonnement de vie, plus fort que mon chagrin et mes larmes.

En revanche, les jours qui ont suivi ont été très douloureux, car j'ai pris conscience de l'irréversibilité de cette mort, surtout lorsque je devais entrer dans la chambre de Perrine.

Bernard m'a aidée à me séparer au plus vite de tous ses objets personnels, et nous avons vidé sa chambre ensemble dans les larmes. Papa, je t'avais demandé de fabriquer une grande croix simple en bois pour le cimetière. Je ne voulais pas qu'elle soit dressée à la tête et l'ai plantée, couchée sur le flanc droit le long de la tombe de Perrine, avant de semer des graines de fleurs dans la terre meuble. Bernard s'était beaucoup rapproché de moi et m'accompagnait partout, mêlant son chagrin et son amour au mien. Sa présence aimante à mes côtés me comblait.

Je ne suis jamais retournée dans l'institution de Perrine pour récupérer ses affaires, ils pouvaient bien se débrouiller avec son fauteuil, sa coque moulée, sa licorne et sa flèche…ses oripeaux ! Je n'ai pas non plus porté plainte, me disant au plus profond de moi qu'ils étaient complètement inconscients de leurs actes, de leurs gestes, de leurs attitudes face aux enfants dont ils avaient la charge. Ils avaient un trésor entre les mains et ne le savaient même pas ! Par contre, avec l'A.M.I., j'ai entrepris des démarches auprès de l'Inspection Générale des Affaires Sanitaires et Sociales afin qu'une enquête sur les circonstances exactes de la mort de Perrine soit engagée dans le service. J'espérais ainsi protéger d'autres enfants à l'avenir.

Plusieurs semaines se sont écoulées avant qu'une inspectrice de la DDASS me convoque pour froidement m'annoncer qu'après enquête, aucun acte de malveillance à l'égard de Perrine n'était suspecté, que ma fille était dans un excellent service et que « les accidents, ça arrivait ! ». Là, Papa, j'ai craqué très fort, me jetant en hurlant sur la pile de dossiers qui couvrait son bureau et les lui ai balancé à travers la figure. J'étais prête à tout casser et Bernard, qui m'accompagnait, m'a rapidement maîtrisée en me serrant dans ses bras et en m'invitant à sortir pour retrouver mon souffle.

J'ai appris plus tard que les dortoirs de l'institution allaient prochainement être équipés d'un système de surveillance des enfants, point final.

Moi, je savais fort bien que Perrine était morte de soif… et pas au fond du désert saharien, Papa… Non ! Au fond du désert du cœur de certains humains ! Tant pis pour eux ! Ils ne savaient pas ce qu'ils faisaient et j'ai pardonné la sécheresse de leur cœur, préférant être à ma place qu'à la leur, en leur souhaitant de toutes mes forces de découvrir à leur tour, ce que j'avais découvert à travers Perrine !

Tu penses bien qu'après tout cela je n'étais pas du tout encline à reprendre mon travail pour aller m'occuper des enfants des autres. C'était impensable, hors de mes possibilités humaines ! Après plusieurs mois d'arrêt maladie j'ai donc été licenciée. En six mois tous mes repères venaient d'être pulvérisés : je m'étais séparée de Jaheu, Perrine était morte et j'avais perdu mon emploi. Quant au projet de lieu de vie en Ariège, envolé lui aussi.

Alors, j'ai guetté la floraison des premières roses de Perrine dans mon jardin et les ai toutes caressées une par une, en leur parlant tendrement dès que leurs boutons s'ouvraient.

J'ai aussi fait développer la première et unique photo que Perrine avait réalisée au jardin de Bagatelle. Tu veux savoir, Papa, ce qu'elle avait photographié ? Un petit morceau de la cime d'un arbre, et… le ciel ! ! Là, aussi, Papa, j'ai beaucoup pleuré !

En mai je suis partie sur les routes de France, invitée chez un tas d'ami(e)s, dont Gisèle, en Auvergne. Elle venait d'y trouver la maison de ses rêves et nous y avons fait quelques travaux afin qu'elle soit prête pour sa retraite prochaine. Un lieu merveilleux Papa, extraordinairement beau, une petite ferme posée en bout de plateau, comme suspendue entre ciel et terre, complètement isolée de la civilisation. J'y ai passé de longues heures sous les cerisiers en fleurs, allongée dans la prairie ensoleillée, le nez au vent, les yeux au ciel, le cœur serré dans celui de Perrine. Oui, elle aurait beaucoup aimé ce lieu en effet, bien qu'il soit inaccessible pour un fauteuil roulant ! Je cueillais les fleurs et leurs racines, et peignais leurs ombres à l'encre violette sur de grandes feuilles de papier blanc. J'ai aussi réalisé un livret de tous les textes et témoignages des funérailles, y joignant la dernière peinture de Perrine, et l'ai envoyé à tous ceux qui m'avaient adressé un petit mot de « réconfort ».

Au mois d'août, je suis retournée avec Bernard dans ce lieu fabuleux de nos vacances, et nous y avons célébré ensemble l'anniversaire de naissance de Perrine avec beaucoup d'émotion. J'étais toujours secrètement très amoureuse de lui, mais était-ce bien sérieux de lui dévoiler mes sentiments ? Je décidais amèrement de ne rien dire et ai longuement réfléchi à ce que j'allais bien pouvoir faire de ma vie, mais mes pensées confuses ne débouchaient sur rien.

A la fin de notre séjour, j'ai tilté sur une annonce de l'hebdomadaire chrétien auquel Bernard était abonné. Elle émanait d'une association gérée par un dominicain et proposait un voyage d'études alléchant au Chili d'une durée d'un mois en décembre. Encouragée par Bernard je m'y suis inscrite dans le secret espoir d'y trouver une idée pour réorienter mon existence. Un projet humanitaire m'aurait bien branchée.

Au cours de ces mois de deuil, j'ai à nouveau vécu de nombreuses « expériences » où je m'absentais de mon corps. Elles inquiétaient beaucoup ceux qui en étaient témoins, dont Bernard, car nous étions souvent ensemble. Cela m'arrivait n'importe où et je ne sentais rien arriver. Je me souviens que c'était comme si je me heurtais à quelque chose d'infranchissable dans ma tête… et hop, je « partais » ailleurs, mais je n'ai jamais su où… dans RIEN ! Selon Bernard, c'était très impressionnant, car j'étais là, les yeux ouverts et fixes, sans aucune réaction.

Dès la mort de Perrine et durant de longs mois, j'ai eu l'impression de me promener nue. Tu comprends, Papa, pendant 13 ans j'avais toujours poussé un fauteuil roulant devant moi, donné à manger, pensé à des tonnes de petits détails matériels, me réveillant toutes les nuits pour donner à boire… et tout à coup, plus rien de tout ça. Je ne savais pas quoi faire de mes bras, de mes mains, de mes jambes, de ma tête, et de cette soudaine étendue de temps devant moi. J'étais comme dépouillée, sans contrainte, inutile et libre à en avoir le tournis, et malgré une énergie trépidante, je vivais une alternance de moments euphoriques et de grandes dégringolades.

En fait, je me culpabilisais de ne pas avoir fait tout ce que je devais pour Perrine, j'avais le sentiment de l'avoir abandonnée, ce qui créait de profonds malaises en moi. Un cauchemar récurrent me réveillait souvent dans lequel Perrine m'attendait quelque part. J'avais rendez-vous avec elle, elle m'appelait, mais je ne trouvais pas le chemin pour la rejoindre et me perdais dans un labyrinthe de rues, de couloirs sans jamais la retrouver. Alors, certains soirs de solitude et de dérive, j'abusais encore de l'alcool, pour dormir, m'engourdir, et ne plus penser...

De nouveau face à la croix inacceptable, je méditais et pleurais de longs moments seule. Tu comprends, Papa, c'était la mort de Perrine cette fois qu'il fallait que je transforme en moi. J'avais atteint le cœur de mon défi à « Je suis la Vie » et ne voulais pas me détourner de cette réalité-là. Ayant déjà fait le chemin du « OUI » par rapport au handicap, je savais que pour transformer la mort en vie, la souffrance en sérénité, il fallait d'abord accepter. Du fond de mon immense douleur, j'ai hurlé de toutes mes fibres à ce nouveau « OUI », jusqu'à m'époumoner. Puis je l'ai psalmodié, m'y abandonnant jusqu'à le laisser occuper tout le vide creusé en moi, dans lequel frissonnait l'amour de Perrine vivante. A travers cette expérience troublante et indescriptible, j'ai réalisé à quel point l'amour que nous avions construit au fil des jours était indestructible et nous relierait pour toujours. Absente physiquement de ma vie, Perrine n'en était pas moins présente, une présence à la fois subtile et puissante que je n'avais jamais éprouvée auparavant : la Présence.

Sans cet abandon au divin, mes seules forces humaines n'auraient pas eu le pouvoir de me faire traverser. Car il n'était justement pas question de forcer quoique ce soit, mais de lâcher. Oh ! Comme je l'ai compris, le petit frère Job ! A force de se débattre, de pester contre Dieu et de rembarrer les bons conseils de ses amis, il avait fini par lâcher lui aussi jusqu'à accéder à la lumière divine. J'avais accès à son message et je suis certaine que, sans l'avoir lu, Perrine le portait en elle. Du coup, j'ai senti qui était le Père de Jésus, et je puis t'assurer qu'il n'est pas le dieu ténébreux et irréel d'une vie encombrée d'illusions ou le dieu « père fouettard » de mon enfance. Il n'est pas l'Absent mais l'ultime surcroît de sens apporté à la souffrance et à la mort. La seule condition, et non des moindres : dire « OUI » à l'inacceptable et lâcher les peurs, les égoïsmes qui nous retiennent dans la mort. La croix est un sacré paradoxe, Papa, il faut l'avoir franchie pour en saisir le sens profond.

J'ai souvent repensé ensuite à ce « test » vécu chez Michel, face à la photo, quand tout s'effondrait en moi. Je me souvenais très bien que je n'avais pas bougé d'un pouce, jusqu'à la dissolution totale de ce qui souffrait en moi. J'ai un peu regretté de n'en avoir parlé à personne à l'époque, car peut-être quelqu'un m'aurait guidée en me disant que j'avais vécu l'expérience la plus profonde qui soit à travers cet évènement-là, et que je n'étais pas folle !

Beaucoup d'humains ne croient pas à la plénitude du Royaume, d'autres l'attendent... Mais tu sais, Papa, il est déjà là, ici et maintenant, et il ne survient ni dans la richesse, ni dans les situations confortables, mais au cœur de la plus grande détresse, du dépouillement, de la nudité... dans l'ouverture à l'amour capable de transfigurer les pires situations. Dans la Bible il est dit que Dieu se manifeste dans une brise légère, pas un grand vent ! C'est avec un souffle d'air qu'on rallume une braise fumante pour que le feu puisse rejaillir, Papa. Pourquoi personne ne me l'avait fait comprendre quand j'étais petite ? Avec mon petit fauteuil, au fond du jardin, j'ignorais que c'est Lui que j'allais respirer ! Pourquoi c'était interdit ? Ils ne font pas n'importe quoi, les petits enfants, Papa, ils « savent » ce que les grands ont « oublié ». Ce n'est pas pour rien que Jésus disait de les laisser venir à lui, engageant ceux qui l'écoutaient à redevenir comme eux. Toi, avec tes copains curés et votre dieu à vous, vous ne pensiez qu'à la casser, la petite fille, la dresser, lui faire peur, la punir, pour qu'elle devienne quoi ?

Perrine avait cette âme pure du petit enfant, car elle était sans défense. Son handicap et sa dépendance totale qui l'obligeaient à « s'abandonner », avaient préservé son âme de nos « perversions ». Lorsqu'un attroupement se formait autour d'elle pour la regarder de travers, j'entends encore la voix de Monique dire : « Perrine a en elle une lumière que vous ne connaissez pas ! ». Et je revois Perrine lui sourire avec ses grands yeux d'amour. Oui, c'est vrai Papa, Monique avait raison, Perrine était une « petite fille lumière ». Et je comprends pourquoi, quand Bernard l'avait vue pour la première fois, il avait craqué lui aussi. Comment aurait-elle vécu dans un monde de requins, que serait-elle devenue ? D'ailleurs qu'était-elle devenue dans ce monde-là, qu'avaient-ils fait à l'hôpital ?

A travers tous les signes que Perrine m'avait délivrés, j'avais compris qu'elle « savait » vraiment quelque chose et qu'elle avait tenté avec tous ses pauvres moyens de me délivrer un message. Les derniers temps de sa vie avec moi, ses messages étaient de plus en plus nombreux, tu ne trouves pas ? Heureusement que j'avais pu les capter juste à temps et que je les avais partagés à fond avec elle. Je ne sais pas si j'aurais pu continuer à vivre sans cela... Je pense que j'aurais simplement survécu, tant bien que mal… Et c'était loin d'être le cas ! J'ignorais qu'en lançant mon défi à « Je suis la Vie », je m'engageais sur ce chemin de vie-là. J'ai marché dans le noir, je me suis écroulée souvent, en suspension au-dessus du vide, mais je me suis raccrochée à la moindre branche, j'ai mis mes ongles dans les moindres interstices, et c'est dans la lumière que j'ai débouché. J'avançais dans les pas de Jésus, sur un chemin radical qui m'a libérée, qui a re-suscité la vie en moi, une Vraie Belle Vie. Je n'avais pas cherché à « interpréter » l'Évangile. C'est en le pratiquant que j'avais eu ma réponse, et ce n'était pas une réponse partielle à de petits événements troublants. C'était La réponse à ma nuit obscure, les Béatitudes prenaient tout leur sens, et j'avais bien l'intention de ne pas en rester là.

Du plus profond de mon désespoir, quand je flirtais avec la mort et que toutes mes issues étaient bouchées, tu te souviens, Papa que j'avais dit : « On va voir ça ! Ça sera Lui ou moi ! ». Le résultat ? C'est Lui avec moi ! Moi avec Lui. « Laisse tout et suis-moi », me disait-il encore ! Oui, j'étais prête à continuer, et n'avais pas fini d'en découvrir !

Me retrouvant « seule et sans but », d'aucuns, dont toi Papa, s'imaginaient que je reviendrais vivre au pays natal, voire m'installer avec Maman et toi. Ils me supposaient en grande peine et se figuraient qu'un retour dans ma famille l'adoucirait. Non mais, tu rêvais, Papa, je n'allais tout de même pas aller m'enterrer avec vous alors que j'étais en train de m'ouvrir à la vie ?

Comme prévu, le premier décembre, j'ai pris mon sac à dos et me suis envolée, joyeuse, vers la terre chilienne, avec un petit groupe d'une douzaine de personnes inconnues.

J'avais emporté ma Bible bien sûr, Le Chant Général de Néruda, mon baladeur et quelques cassettes, et un autre livre prêté par Bernard : *Mémoire et Résurrection,* de Georges Haldas. Perrine, Bernard et Monique, indissociables pour moi, étaient très fort serrés dans mon cœur.

Chapitre XXII
Chile…

J'ai pu m'offrir ce voyage grâce aux assurances décès de Perrine. C'est donc elle qui m'ouvrait cette piste. Le programme m'intéressait beaucoup puisqu'il portait essentiellement sur la rencontre et l'échange avec les populations les plus pauvres et les représentants de leurs organisations : Bidonvilles de Santiago, Communautés de Base, Indiens Mapuches, syndicats, associations, partis politiques, ouvriers d'une mine de cuivre dans le désert d'Atacama… Plusieurs jeunes chiliens, réfugiés en France depuis de longues années nous y accompagnaient. Ce séjour d'un type assez particulier ne représentait pas pour moi un substitut exotique à ma douleur, une sorte de divertissement, une fuite, mais plutôt une « confrontation » de mon être en souffrance à celle de tout un peuple.

Notre groupe, dont j'étais la plus jeune, était composé d'une quinzaine de personnes qui se connaissaient déjà. Pour la plupart, ils étaient issus du milieu « chrétiens-de-gauche-militants-associatifs-politiques-ou-syndicaux ».

Avant le départ, j'avais étudié les bases de la Théologie de la Libération qui me questionnait beaucoup, avais sérieusement révisé mon espagnol et m'étais nourrie des poèmes de Pablo Neruda, mais n'avais aucune idée de ce que je trouverais là-bas. La vie me propulsait à nouveau vers de l'inconnu et j'acceptais d'avance tout l'inattendu qui en émergerait.

Je prenais l'avion pour la première fois et n'ai cessé durant tout le vol, de comparer celui-ci à ce que je vivais intérieurement. Je vais essayer de te décrire cela, Papa. En fait, dans la carlingue suspendue au-dessus du vide, je prenais conscience de mon propre vide et de la page de vie que j'étais en train de tourner. Je me sentais décrocher de quelque chose, sans le vertige abyssal et la nausée qui m'avaient hantée auparavant. Je me laissais porter par ce vide-là, l'acceptant sans sombrer dedans, un peu comme si je me quittais sans toutefois me perdre. En se désagrégeant, mes anciens repères me délestaient d'une pesanteur encombrante et ouvraient en moi une « vacance ». Totalement confiante et décidée à ne plus le défier, je laissais le Christ occuper cette béance. Sa présence mystérieuse m'habitait, comme si un nouvel organe vital, invisible mais bien réel, s'était greffé à l'intérieur de mon corps.

Avec quelques pincements de cœur, je songeais au cadavre de Perrine qui se décomposait en terre, loin de moi, mais plus j'ouvrais les yeux sur cette image insoutenable, plus elle s'évanouissait, laissant émerger l'âme de Perrine qui m'absorbait de sa présence.

Son absence physique renforçait une présence plus forte que tout. Elle m'accompagnait partout et rien ni personne ne pouvait désormais nous séparer.

Je pensais beaucoup à Bernard, qui vibrait lui aussi très fort dans mon cœur et à qui j'avais promis d'écrire chaque jour. Qu'allait-devenir notre « histoire d'amour » ? Aucune idée, Papa.

Une vingtaine d'heures plus tard, c'est toute étourdie que j'ai posé les pieds sur le sol chilien et que, le cœur grand ouvert, j'ai suivi le groupe en silence, un peu à l'écart, sans me poser de questions.

Je ne vais pas te faire le récit de toutes les péripéties, aventures et découvertes fabuleuses que j'ai faites dans ce pays, Papa. Je veux simplement te dire que, durant tout mon séjour, mon attention était focalisée sur les rencontres, les odeurs, les couleurs, m'imprégnant totalement et sans a priori de tout ce qui advenait. Une sorte de contact d'âme à âme, de sorte que, dans le groupe, j'étais un peu en décalage et me tenais souvent en marge.

Trop bruyant et/ou trop consommateur d'images ou d'idées à mon goût, je préférais vivre les choses de l'intérieur, les laisser résonner en moi, sans commentaire superflu.

La première personne ayant cherché à faire ma connaissance était belge et s'appelait Lucie. Lucie, c'est lumière... Curieux non, Papa ? Au cours d'une promenade, alors que je contemplais un papillon sur une fleur, elle s'était rapprochée de moi et m'avait demandé qui j'étais, d'où je venais, ce que je faisais... Elle m'avait souvent observée, intriguée par mon silence et mon sourire « mystérieux et ravi ». Je lui avais donc succinctement brossé mon portrait et m'étais aperçue en l'énonçant que je parlais au passé : j'avais été comédienne, avais été mariée et avais été la maman d'une petite fille toute cabossée, morte depuis huit mois... terminant mon récit par : « Aujourd'hui, je suis là ! C'est tout... ».

Je revois son visage blêmir au fur et à mesure de mon déballage, jusqu'à ce qu'elle s'écrie : « Mais c'est incroyable ! Comment fais-tu pour avoir ce sourire-là ? » et me serre dans ses bras en m'embrassant. Je lui ai raconté comment j'avais cheminé jusqu'au Christ grâce à Perrine et comment ma vie en avait été transformée. Je lui ai aussi fait part de mon étonnement de ne pas voir plus de joie briller et s'exprimer chez les chrétiens, et en concluais que nous n'avions probablement pas tous fait la même Rencontre Vitale.

Lucie s'est retrouvée dans ce que je lui exprimais et nous sommes devenues amies.

J'ai supposé qu'ensuite elle avait dû parler de notre conversation à quelques autres, car deux ou trois personnes du groupe se sont discrètement rapprochées de moi les jours suivants, en respectant toutefois mes silences. Je dois te dire, Papa, qu'à l'époque je n'arrivais pas trop à mettre en mots ce que je vivais intérieurement, et que discutailler ne m'intéressait guère. Je me sentais souvent en dehors de la course.

La fête de Noël approchait et le plus gros du troupeau avait choisi de réintégrer leurs pénates en France pour célébrer cette fête en famille. Vu l'état de la mienne, j'ai préféré rester et partager cette fête là-bas. Le peuple chilien m'était très sympathique, leur dignité et la joie qui émanaient de leur dénuement, de leur extrême pauvreté me touchaient et alimentaient ce que je respirais en profondeur. J'ai été accueillie dans une « poblacion » (c'est ainsi qu'on nomme les bidonvilles au Chili) de Santiago par un jeune couple, parents d'une petite fille de cinq ans prénommée…Céleste.

La messe de Noël s'est déroulée dans une pauvre chapelle en planches, entièrement construite avec des matériaux récupérés, et dans laquelle les habitants s'étaient mis en scène dans une crèche vivante d'une émouvante simplicité. Tout le quartier était présent, partageant une joie indescriptible, dans un grouillement de vie et un profond recueillement, dépouillé de tout artifice. J'avais le cœur au bord des larmes tellement je ressentais cette incarnation de Dieu dans leurs vies et dans la mienne.

Pour ce premier Noël sans Perrine j'avais acheté une petite poupée pour Céleste qui s'était contentée jusque-là de vieux bouts de chiffon rembourrés, et nous avons passé une partie de la nuit à discuter sous les bougainvilliers avec ses parents en buvant du Pisco.

Au cours de notre conversation, j'ai évoqué l'éventualité de rester dans ce pays pour m'y engager dans une association et me battre à leurs côtés. La réponse fut amicale et tranchante : « Nous sommes assez grands pour nous débrouiller tout seul ! Il n'y a pas de problèmes dans ton pays ? Il n'y a pas de gens qui souffrent ? Si tu veux faire quelque chose, c'est chez toi qu'il faut le faire ! ». Waouh ! Nouvelle claque ! Tout ce chemin pour m'entendre dire de me mêler de ce qui me concernait ! Assommée, je les ai remerciés pour la franchise de leur message et me suis jurée intérieurement de lui donner corps en leur mémoire.

Ils habitaient un petit baraquement d'une seule pièce, fait de bois, de tôle ondulée et de cartons ficelés. Céleste a partagé son lit (une caisse de bois) avec moi, au fond de laquelle je me suis recroquevillée au petit matin en la serrant dans mes bras, car un gros orage éclatait. Quelques heures plus tard, tout le bidonville était inondé sous 80 centimètres d'une eau sale et boueuse, et c'est pieds nus dans la bouillasse, pantalons retroussés jusqu'aux cuisses que nous nous sommes séparés en riant. Ce Noël et celui de l'année passée, le dernier avec Perrine, étaient des plus signifiants pour moi. Véritables instants de dévoilement, je ne risquais pas de les oublier !

J'ai quitté la terre chilienne et suis rentrée chez moi dans la nuit du nouvel an, sous l'emprise d'un merveilleux bouleversement. Un groupe d'amis m'attendait à l'aéroport mais je n'ai eu d'yeux que pour Bernard. Folle de joie de le retrouver, je me suis jetée à son cou en l'étreignant de toutes mes forces.

Comme promis, je lui avais régulièrement adressé de longs courriers, lui relatant tout ce que je vivais là-bas, et lui disant à quel point mon cœur frémissait quand je pensais à lui.

J'avais hâte de lui détailler l'inventaire de mon sac à dos (une énorme épine cueillie dans le désert, des petites fleurs séchées, quelques pierres, un morceau de cuivre, des graines d'escholtzias, des images, des plumes, un petit cendrier taillé à la hâte dans un morceau de bois, deux étoles fabriquées par les Mapuches, une minuscule « ravie » en terre cuite offerte par Lucie, une poignée de sable de la plage d'Isla Negra, où j'avais visité la maison de Pablo Neruda, un carnet de bord truffé de mes notes et de réflexions quotidiennes…) et surtout mon message de Noël afin de savoir ce qu'il en penserait.

Je pressentais que si la vie me ramenait vers lui, c'est que nos deux chemins n'en avaient pas terminé l'un avec l'autre et que probablement ils avaient encore quelque chose à nous révéler.

Chapitre XXIII
Un amour « interdit »… (1992)

Ce nouvel an 1992 fut jour de grande fête chez moi. Beaucoup de mes proches étaient au rendez-vous et le Chili était au centre de nos retrouvailles. Radieuse de partager mes émotions et mon vécu, l'année commençait bien, Papa.

A l'annonce de mon message de Noël, Bernard m'a avoué sa crainte rétrospective de me voir partir à l'autre bout du monde et j'ai immédiatement senti un vif soulagement chez lui.

De mon côté, n'y tenant plus et malgré une certaine appréhension, je me suis jetée à l'eau en lui dévoilant les sentiments qui m'habitaient depuis la première fois où je l'avais vu, sept ans auparavant. Quelque peu ébranlé, il m'a alors confessé ses propres sentiments à mon égard et son besoin d'un temps de réflexion avant de donner une réponse à ma déclaration. Tu comprends, Papa, il avait renoncé à l'amour d'une femme en respectant le célibat des prêtres imposé par l'Eglise Catholique, et je venais mettre les pieds dans le plat du haut de mes 38 ans alors qu'il en avait lui-même 77.

Je lui précisais que je ne souhaitais pas qu'il remette en question ses engagements et sa vie actuelle pour moi, car j'envisageais fort bien que nous puissions vivre une vraie relation d'amour sans pour autant partager le même toit, d'autant que son mode de vie lui laissait une grande liberté et que le mien était totalement à construire. Je lui laissais tout le temps de discernement nécessaire, sachant que l'organisation de ma vie à venir et le lieu où je vivrais dépendraient de sa réponse. En effet, je n'étais pas particulièrement attachée à la vie citadine, et une vie plus proche de la nature m'attirait, sans savoir ni où, ni comment.

Portée par mon message du Chili et guidée par le chemin d'humanité que le Christ avait ouvert en moi à travers Perrine, j'envisageais sérieusement d'orienter ma vie vers les personnes handicapées. Ce serait aussi ma manière de remercier la Vie en poursuivant ma quête intérieure avec d'autres. Je Lui devais bien ça ! J'ignorais sous quelle forme ce désir prendrait corps en moi car je n'avais aucune formation professionnelle en la matière, mais qu'à cela ne tienne, je trouverais bien une piste.

C'est en relisant le petit texte que Perrine avait choisi de recopier sur sa dernière peinture que j'ai flairé un signe. En effet, comme par « hasard », il avait été écrit par Jean Vanier, fondateur des Communautés de l'Arche, lesquelles accueillaient des personnes handicapées mentales. Je décidais donc d'aller y voir de plus près en cherchant des informations sur cette association.

Renseignements pris, je me suis engagée comme bénévole pendant deux mois dans une communauté des Yvelines. Éloignée de Bernard, je comptais sur ce laps de temps pour m'éclaircir les idées. Mon retour était prévu début avril car je tenais par dessus tout à célébrer le premier anniversaire de la mort de Perrine ainsi que la fête de Pâques avec lui.

A l'Arche, j'occupais la fonction d'assistante auprès d'une maîtresse de maison. Je vivais dans un foyer avec une dizaine de Personnes (c'est ainsi qu'on appelait les handicapés), lesquelles, selon leur degré de handicap, travaillaient ou non. De toute façon, dans la journée, elles avaient toutes une occupation à l'extérieur du foyer. J'étais donc préposée à l'entretien des lieux, du linge, la préparation des repas, les achats… et étais également « référente » d'une Personne en particulier. C'était un homme, Marcel, particulièrement « déjanté ». Chaque Personne rentrant au foyer vers 17 heures, je partageais la soirée avec le groupe. D'autres assistants partageaient cette vie, nous étions donc une bonne vingtaine à chaque repas. Logée-nourrie au sein du foyer je n'avais qu'un week-end de congé par mois, et une journée par semaine. Tu vois, Papa, il fallait une sacrée motivation pour y être bénévole ! Totalement ignorante par rapport au handicap mental, j'ai passé beaucoup de temps à observer chaque Personne pour tenter de pénétrer son monde et pouvoir ainsi entrer en relation. J'étais tellement décrochée de moi-même que je n'ai pas eu de difficulté particulière à partager leurs vies abîmées, tant elles étaient porteuses du même message d'amour que celui de Perrine. Oui, j'avais cette perméabilité me permettant de les accueillir en moi telles qu'elles étaient, cabossées par la vie, mais avec un cœur intact et pur. Leur « folie » m'interpellait très fort, tellement leur essentiel était d'une simplicité désarmante. A leur contact, j'apprenais à rire de la vie « normale » sérieuse et triste des bien portants dont je faisais partie. Ah ! Pour être décalée, j'étais servie, à l'aise et ravie, Papa !

En revanche, j'étais très perplexe et résistante par rapport à la présence constante et ostensible de la religion catholique. En effet, chaque journée, ainsi que le calendrier annuel, étaient soumis à divers rites religieux (prières, messes, pèlerinages, liturgies et fêtes diverses, etc...) qui occupaient quasiment tous les temps libres. De plus, la présence dans mon foyer de deux jeunes curés en soutane et col romain m'avait fortement agacée, d'une part à cause de leur costume que je croyais tombé en désuétude depuis longtemps, et d'autre part à cause de leur morale dogmatique et de leur « croyance ». Je m'étais heurtée à eux au cours d'une discussion qu'ils avaient lancée à ma table au sujet de la souffrance et de l'avortement.

L'arrogance de leurs réponses toutes faites et de leurs « vérités » doctrinales m'avait ulcérée, et je m'étais emportée en leur demandant ce qu'ils connaissaient exactement de la souffrance et de l'avortement dans leurs propres vies, avant de quitter la table et de les abandonner à leurs discours indécents. Résultat : sans me connaître, ils ne m'avaient plus adressé la parole de toute la durée de mon séjour ! Chapeau ! Tu te doutes bien, Papa, que dans ces conditions-là, je m'étais exemptée de toutes les liturgies, prières et autres manifestations pieuses, bien trop traditionnelles et conventionnelles à mon goût, qui réveillaient avec violence certaines blessures de mon enfance meurtrie. Mes facultés d'adaptation à ce niveau-là étaient fort limitées, et je préférais prier silencieusement et seule dans ma chambre, au moment qui me convenait le mieux.

Malgré mes réticences, je reste persuadée aujourd'hui que cette forte présence religieuse consolidaient les relations humaines, entretenant une certaine convergence d'esprit, de laquelle émanait une présence à l'autre, ainsi qu'une qualité d'écoute et d'attention peu communes. Les personnes accueillies pouvaient en tirer certains bénéfices, et j'avais d'ailleurs remarqué comme signe indéniable que, pour la plupart, elles étaient très peu médicalisées. Mon constat avant de les quitter était qu'on pouvait vivre heureux tout en étant complètement cassé, dans un monde ouvert, accueillant la différence comme une richesse et non comme un empêchement ou un boulet à tirer.

Mon seul regret résidait dans la sur-présence de l'église catholique officielle au travers du discours de ses représentants obéissants et cul-serré, et de leur croyance impénétrable pour moi. J'aurais préféré une spiritualité plus ouverte et moins confessionnelle, enfin tout sauf une doctrine à laquelle il m'était impossible d'adhérer.

Toujours est-il qu'en les quittant, je savais que je ne m'engagerais pas aux côtés de l'Arche, mais qu'en revanche le regard accablant que notre société portait sur les personnes handicapées et l'exclusion qui en découlait avaient renforcé mon désir de créer un lieu d'accueil pour elles.

Dès mon retour dans la « vie civile », j'étais obsédée par la création d'un tel lieu et Bernard soutenait cette idée géniale sans savoir ni où, ni avec qui, ni comment la réaliser.

La propriétaire de la maison dans laquelle nous avions passé de nombreuses vacances avec Perrine était d'accord pour me la « céder ». C'était une ancienne bergerie magnifique sur un immense terrain planté d'oliviers, dans les Alpes Maritimes. Elle était parfaite pour démarrer mon projet. Je restais sur l'idée d'un accueil pour adultes car je ne me sentais pas capable de soutenir l'image d'une certaine présence physique de Perrine que me renverraient des enfants.

Avant d'entreprendre quoi que ce soit, j'attendais la réponse de Bernard à ma déclaration d'amour. Nous nous rencontrions fréquemment et je sentais au travers de sa présence joyeuse que quelque chose de semblable coulait en nous, nous étions des « âmes sœurs ». Tu vois ce que je veux dire, Papa ? Nos esprits se rencontraient, semblaient se toucher, se liaient, communiquaient à travers nos échanges ou nos silences. Une présence mystérieuse nous reliait et j'aimais beaucoup prier avec lui. Il ignorait qu'il avait été une force motrice dans mon changement profond et son âge ne m'importait pas du tout. Pour moi il était jeune, hors du temps, et jamais auparavant je n'avais éprouvé ce type d'amour-là pour un homme. Je ne sais si je devrais te dire tout cela, mon pauvre Papa !

Fin avril, après avoir célébré et vécu intensément l'anniversaire du « départ » de Perrine et cette fête sublime de la résurrection, nous sommes partis quelques jours chez notre amie France, dans l'Isère.

Et c'est là-bas, le jour du premier mai, qu'il m'a fait le cadeau merveilleux de sa tendresse débordante, en me serrant passionnément dans ses bras au moment où je m'y attendais le moins. Nous étions d'accord pour nous ouvrir ensemble à une nouvelle vie, aller de front « au bout du monde », cœur contre cœur, main dans la main, bravant les tabous, et je ne t'en dirai pas plus mon cher Papa, intimité oblige ! Pour le coup, il n'était plus question pour moi de quitter la Région Parisienne, car si nous étions d'accord pour vivre « séparés », nous ne souhaitions ni l'un ni l'autre que ce soit par des centaines de kilomètres. J'ai abandonné mon projet dans le sud, mais l'été suivant et pour la dernière fois nous sommes retournés dans cette bergerie où nous avions vécu tant de moments fabuleux. Accompagnés de Jacques, l'un des compagnons d'équipe de Bernard, cet ultime séjour fut à l'origine de trois évènements « troublants ».

Premier événement : J'avais pour habitude de passer les nuits, couchée au pied d'un olivier, car je ne supportais pas la chaleur nocturne enfermée dans la maison. C'était « mon » olivier, et je l'aimais bien car la tête d'un Pinocchio apparaissait dans le bois de son tronc. Sa base était creusée d'une cavité dans laquelle je coinçais mon oreiller. Un midi, alors que nous étions à table sous un amandier, Jacques a vu un énorme serpent sortir de ce trou. Après une inspection minutieuse des racines apparentes, nous en avons conclu que c'était son habitat.

Moi qui avais la phobie des serpents, ma trouille rétrospective fut de taille et je pris la décision immédiate de ne plus jamais dormir autour de cette maison. J'avais même hâte d'en déguerpir car tout son charme venait de s'envoler.

Second événement : Chaque matin, de très bonne heure, nous allions nous baigner sur une plage de Cannes que Jacques affectionnait. Il était assez handicapé des jambes, et les bains lui faisaient beaucoup de bien. Quelques jours avant notre départ, alors qu'il nageait en bordure de la plage et que je barbotais quelques dizaines de mètres plus loin, j'ai vu sa tête disparaître sous l'eau et réapparaître pour aussitôt replonger. J'ai hurlé et sauté dans les vagues pour le rejoindre et lui maintenir la tête hors de l'eau en attendant d'autres secours. Sans ma précipitation, il se serait noyé. Pourtant, j'avais horreur de l'eau, n'étais pas très douée en natation et n'avais aucune notion de secourisme. Jacques en a été quitte pour quelques jours d'hospitalisation, sans gravité.

Troisième événement : Sur la route du retour, j'ai senti dès le départ que ma voiture ne réagissait pas comme d'habitude dans les virages. Or, nous avions prévu de prendre la route Napoléon et de traverser les Alpes. Je me suis arrêtée dans un garage, mais le mécanicien n'a rien trouvé d'anormal. Pourtant, dès les kilomètres suivants j'ai à nouveau constaté que les roues ne suivaient pas les mouvements de mon volant. Il y avait un décalage entre les deux, et parfois je tournais le volant dans le vide. J'ai traversé toutes les Alpes, pris l'autoroute à Grenoble pour réintégrer la région parisienne, en serrant les fesses. Le lendemain, mon garagiste a ouvert le capot, et m'a demandé, tout blême, d'où je venais. Puis il m'a dit : « Regardez », en touchant un énorme écrou complètement dévissé qui est immédiatement tombé par terre. C'était le dernier de quatre, les trois autres n'étaient plus à leur place et c'étaient les écrous qui maintenaient la direction de ma voiture.

De ces trois incidents, je concluais que j'étais sacrément protégée par « la chance » ou « le hasard »... Mais en mon for intérieur, j'y ai décelé la manifestation de bonnes petites « énergies surnaturelles » qui veillaient sur moi et guidaient ma vie... « mes anges gardiens », dont Perrine faisait partie bien sûr ! Je sais Papa, ce n'est ni rationnel, ni raisonnable, mais j'ai le droit d'avoir mes petits secrets, non ? Et tu connais mon besoin irrépressible de « faire du sens », à l'affût du moindre indice ! Parce que pour moi, Papa, ce sont les petites planques où Dieu, patient, se cache et s'épuise à lancer des petits signaux jusqu'à ce qu'un regard attentionné l'en délivre.

Quant à leur interprétation, il m'a paru évident que j'avais un goût du risque certain, et que si j'apprenais à laisser reposer mon esprit hors du danger et que je resserrais MA direction, je pourrais nager sans crainte en eau profonde. Transposé sur un autre plan, j'y voyais une nécessité absolue d'approfondir ma spiritualité et de me tenir à distance de toute agitation, afin de lui donner corps au travers d'actes concrets.

Épaté par mes « trouvailles », Bernard m'incitait à poursuivre mes lectures « originales » de l'Évangile, et nous aimions les partager, curieux de savoir jusqu'où elles me conduiraient. Je comptais également très fort sur les « vibrations bénéfiques » que mon amie Monique, après son départ de la région parisienne, faisait onduler du Havre jusqu'à moi.

En ce qui concerne notre merveilleuse histoire, je m'en étais confiée à mes proches, mais tout de même pas à ma famille, tu comprends, Papa ! Je n'avais pas du tout envie d'être jugée par tes idées rétrogrades... ! Je m'étais donc contentée de te présenter Bernard comme un ami, que tu respectais beaucoup d'ailleurs et pour lequel tu avais une grande estime. Vu son âge et sa fonction, tu t'imaginais que j'étais une sorte de « gouvernante » pour lui. Perdu, Papa, c'était mon compagnon de vie, mon amant... Pour les ami-e-s, cette relation ne posait aucun problème, certains se demandaient même comment nous avions pu attendre si longtemps, tellement elle était évidente pour eux.

De son côté, Bernard, qui était très « droit » et n'aimait pas les cachotteries, avait révélé notre situation à quelques membres de sa famille, ses deux copains d'équipe, certains de ses amis, et... son évêque. Les réactions furent très différentes les unes des autres, allant de la sympathie au jugement sans discernement, et j'ai trouvé que Bernard était très courageux.

L'évêque a choisi de fermer les yeux sans s'immiscer, sans juger, laissant Bernard libre de ses choix. Son attitude exceptionnelle nous a agréablement surpris, car Bernard savait que l'Église Catholique réprouvait et condamnait l'amour d'un prêtre pour une femme. Il s'était préparé à assumer les conséquences, voire les représailles, qui résulteraient de sa « transgression », mais... la « chance » était avec nous. Ceci dit, nous savions être discrets et ne manifestions pas cette relation de manière ostensible devant le premier venu.

Chapitre XXIV
Je décolle

Dix-huit mois s'étaient écoulés depuis la mort de Perrine. Je les avais traversés tant bien que mal et m'habituais à son « absence » malgré une sensation de nudité et d'inutilité qui me titillait quelquefois. Le moins évident fut d'être brusquement considérée comme « célibataire sans enfant » par ceux qui ne me connaissaient pas et bien qu'ils ne puissent pas deviner mon histoire, leurs maladresses m'agaçaient souvent.

Je prenais également conscience que j'allais vieillir en restant toute ma vie la maman d'une enfant de 14 ans, alors qu'autour de moi, les enfants des autres deviendraient adultes, et que chaque année, à la date anniversaire de Perrine, je me dirais : « Elle aurait 17 ans, elle aurait 20 ans… ».

J'étais très ennuyée et me sentais piégée lorsqu'on me posait la question « Vous avez des enfants ? ». Au début, ne sachant que dire, je répondais au passé : « Oui, j'ai eu une fille », ou « j'avais une fille », mais ces réponses ne me convenaient pas car elles mettaient la maman de Perrine au passé. Or, j'étais toujours une maman et le resterai toute ma vie. Ne voulant pas être amputée de ma maternité, j'ai fini par rétorquer : « Oui, j'ai eu une fille, elle est morte… ». Cette réponse inattendue en indisposait plus d'un, lequel se sentait obligé de s'excuser d'avoir posé une telle question. Du coup, les conversations s'arrêtaient souvent net. Pourtant, j'aimais bien parler de Perrine, ou qu'on l'évoque avec moi, mais la plupart du temps, je constatais que « ça grinçait » chez les autres. Parler des morts ou de la mort était un sujet tabou qu'il ne fallait pas aborder. Dommage pour eux !

Sur le plan spirituel, j'arrivais de plus en plus à faire du « sens » avec l'Évangile, tout en restant à l'écart de toute Église instituée, dont je ne comprenais ni le discours, ni les dogmes, ni les mystères. J'avais besoin de concret, pas d'une « croyance ». Il fallait que ça passe par moi, comme le Thomas de l'Évangile.

En fait, c'est à une certaine compréhension de l'existence, de la vie, de la souffrance et de la mort que j'accédais au travers du paradoxe de la croix. Pour moi, elle faisait « sens » et n'était plus un signe de mort au bout de la route, au bout de la vie, comme on me l'avait enseigné autrefois, Papa. Non, pas du tout... Je la reconnaissais comme étant le point central et vivant de mon existence sur lequel les épreuves douloureuses de ma vie venaient butter. Je ne pouvais ni l'éviter, ni me boucher les yeux et me raccrocher à des illusions, car en ce qui me concernait, j'étais servie, c'était plus que concret, ça me pétait en plein nez ! J'avais eu le choix soit de rester prostrée au pied de cette croix, à me tordre impuissante dans l'enfer de la douleur en la refusant, soit de l'escalader et de la traverser pour atteindre son revers. Le renversement annoncé par l'Évangile n'étant rien moins que la résurrection, ce mot n'était plus un mystère pour moi puisque je le vivais. Ma vie se transformait, une autre femme naissait en moi, inconnue jusque-là, et j'étais plus ou moins consciente que ça n'était qu'un début ! Tout un programme, n'est-ce pas, Papa ?

Puis-je te faire partager le bonheur effervescent qui m'habitait après cette traversée, et cette vraie joie qui frissonnait au fond de moi ? Réalises-tu que Perrine, l'enfant de ma chair, l'amour de ma vie, au travers de son handicap, de sa souffrance et de sa mort, m'avait fait le plus beau « cadeau » qui soit, en m'indiquant le chemin à suivre pour déboucher sur une vie radicalement différente, la vraie Vie ! Oui, je sais, c'est insupportable d'entendre des choses pareilles, mais que serais-je devenue si j'étais passée à côté sans rien « voir » ? Une « morte-vivante » pleine d'aigreur, Papa, avec toute ma pauvre vie à traîner, à me lamenter sur mon sort, me plaindre, gémir, grincer des dents au moindre coup dur, ressasser le passé et pester contre les autres, freinant des quatre fers à toute nouveauté,… bref, ne plus avancer et tourner en rond. Eh bien non, non, non… Je vivais tout le contraire, habitée de vibrations subtiles qui me donnaient des ailes et l'énergie de tous les possibles. C'était incompréhensible, paradoxal, et je passais souvent pour une « foldingue », mais... la sagesse de Dieu n'est-elle pas folie aux yeux des hommes ? Pour garder cette intensité de vie-là en moi, j'avais quotidiennement recours à la « prière », mais pas celle de mon enfance où je récitais par cœur pour demander quelque chose. Non, Papa ! Plutôt comme cet instant que j'avais vécu chez Michel, en tombant dedans « par hasard ». J'avais fini par trouver « le truc » : il me suffisait de fermer les yeux, faire silence, respirer calmement, et laisser converger mon regard sous mes paupières closes vers le centre de mon front. J'étais très fière de « mon truc » qui fonctionnait à tous les coups.

Dans cette disposition-là, je pouvais lâcher ce qui m'encombrait, m'abandonner et ne me laisser envahir par Rien. C'était comme si je chutais dans un vide profond en moi, immuable et calme, dans lequel mon cœur se desserrait lorsque mes limites le comprimaient un peu trop.

J'avais souvent besoin d'y descendre, de quitter les côtes bouillonnantes de vagues ravageuses afin de pénétrer dans le calme des eaux profondes. Dans cet abandon-là, difficile à décrire, je me laissais parfois entraîner très loin, comme si j'arrivais à un seuil proche de la mort. Il me semblait que si je le franchissais, s'il m'arrivait de tomber dedans, je resterais vivante autrement, mais que la mort ne me prendrait rien. Les toutes premières fois j'avais eu un peu peur de descendre « là-dedans » et avais résisté à une sorte d'évanouissement, craignant d'y être engloutie sans pouvoir m'en extraire. Jusqu'au jour où ce fameux rêve de la piscine s'est éclairé dans mon esprit et m'a permis de me lâcher.

Comment pouvais-je assez remercier Perrine, lui rendre grâce, à elle et à Jésus, pour cette grande force joyeuse qu'ils me transfusaient ? Je n'allais quand même pas faire graver un ex-voto sur une pierre froide et dure, pour aller ensuite le sceller au fond d'une église sombre, ou le déposer sur la tombe de Perrine ! C'était pas trop mon genre, hein Papa ! Non, c'est toute ma vie qui devait incarner ce Merci afin de le faire partager au plus grand nombre.

D'ailleurs, dans l'Évangile, Jésus dit qu'on n'allume pas une chandelle pour la planquer sous la table !

Ayant tout perdu et redémarrant à zéro, un tas de petits moteurs pétaradants (dont l'amour que Bernard me manifestait) attendaient mon coup d'accélérateur. Je me suis mise à créer à partir de rien, peindre en écrasant des fleurs, faire de la musique, goûter la poésie, faire de grandes balades dans la nature...

Tout me paraissait facile, nouveau, et évident... C'est en septembre de cette même année 1992 que j'ai finalement abandonné l'idée de créer un lieu de vie pour adultes handicapés mentaux. J'avais progressé sur mes peurs, et les craintes d'affronter l'image que me renverraient des enfants handicapés s'étaient évanouies. Mon expérience avec Perrine était si vivante que je souhaitais la faire partager. D'autres parents étaient concernés et, tu comprends bien, Papa, que si j'avais réussi à traverser mes épreuves, je pouvais bien aider les autres à « supporter » les leurs...

Armés d'enthousiasme jusqu'aux dents, Bernard et moi avons donc décidé de créer l'Association Les Petites Lumières en rédigeant un premier projet. Nous avions tout notre temps libre pour cela, et ne le ménagions pas. L'AMI dans laquelle nous militions auparavant s'était plus ou moins désagrégée à la fin de l'année 1991, nous libérant ainsi de toute « contrainte » au niveau du temps. Nous n'avions pas d'ordinateur, juste une vieille petite machine à écrire électrique, et faisions tout à la main. Donc du temps, ça tombait bien, il nous en fallait beaucoup ! De plus, nous étions tous les deux ensemble, inséparables, amoureux, en train de construire quelque chose de nouveau, et ça, pour Bernard et moi, c'était un vrai bonheur.

Nous avions sollicité Igor, Edwige et Madeleine pour constituer un bureau, et dès novembre, les statuts de l'Association étaient déposés en Préfecture. Le but : accueillir temporairement des enfants handicapés exclus de toute structure éducative, donc à la charge constante de leur seule famille ; offrir à ces familles, souvent épuisées, quelques heures de répit par semaine, pour leur permettre de souffler un peu. Tu vois, c'était un projet sans grande prétention, un petit coup de main, sans plus. Après enquête sur le terrain, nous avions la certitude qu'il correspondait aux besoins réels de dizaines de familles en Seine Saint-Denis.

Dans le même temps, comme je tirais financièrement sur la corde, j'avais trouvé un petit boulot d'animatrice, quelques heures le week-end, dans une association du Val d'Oise qui recevait des enfants cancéreux et leurs familles. J'y avais rencontré Véronique, éducatrice spécialisée dans une institution pour adolescents autistes, et lui avais touché un mot du projet *Petites Lumières.* Emballée dès notre première rencontre, nous avons passé la nuit à discuter, tant nous partagions la même approche du handicap. Devenues amies, Véronique a proposé ses compétences professionnelles pour m'aider à rédiger notre projet éducatif.

Je m'étais laissé dire que pour construire un tel projet il fallait dix ans minimum de paperasses, réunions, constitutions de dossiers, recherche de financements, construction de locaux, etc… Tu parles si j'allais attendre dix ans avant que le projet ne voie le jour ! J'avais la foi bien accrochée (ne faut-il pas en avoir un minuscule grain pour déplacer une montagne selon l'Évangile ?) et j'ai laissé les sceptiques à leur scepticisme.

Les statuts édités, nous les avons adressés à nos carnets d'adresses personnels en lançant une campagne d'adhésion et un appel à finances… trois cents envois, deux cents réponses… soixante mille francs en caisse. J'ai peint plusieurs centaines de petites cartes aquarelles, Bernard les a collées, et nous les avons toutes vendues. Puis nous avons organisé des vide-greniers, etc... etc... L'imagination ne nous manquait pas, ni l'énergie !

Les locaux ? J'ai proposé de faire quelques aménagements dans mon appartement et ai rapatrié le peu de mes affaires personnelles dans une seule pièce qui deviendrait par la même occasion un bureau.

Tout le monde s'y est mis, et nous avons cloué, peint, décoré, cousu, vissé, collé, ragréé, scié, découpé, pour donner naissance à un petit lieu d'accueil tout pimpant, dans lequel nous avons décidé d'accueillir un maximum de trois enfants par jour.

Trois mois après, en février 1993, la première maman frappait à la porte, et sa petite fille de 8 ans s'appelait…attention Papa… Lucie, eh oui ! Ensuite, et très rapidement, il y a eu Jéremy, Thierry, Sébastien, Samam, Fanny, Abdou, Robin, Sabrina, Jaber, Nabila, Noémie, Nabil et bien d'autres...

Chapitre XXV
Les Petites Lumières... (1993-2001)

La réalisation de ce projet touchait tous les plans de ma vie, tant professionnelle, privée que spirituelle, de sorte que *Les Petites Lumières* sont devenues le centre de ma vie tout entière, et de celle de Bernard.

J'accueillais les enfants dans la journée, m'occupais de l'administration et de la gestion le soir, la nuit et les week-ends. Bernard me rejoignait quasiment tous les jours ouvrables et travaillait sur les dossiers. Lorsqu'il pouvait se libérer un samedi, nous partions faire de grandes promenades en amoureux, dans les forêts de l'Oise. Aucun nuage ne salissait notre ciel, nous aimions marcher et prier en pleine nature et savourions de nombreux goûts communs : poésie, cantates de Bach, musique baroque, peinture, lecture...

Nous vivions en synergie et *Les Petites Lumières* représentaient la concrétisation de ce qui nous portait : notre amour, bien sûr, et notre démarche spirituelle au travers d'une foi éprouvée et inébranlable.

Parmi nos amis, nous avions su trouver ceux qui accompagneraient et soutiendraient notre concept. C'est donc sur les chapeaux de roue que *Les Petites Lumières* ont démarré, et qu'elles ont « miraculeusement » cheminé pendant plusieurs années, malgré des barrières administratives gigantesques. Conjuguées à d'autres, notre force de conviction et nos énergies étaient sans cesse stimulées pour braver tout ce qui nous barrait la route. Les obstacles étaient de taille car notre projet était tellement innovant qu'il n'entrait dans aucun cadre légal. En revanche, c'est grâce à un vide juridique qu'il a pu se poursuivre, sans aucune subvention régulière de fonctionnement. La recherche de financement était donc un perpétuel et épuisant travail de fourmi, que je me coltinais avec Bernard, au jour le jour.

Au cours de la première année, nous tournions à plein régime et sommes passés de deux à trois salariés. Il faut te dire, Papa, qu'en plus de l'accueil des enfants, nous préparions les repas, faisions les courses et entretenions les locaux. En fin d'année, le bilan positif comblait nos espérances, et les « heureux hasards » foisonnaient. En voici quelques-uns uns, Papa…

Suite au reportage élogieux d'un journaliste, Marcel, un habitant du centre ville nous a rejoints. Élu au bureau, il a mis ses compétences en comptabilité à notre service, se chargeant de suivre et d'informatiser toute notre trésorerie. Dans le même temps, Philippe, un ami de Bernard, nous a offert notre premier ordinateur ; le gérant d'une succursale de photocopieurs nous en a concédé un ; pour quelques milliers de francs j'ai dégoté un mini-bus neuf places auprès des services techniques de la Mairie ; quelques associations à caractère humanitaire ont organisé des galas à notre bénéfice, etc... etc...

Tu te souviens de mon amie Gisèle partie vivre en Haute-Loire ? Les locataires quittaient la ferme mitoyenne à son habitation et *Les Petites Lumières* ont pu la louer à l'année.

Les paroissiens de trois communes s'étaient mobilisés autour de Félix, leur curé, qui avait organisé plusieurs réunions publiques afin de mieux se connaître. J'y ai accompagné six séjours d'enfants, grâce à la participation financière des habitants solidaires de notre action.

En outre, nous pouvions utiliser cette ferme pour nos propres vacances et celles de certains adhérents actifs. Une pléiade de bons amis s'y retrouvait régulièrement, se relayant pour la mettre en état et y partageant des moments conviviaux, animés et fort joyeux. Ce fut pour nous l'occasion d'y vivre de nombreuses fêtes au cours desquelles les discussions passionnées allaient bon train.

Sensible à notre action, une proche voisine de mon appartement m'avait informée qu'un local neuf, en rez-de-chaussée, réservé aux associations du quartier, était vacant à vingt mètres de chez moi. Étant la seule association du quartier, le bailleur l'a totalement mis à notre disposition. Après une recherche active de financements, nous y avons entrepris des travaux de mise aux normes et de décoration. Un an après, en janvier 1995, des centaines d'invités ont participé à l'inauguration officielle de ce superbe local flambant neuf. Tu vois Papa, tout semblait nous tomber du ciel ! Du coup, nous avions la possibilité d'accueillir davantage d'enfants et de mettre en pratique un projet éducatif beaucoup plus élaboré que le premier, sur lequel je n'avais cessé de « plancher » avec Véronique. Basé sur l'accompagnement individuel de chaque enfant dans le respect de sa singularité, il nécessitait un adulte pour un enfant. L'accueil était limité à cinq enfants différents par jour, de trois à dix ans, cinq jours par semaine. Nous avons embauché des jeunes en Contrat Emploi Solidarité, d'autres en Emploi-Jeunes, afin de leur offrir la possibilité d'accéder à une formation qualifiante et un diplôme professionnel. Leurs souhaits ont tous été réalisés et leurs diplômes obtenus : éducateur spécialisé, BEP sanitaire et social ou Aide Médico-Psychologique.

La majorité des enfants qui nous étaient confiés souffraient d'autisme sévère, raison pour laquelle ils ne trouvaient pas de place en institutions spécialisés, celles-ci préférant prendre en charge les enfants les moins « abimés ». Or, autant je connaissais bien le handicap physique, autant j'étais novice avec les autistes et souvent déconcertée par leurs comportements inattendus et extravagants. Comme par « hasard », Véronique travaillait auprès d'autistes depuis dix ans et me dispensait ses conseils avisés sans compter.

Rapidement, *Les Petites Lumières* ont rayonné dans plusieurs départements de la banlieue parisienne. De nombreux journaux, ainsi que différentes chaînes de télévision, relayaient notre combat et l'innovation qu'il représentait. La générosité des adhérents comblait une grande partie de notre trésorerie, et Bernard courait du four au moulin pour en convaincre d'autres. Oui, vraiment Papa, ceux qui suivaient notre évolution en bavaient des ronds de chapeau.

Au travers de ces petits miracles permanents nous trouvions toujours de quoi survivre, et de nombreux professionnels de l'enfance admiraient notre travail. Malgré cela, les administrations chargées de l'enfance handicapée, et notamment la DDASS, campaient sur les positions strictes des cadres légaux pour ne nous délivrer ni agrément, ni subventions de fonctionnement. Aucune dérogation n'était possible. Pourtant, certains de leurs salariés trouvaient notre idée géniale, nous encourageaient à poursuivre et nous adressaient des familles ! Malgré cela, nous ne faisions pas le poids face à la loi, nous heurtant régulièrement à des politiciens bornés, quels qu'ils soient, de gauche comme de droite. Conclusion : pas un centime ! J'ai été profondément ébranlée lorsque Véronique m'apprit un matin qu'elle souffrait d'un cancer. Après une opération au cerveau je l'ai vu baisser de mois en mois. Très diminuée physiquement, dépressive et vivant seule, je lui ai proposé une chambre chez moi et l'ai accompagnée de mon mieux jusqu'à sa mort en novembre 1996.

Avant de mourir, elle avait exprimé le souhait que Francine, l'une de ses collègues de travail, éducatrice elle aussi, prenne contact avec moi, dans l'espoir que celle-ci accepte d'accompagner professionnellement *Les Petites Lumières.* Après une rencontre, une visite des lieux, l'exposé de notre projet et mûre réflexion, Francine s'est engagée bénévolement à nos côtés pour animer des groupes de paroles mensuels avec l'équipe d'éducateurs et de stagiaires. Son bagage et son expérience professionnelle lui permettaient une écoute bienveillante et attentive des difficultés que nous rencontrions, aussi bien dans nos relations avec les enfants que dans nos relations mutuelles. En outre, elle me coachait en dehors du groupe, me poussant à une remise en question permanente par rapport à mes attitudes et mes fonctions. Là, Papa, j'en ai bavé. Elle avait l'art et la manière de pointer mes dysfonctionnements dont j'avais du mal à me dépêtrer par la suite. Mais je m'accrochais car je trouvais des correspondances entre ce qu'elle me disait et l'Évangile. J'étais donc convaincue de sa bienveillance à mon égard et mettais ses conseils en pratique, même si je devais souvent forcer mes dispositions naturelles.

Isia, la première maman que j'avais rencontrée lorsque Perrine était bébé, et avec qui j'avais entretenu des liens profonds d'amitié, était psychologue. Sollicitée pour ses compétences, elle avait accepté elle aussi d'éclairer notre petite équipe sur certains comportements d'enfants, au cours de deux réunions mensuelles.

Chaque jour, outre mes huit heures auprès des enfants, j'avais de nombreux rendez-vous avec les familles, les professionnels (thérapeutes ou éducateurs), les assistantes sociales, les élus municipaux, les stagiaires, les bénévoles, le Conseil Général, la Caisse d'Allocations Familiales, Jeunesse et Sports, les responsables d'associations diverses, etc. Et toujours, le soir, une grande partie de mes nuits et les week-ends, j'élaborais les dossiers, les comptes-rendus de réunion, les courriers, les listings, le petit journal *La Luciole* qui nous reliait aux adhérents, etc., etc…

Tous les membres du bureau et du conseil d'administration de l'association étaient sidérés par les bilans que je leur dressais au fil des mois, et malgré l'inquiétude de certains face à mon mode de navigation à vue, chacun me manifestait un soutien et une solidarité chaleureux et inconditionnels.

Qui plus est, nous obtenions des résultats tellement surprenants avec les enfants, que nombre d'entre eux, après un séjour aux *Petites Lumières,* trouvaient enfin une place en institution spécialisée.

Ah ! Oui, Papa, c'était une sacrée fine équipe ! Bernard et moi étions aux anges ! Cette concrétisation de nos efforts dépassait l'entendement. Notre foi et notre amour nous soulevaient au-delà de tout ce que nous pouvions imaginer. Un travail harassant certes, mais un exploit merveilleux ! J'arrête là, Papa, j'ai les chevilles qui enflent...

Je vais tenter de te raconter ce que j'ai vécu au quotidien avec les enfants, leurs familles, les salariés, les responsables en titre de l'enfance handicapée et le pouvoir accablant de l'administration et des élus.

Comme je crois te l'avoir dit, ma motivation principale consciente dans cette entreprise, c'était de « dépanner » les familles en grande souffrance dont les enfants étaient exclus de toute structure éducative à cause de la gravité de leur(s) handicap(s). Dans mon for intérieur, je justifiais ce choix par le fait que j'avais moi-même vécu douloureusement cette situation d'une part, et que je voulais faire mienne cette priorité évangélique aux plus petits, aux plus abîmés, d'autre part. Évidemment, j'ignorais tout de l'inconscient en moi qui sous-tendait tout cela !

Avec les enfants autistes j'avançais à tâtons, passant beaucoup de temps à les observer et m'exposant sans grande précaution à leurs comportements excentriques. Afin de tenter une approche et un accompagnement respectueux, je m'étais nourrie de témoignages écrits et suivais scrupuleusement les conseils de Véronique, puis de Francine et Isia.

Plusieurs atouts me permettaient de passer de bons moments avec eux : je n'avais pas peur, me sentais proche de leur souffrance et entrais facilement en empathie. En me prêtant à certains de leurs « jeux », j'arrivais à établir de vraies relations, les aidant, sans le vouloir, à modifier certains de leurs comportements et à se « re-construire ».

Je te cite l'exemple de l'un de ces enfants, Papa. D'origine sénégalaise Bangaly avait cinq ans lorsqu'il est arrivé aux *Petites Lumières*. Il poussait des cris effroyables, se mordait les mains, faisait des bonds dans tous les sens, détruisait tout ce qui lui tombait sous la main, tapait violemment les adultes ou les enfants et ne parlait pas. Les salariés en avaient tous peur, tant son comportement les déstabilisait. A l'extérieur, il fallait lui donner la main malgré ses beuglements pour qu'il ne s'enfuie pas ou ne se jette pas sous une voiture. Il ne mangeait pas seul, jetait volontiers ses assiettes de nourriture au travers de la table et renversait volontiers son verre d'eau dans les plats ou les assiettes des autres avant de l'éclater contre un mur. Son profil général ressemblait à celui de la moyenne des enfants accueillis.

J'avais découvert une de ses particularités en l'observant au cours de nos balades quotidiennes dans la nature. Il aimait jouer avec la terre, la gratter, et la jeter violemment en l'air en faisant des bruits d'explosion avec sa bouche. Il semblait également se régaler en mangeant des feuilles, des racines, ou en rongeant des petits morceaux de bois.

Un après-midi où il gratouillait frénétiquement la terre à mains nues, je me suis accroupie face à lui, reproduisant à l'identique le moindre de ses gestes. Interloqué, il m'a fixée de ses yeux tout ronds, puis il a pris ma main pour la guider et j'ai verbalisé à haute voix ce que nous faisions. Il s'est mis à chercher quelque chose autour de lui en me secouant la main mais je n'ai pas compris ce qu'il voulait. Alors, il a craché plusieurs fois dans son tas de terre en la triturant.

Sa salive ne suffisant pas, il a pissé, et je l'ai laissé faire. Quand il a eu une quantité de boue suffisante, il s'en est enduit le visage et les bras. Puis il s'est approché de moi, a déposé sa mixture dans l'une de mes mains et je l'ai imité en me tartinant les joues. Il a alors bondi en tapant dans ses mains, est venu m'embrasser en sautant et s'est mis à danser en tapant très fort des pieds. J'ai fait de même jusqu'à ce qu'il me prenne par la main pour rejoindre le groupe. C'était la première fois qu'il cherchait le contact physique de quelqu'un, sans se mettre à hurler de frayeur.

Quelque chose d'improbable s'était produit, j'avais gagné sa confiance et nous sommes devenus « amis ».

A partir de cet événement, dès qu'il arrivait aux *Petites Lumières,* il se précipitait vers moi et me tendait la main pour me saluer. Lorsqu'il avait des crises d'angoisse, qu'il se mordait les poignets jusqu'au sang, je le serrais très fort contre moi, le « comprimant » dans mes bras, lui disant que je savais qu'il souffrait beaucoup à l'intérieur de lui. Je fonctionnais d'ailleurs comme cela avec tous les enfants, car j'avais repéré que lorsqu'ils étaient « contenus » dans des bras bienveillants, leurs crises s'arrêtaient.

Bangaly a fini par dénicher une boîte dans laquelle se trouvaient des cartes-lettres. Passionné par ces cartes, il les alignait pendant des heures. Je m'asseyais près de lui, équipée d'un carnet dans lequel je notais tous ses alignements, jusqu'au jour où j'y ai discerné des mots masqués.

Par exemple : ARHBNP**STOP**KZLMDEV**OUI**KLMBZ. Là, j'avais découvert le mot STOP et le mot OUI, et le lui avais dit.

Pendant des jours, il a joué des heures entières à faire des alignements différents, dans lesquels il cachait effectivement de vrais mots. Je les recopiais pour les lui montrer, il prenait mon doigt pour que je les lise à haute voix, et à chaque fois je voyais son visage s'éclairer. Un matin, je l'ai amené faire les courses pour le repas. En passant devant une boutique de location de films vidéos il m'a tirée pour y entrer. Dans l'un des rayons, il a saisi mon index et l'a guidé sur les titres de certains films, que j'ai lus à haute voix.

Dès notre retour, il s'est élancé sur ses cartes et a « écrit » des noms d'acteurs. Éberluée, j'en ai déduit qu'il savait lire. J'ai alors eu l'idée de laisser ostensiblement traîner un cahier et un crayon près de ses cartes et ça n'a pas manqué, Papa. Il a abandonné les cartes, et s'est mis à écrire, un mot par page jusqu'à la dernière sur laquelle il a inscrit le mot FIN. Oui oui, il savait lire et écrire, sans que personne ne lui ait jamais appris, et chaque semaine, il remplissait un cahier neuf. Sidérée, j'étais sidérée.

Peu à peu, il a lu ses mots à haute voix et nous avons pu communiquer comme cela. Résultat ? Plus de problème à table, il mangeait normalement, ses crises d'angoisse se sont estompées, et son comportement s'est complètement transformé. Un peu avant ses dix ans il a commencé à parler, et lorsqu'il a quitté *Les Petites Lumières* il a immédiatement trouvé une place en institution spécialisée.

J'ai vécu plusieurs dizaines d'exemples comme celui de Bangaly, tous différents, mais tous aussi incroyables les uns que les autres. A chaque fois, personne ne comprenait rien.

Lorsqu'on me questionnait sur la technique que j'employais, que voulais-tu que je réponde ? J'étais bien incapable d'expliquer quoi que ce soit, car je ne faisais rien de spécial. Je prenais simplement les enfants tels qu'ils étaient, sans rien leur imposer, sans chercher à ce qu'ils soient autrement, et j'avançais avec eux à partir de là où ils en étaient. C'est tout...

Il n'était pas question de technique, tu comprends Papa, encore moins de dressage. Il s'agissait d'être là, tout simplement, d'observer, de sentir, de laisser l'enfant aller là où il voulait et de le suivre, de faire un bout de chemin avec lui. Une fois la confiance établie, tout était possible ! Je ne posais d'interdits que lorsqu'un enfant était en mesure de se mettre en danger, ce qui, si on savait anticiper, était finalement assez rare.

Cette façon de procéder en déroutait plus d'un, et chacun ne pouvait pas forcément y adhérer. Elle nécessite en effet une certaine remise en question de soi qui n'est ni simple ni naturelle, sans laquelle il est impossible d'adopter cette conduite. Heureusement, Francine et Isia me soutenaient et m'encourageaient à poursuivre dans cette voie-là.

J'avais conscience de rejoindre « quelque chose » d'intact chez ces enfants, quelque chose qui existait réellement mais dont l'accès, obstrué par leur souffrance psychique, s'était perdu. Il y avait une telle similitude entre les moyens qu'ils utilisaient pour exprimer la leur et ce que j'avais moi-même traversé, qu'il m'était commode d'entrer en résonance avec certains d'entre eux. Ils ne me faisaient pas peur ! Mon expérience m'ayant appris qu'il fallait consentir pour traverser et non s'opposer, ni résister, je me retrouvais une fois de plus face à la croix paradoxale, message central de l'Évangile que rien ne démentait. J'y puisais donc toujours de quoi nourrir ma transformation (conversion) personnelle, laissant mes préjugés au placard.

J'arrivais au travail la tête vide et m'installais silencieusement dans un coin, dans l'attente que quelque chose d'improbable se produise, et même si je me suis parfois retrouvée dans des situations inconfortables, les résultats étaient toujours au rendez-vous. Mes seuls blocages étaient lorsque les enfants « jouaient » avec leur merde, s'en tartinant le visage à pleines mains avant de l'ingurgiter. Là, non Papa, je ne pouvais pas ! En revanche, les automutilations, les morsures, les coupures ou les têtes dans les murs... pas de problème, mais je ne pouvais révéler à personne la vie privée antécédente dans laquelle je puisais ces mystérieuses capacités à « encaisser » tout cela, et j'ignorais totalement que l'impossibilité de m'exprimer me faisait courir de grands risques...

Je prenais le temps de rencontrer chacune des familles le matin et le soir lorsqu'elles accompagnaient leurs enfants, leur donnant ainsi l'occasion de me confier leurs difficultés. La grande majorité d'entre elles étaient issues de l'immigration, dans des situations complexes et une suraccumulation d'obstacles. J'avais d'excellentes relations avec elles, les écoutais attentivement et arrivais même parfois à démêler quelques dossiers administratifs pointilleux. Un vrai travail d'assistante-sociale !

En revanche, j'étais très exigeante, voire intransigeante avec les jeunes salariés ou les stagiaires. Je m'épuisais chaque semaine en réunions interminables de mise au point, n'écoutant pas toujours les difficultés qu'ils rencontraient auprès des enfants. Je voulais qu'ils se donnent à fond, comme moi, sans tenir compte de leur fatigue ou de leurs blocages. Je ne savais pas diriger une équipe, être attentive à chacun, transmettre ce que je « savais », et me sentais bien isolée dans cette entreprise-là. Et puis, je manquais de confiance en eux et avais très peur de leurs « inattentions », à cause du danger, de la violence et des accidents toujours possibles.

Francine me « reprenait » périodiquement sur mes comportements erratiques, mon côté « border line » et fonceur, et tentait de me « cadrer » dans mes fonctions de directrice. En fait, elle pointait mes résistances. Mais sans les clés pour les ouvrir, je n'avais pas d'autre solution que de les forcer pour m'adapter le mieux possible à son point de vue. Je sentais qu'il était juste, mais je butais sur mes capacités à le mettre en pratique et ne comprenais pas pourquoi.

Quant aux administrations, c'était le conflit perpétuel et je devais sans cesse me creuser les méninges pour trouver des brèches, contourner certaines lois et pouvoir rebondir. Et ça évoluait ! Pour te dire, Papa, notre budget primitif de 60 000 francs en 1993 atteignait 800 000 francs à la fin de l'année 2000 et... il était équilibré ! En outre, avec la petite vingtaine de salariés qui s'étaient succédés, nous avions réussi le tour de force de comptabiliser environ 20 000 heures d'accueil pour un peu plus de 70 enfants. Tu vois, ça marchait presque comme sur des roulettes !

Au début de l'année 2001, j'ai ressenti quelques signes de fatigue mais je me suis accrochée, car sans directrice le lieu ne pouvait plus fonctionner. Pourtant, j'avais de plus en plus de difficultés à aller travailler et pleurais souvent le soir, sans raison apparente. Je n'arrivais plus à me ressourcer comme avant, ne savais plus qui j'étais et perdais peu à peu mes bonnes dispositions auprès des enfants. Je me sentais toute désarticulée, transformée en puzzle vivant dont chaque morceau ne s'emboîtait dans aucun autre. A bout de force, j'ai titubé quelques mois jusqu'à ce que mon médecin, après une brève consultation, prenne la décision de m'arrêter et de m'inciter vivement d'aller consulter qui, Papa ? Un médecin psychiatre !

Eh bien cette fois, je te promets que personne ne m'a forcée à consulter, car j'y ai couru, Papa… A toujours les repousser plus loin, mes limites agglutinées les unes aux autres s'étaient épaissies. Prisonnière d'un étau, j'asphyxiais et n'arrivais plus à m'abandonner dans la prière. J'avais peur de moi, de mes réactions, et ne maîtrisais plus mes émotions. Je m'imaginais que c'était une simple grosse fatigue physique, et qu'après un bon temps de repos je pourrais reprendre le cours de mes activités.

Que nenni, Papa ! Dès la première consultation chez le psy, j'ai compris que je ne reprendrais pas mes fonctions de si tôt. Diagnostic : décompensation psychique. Traitement : antidépresseurs, anxiolytiques et thérapie fortement recommandée. Durée : ? ? ? ?. J'y reviendrai plus tard.

L'Association s'est démenée afin d'embaucher deux salariés pour me remplacer. L'un serait chargé de la gestion administrative et le secrétariat, l'autre dirigerait l'établissement. Le premier poste fut rapidement pourvu et j'ai passé la main, épuisée, mais en douceur. En revanche, ce fut plus long et compliqué de trouver quelqu'un pour l'accueil des enfants. Une amie éducatrice, Yseult, a accepté d'assurer la transition bénévolement pendant plusieurs mois, afin d'éviter une fermeture d'établissement. Je me suis retirée sur la pointe des pieds, et ce n'est qu'à partir de septembre 2001 qu'une nouvelle directrice, salariée à plein temps, a repris l'accueil en main.

J'avais conscience qu'il faudrait déployer des énergies surhumaines pour prolonger ce que j'avais porté, ainsi qu'une foi exacerbée pour désirer faire vivre un accueil « hors normes ». Mes arrêts de travail se prolongeant de mois en mois, j'ai finalement demandé à être licenciée.

En 2003, le budget atteignait 130 000 € et *Les Petites Lumières* ne pouvaient plus le couvrir. Beaucoup plus tard, j'ai su que les méthodes de travail avaient beaucoup changé, et ne correspondaient plus à l'esprit qui m'avait animée. *Les Petites Lumières* se sont donc éteintes à la fin du printemps 2003, après 10 ans d'existence, laissant quelques regrets et des traces indélébiles dans le cœur et la vie de tous ceux qui avaient partagé l'aventure.

Pour ma part, j'étais en train de passer un nouveau cap, acceptant sans nostalgie que les évènements soient ce qu'ils étaient. J'avais donné le maximum et si j'en arrivais là, c'est que d'autres choses à vivre et à comprendre m'attendaient.

Chapitre XXVI
Nouveaux Caps… (2001-2002)

Pour aborder ce nouveau cap, je dois revenir un peu en arrière, Papa, à ce printemps 2001 précisément et à l'instant où je me suis retrouvée assise de trois-quarts dans le cabinet d'une psychiatre silencieuse, deux fois par semaine. Cet accompagnement était capital, car seule, dans l'état d'effondrement où j'étais, dans quelle nouvelle aventure me serais-je à nouveau fourvoyée ?

Mal à l'aise face à cette inconnue et totalement ignorante de ce que pouvait bien être une thérapie, je ne savais que dire. J'ai donc banalement commencé par lui décrire mes symptômes : crises de larmes, fatigue permanente, compulsion à dévorer des dizaines de bâtons glacés, abattement général, nausée, et... tendance à remettre le nez dans la bouteille.

Ensuite, j'ai évoqué mon travail auprès des enfants autistes, de leurs familles et mes responsabilités au sein des *Petites Lumières.*

J'ai osé avouer que ces derniers temps je me rendais à mon travail en reculant, ne supportant plus ni les enfants autistes, ni les salariés, ni les familles, me sentant capable de leur « faire du mal » tant leur présence m'indisposait. J'ai aussi fait un bref survol de ma vie antérieure : Perrine, sa naissance, son handicap, sa mort dix ans auparavant, puis mon métier de comédienne, mon divorce... et après trois quart d'heure, je suis ressortie vidée avec une ordonnance salée et un rendez-vous trois jours après.

Les deux ou trois séances suivantes, j'avais l'impression d'avoir tout dit et restais muette, dans l'attente de réponses, de recettes, de solutions... Pourtant, c'est avec des petites questions « anodines » sur mon enfance que la psy rompait parfois le silence. Questions que je trouvais bien indiscrètes et auxquelles j'étais incapable de répondre, tellement c'était flou et opaque dans ma tête. Et puis, que venait faire mon enfance là-dedans ? J'avais le sentiment d'avoir fait le tour de tout ce qui me mettait mal à l'aise, et je ne savais pas quoi dire de plus.

Toujours est-il qu'en rentrant chez moi, je pleurais beaucoup sans pouvoir me maîtriser, en appelant au secours intérieurement. Quant à mes souvenirs d'enfance, à part un ou deux, je n'en avais pas... brouillard total... (j'avais toujours envié les copains qui en avaient des tonnes, car moi, à part quelques « anecdotes » brumeuses, racontées hâtivement sur le ton de la rigolade, je n'avais jamais de quoi alimenter les discussions.) Brouillard total, mais agité d'une espèce d'effervescence que je n'arrivais pas à contrôler. Il m'était impossible de faire taire le désordre permanent qui m'agitait l'esprit, impossible de me relâcher pour me ressourcer dans la prière.

Pour ne pas inquiéter mes ami(e)s, je faisais bonne figure en leur présence. Bernard me proposait de faire de grandes balades en forêt et nous allions régulièrement guetter les chevreuils au petit du jour, cueillir des brassées de jonquilles, faire courir les scarabées ou les coccinelles sur nos bras, rêver allongés sous les feuillages, nous rouler dans l'herbe ou faire voler des cerfs-volants... Sa compagnie, et les moments de tendresse que nous partagions me comblaient d'un bonheur ineffable et me donnaient la force de remonter au créneau.

Je retournais donc consciencieusement à mes rendez-vous psy, mais dès mon arrivée, seule dans la salle d'attente, mon cerveau jusque-là bouillonnant se paralysait brusquement. En fait, je me sentais piteuse, et lorsqu'à coups de gros efforts quelques évènements obscurs parvenaient à refaire surface, je m'empressais de les ré-enfouir, tellement j'en avais honte. Prisonnière d'une chape de plomb, je ne voyais pas la nécessité de rebrasser tout un passé révolu. Pour moi, les affaires étaient classées depuis longtemps, je ne pouvais plus rien y changer, et je doutais qu'elles puissent avoir la moindre incidence sur ma vie actuelle.

Au diable donc ces bouffées de sale et vilaine petite gamine qui refluaient en moi.

Quelle importance, n'est-ce pas, Papa ? C'était fini, tout ça, j'étais une adulte oui ou non ? Sans compter que si j'ouvrais un peu les vannes, je serais obligée d'impliquer d'autres personnes et d'être médisante ! Quelle horreur ! Quelle trouille, aussi !

En fait, je me représentais mon enfance comme un gros gribouillage. Tu vois, celui qu'on jette à la poubelle, qu'on oublie, et qu'on remplace par une feuille blanche toute neuve pour faire un dessin plus réussi. J'avais passé mon existence à barbouiller des feuilles, les jeter, en prendre des neuves, et au final, accolées les unes aux autres, l'histoire était sans queue ni tête, complètement décousue...

J'étais découpée en rondelles et c'est en mille morceaux que je me retrouvais face à la psy, à qui je confiais que j'avais dû tirer au sort les mauvaises pièces d'un puzzle impossible à reconstituer. Je voulais donc bien me servir d'elle comme d'une béquille provisoire qui m'aiderait à atteindre le fond de la poubelle dans laquelle s'entassaient en vrac tous mes barbouillages, et j'étais prête à payer cher pour ça. Encore fallait-il que j'en ouvre le couvercle !

De jour comme de nuit, j'étais brassée, secouée, triturée, j'avais la caboche emmêlée comme une pelote de laine dont je n'arrivais pas à trouver le bon fil, c'était plein de nœuds partout, ça craquait, se fissurait... Je dérivais ! A l'intérieur de moi, je voyais Jésus, Perrine, debout, souriants, sur l'autre rive. Folle, je devenais folle, pas de doute, je devais délirer...

Et l'Évangile dans tout ça ? Il était où « Je suis la Vie » ?... Égaré, perdu ? Non, pas du tout ! Évident, mais caché comme d'habitude. Me croyant très balaise, j'avais juste un peu forcé sur ses priorités... sans m'écouter... et finalement c'est bien lui qui me conduisait là où j'en étais rendue... Face à une psy... Face à moi-même... Percée de part en part, elle fuyait ma vieille outre... Construite sur des fondations instables, ma vie se crevassait... C'était écrit, tout ça, j'avais juste grillé des étapes...

« Bon, allez ma p'tite, fais un effort, même si tu ne sais pas où ça peut te mener, essaye un peu de creuser cette enfance... Tu verras bien... T'as rien à perdre... Joue le jeu... Tu ne vas pas restée bloquée là... Avance humblement, ne résiste pas, tu sais bien qu'au bout du tunnel tu déboucheras dans la lumière... Tu le sais d'autant mieux que tu en as déjà fait l'expérience, etc. », me susurrait une petite voix intérieure... « Oui, d'accord, mais j'ai rien à dire ! » lui répondait ma raison. « Laisse-toi aller, fais confiance, et à la prochaine consultation, dis la première chose qui te viendra à l'esprit, n'aie pas peur... » « Bon, d'accord, je vais essayer... Mais pourquoi je craque avec les autistes ? J'ai honte, pourquoi tout marchait bien jusqu'à maintenant, pourquoi je ne les supporte plus, me sentant capable du pire avec eux ? » « C'est juste un signe, c'est pas grave... Ce ne sont pas les autistes que tu ne supportes pas, va y voir de plus près, cours à ta prochaine consultation... » Voilà, Papa, le « dialogue » infernal qui revenait en boucle dans ma tête...

A la consultation suivante, j'étais mûre, prête à lâcher ce qui me passerait par la tête plutôt que de rester constipée, les yeux dans le vague... Je me revois encore, assise, seule dans la salle d'attente rose-bonbon, malaxant du vide dans ma tête : « J'ai rien à dire, j'ai rien à dire... », la porte qui s'ouvre, le malaise qui m'assaille... « Asseyez-vous ! »... Silence...

« Comment allez-vous ? »... Brrrr... Le vide, Papa, le vide comme d'habitude... Je me mets à transpirer, à pleurer... et tout à coup je lâche : « Euh ! Je crois que j'ai été violée quand j'étais petite ! » « Ah ! C'est-à-dire ?... » Et me voilà partie, de manière tout-à-fait inattendue, la gorge serrée par la honte et la culpabilité, à raconter dans le détail tout ce que j'avais vécu chez ton ami, le Père Léon... Trois-quarts d'heure à vider mon sac, trois-quarts d'heure à sangloter et à chialer comme une madeleine ! Jamais, jamais depuis trente-cinq ans, ce souvenir n'était remonté à ma mémoire ! Personne n'en avait jamais rien su (à part Maman !), pas même Jaheu avec qui j'avais partagé dix-sept années de ma vie, et encore moins Bernard ! Tu t'imagines ?

L'émergence soudaine de ce souvenir m'a plongé l'esprit dans un marécage gadouilleux duquel, jour et nuit, remontaient des images cauchemardesques. Je revivais les scènes d'agression avec une précision redoutable et un besoin de tout raconter, tout dire, tout vider... Plusieurs consultations ont été nécessaires pour que j'aille vomir toute cette saleté en moi, jusqu'au jour où... miracle... quelques fragments d'autres souvenirs ont progressivement refait surface.

J'étais stupéfaite de découvrir que je n'étais pas amnésique et qu'au fin fond de moi mes souvenirs étaient intacts. L'un en déclenchait un autre et j'avais l'impression de me réveiller d'une longue léthargie. Certaines émanations sulfureuses m'écœuraient et m'incitaient à refermer le couvercle, mais rien à faire, je tenais le bon fil et la pelote se dévidait. Impossible de faire marche-arrière ! J'allais régulièrement dégoiser tout cela dans un désordre innommable, sans crainte d'être jugée ou punie, et la psy m'aidait à y mettre un peu d'ordre et de chronologie. Les trois premiers chapitres de cette lettre, auxquels je te renvoie si besoin est, sont issus de ce long et patient travail de résurgence et d'assemblage, Papa. Un véritable travail d'archéologue... creuser dans la boue de mon cerveau, fouiller, trouver, assembler, reconstituer... à la différence qu'au lieu d'y trouver un certain plaisir, j'étais taraudée par la crainte et les bouffées d'angoisse qu'elle suscitait. Le traitement chimique n'avait d'autre fonction que de stabiliser le volcan en irruption que j'étais devenue.

Je ne voyais pas du tout où tout cela me conduisait, et il m'a fallu plusieurs semaines de remue-ménage cérébral avant que je découvre comment les évènements du passé agissaient à mon insu dans mon existence, et que le fait de les remettre au goût du jour me donnait la possibilité de comprendre la cause de mes émotions et/ou comportements. Cette « découverte » m'a explosé en pleine figure le jour où, aidée de la psy, j'ai réalisé la jonction entre mon pétage de plomb avec les autistes et la petite fille qui avait été violée. Tiens-toi bien, je vais t'expliquer mon cheminement, Papa.

Quel lien pouvait-il y avoir entre les agressions subies par la petite fille et les autistes ? Pourquoi cet événement « oublié » était-il remonté en premier, pour crever comme une bulle à la surface de ma vie actuelle ? J'avais « naturellement » établi un fonctionnement en miroir avec les autistes et c'est sans doute ce qui leur avait permis de progresser. Or, manifestement, ces enfants étaient coupés d'eux-mêmes, et si j'avais pu, bien malgré moi, les aider à cheminer, c'est que mon histoire et la leur avaient quelque chose en commun.

L'atterrissage fut d'une brutalité indescriptible et d'une douleur incommensurable, Papa, car la coupure en question, inscrite au fond de moi depuis presque quarante ans, provenait des agressions que le Père Léon m'avait infligées. Coupée de moi-même, séparée, amputée, j'ignorais que j'avais construit toute mon existence sur cette mutilation-là. Lorsque j'ai ouvert les yeux sur ses dégâts en moi, ce sont des milliers de bombes qui ont éclaté dans ma tête. Et j'étais loin d'avoir exhumé tous mes gribouillages ! J'entrouvrais tout juste le couvercle de ma poubelle ! S'il te plaît, Papa, peux-tu revisionner mon adolescence et y déceler les funestes conséquences d'un tel acte ? Comment pouvais-je m'aimer et aimer les autres ?

Cette prise de conscience m'a replongée dans la bouillasse épaisse et nauséabonde de mon enfance et je savais, grâce à mon expérience avec Perrine, que pour en émerger il faudrait que j'accepte tout ce que j'y découvrirais, afin que ma vie se transforme et redevienne légère. Sinon, à quoi bon poursuivre la route ? Décidément, Perrine m'avait ouvert une sacrée voie !

L'Evangile agissait inexorablement en ranimant mon avidité à faire du « sens » et comprendre mon existence. Certains de ses passages, jusque-là obscurs, s'éclairaient et nourrissaient un dialogue intérieur quotidien. Avec cette thérapie naissante, l'un d'eux s'est précisément manifesté dans toute sa clarté, puisqu'il était écrit qu'à ceux qui le reconnaissaient, Jésus révélait qui ils étaient, et que « celui qui fait la vérité vient à la lumière ». C'était pour moi, ça, Papa, tu ne crois pas ? Avec témérité, j'ai donc gardé mon cap pour faire la vérité et... déboucher dans la lumière.

Pour l'heure, à travers ces lignes, je n'ai d'autre ambition que de te partager ce petit bout de chemin épineux et plein de caillasses, Papa, et de le poursuivre inlassablement. Tu vas voir, ce n'est ni une autoroute, ni un long fleuve tranquille.

En attendant, j'ai continué à patauger dans la fange, abrutie de somnifères et d'anxiolytiques pour ne pas exploser, car malgré mes « précieuses » trouvailles durant ces trois premiers mois d'arrêt de travail, je n'allais guère mieux. C'est avec un immense plaisir et un grand soulagement que j'ai accueilli le mois de juillet, heureuse de pouvoir partir deux mois en vacances avec Bernard dans notre ferme auvergnate. Cette maison était un vrai havre de paix, notre tanière, notre lieu de ressourcement, un espace de vie où nos esprits contemplatifs s'émerveillaient, et nous pouvions y vivre au large, en plein air, partager notre quotidien en amoureux, sans souci du « qu'en-dira-t-on ». Nous étions de parfaits bienheureux là-bas, et c'est dans une grande effusion de joie que nous avons pris la route.

Quelques jours de pause s'étaient écoulés lorsque je me suis aperçue que le comportement de Bernard n'était pas habituel. A certains moments, il semblait angoissé, instable et assez distant. Il passait parfois de longues heures à manipuler un tas de petits papiers, assis à une table, sous les arbres. Je l'avais même aperçu une ou deux fois en train de pleurer. Il faisait et refaisait continuellement des listes de tous ses neveux, nièces, filleuls, les classait dans un livre, puis les cherchait, les re-déplaçait, les annotait, les reclassait dans une enveloppe qu'il ré-ouvrait quelques instants plus tard pour recommencer son manège.

Très troublée, je lui avais demandé ce qui lui arrivait. Il m'avait répondu qu'il ne se rappelait rien, qu'il était en train de devenir fou, que les derniers mois, pour venir chez moi, il se trompait souvent de bus et qu'il lui était même arrivé de se perdre dans son propre quartier, sans retrouver le chemin de sa maison.

Jacques, son compagnon de vie, m'avait confirmé ses inquiétudes au téléphone, et nos invités de passage avaient également constaté les troubles et la tristesse persistante de Bernard. Désemparée, je me suis confiée à une amie qui travaillait avec des personnes âgées, souffrant de la maladie d'Alzheimer. Après lui avoir décrit certains comportements de Bernard, elle y avait décelé quelques symptômes proches de cette maladie. « Non, Papa, pas Bernard ! Pas mon Cher Bernard ! Ce n'est pas possible ! Pas lui ! Pas nous ! ». Effrayée par cette perspective, je redoublais d'angoisse en l'observant à longueur de journée.

J'en avisais mes amis les plus proches et cherchais avec eux quelle solution trouver, car dans l'état où il était, je ne pouvais pas envisager de laisser repartir Bernard chez lui à la fin de l'été. Sans compter que son compagnon était physiquement dépendant et que c'est à Bernard qu'incombait la tâche d'assumer leur quotidien à tous les deux : entretien du jardin, préparation des repas, une partie du ménage, etc. Jacques avait bien compris la situation et était prêt, pour sa part, à envisager son entrée dans une maison de retraite, dès la fin de l'année.

Mais quelle solution pour Bernard ? Il était en train de perdre tous ses repères, et j'étais son seul point d'ancrage, il était donc hors de question que je « l'abandonne » dans un monde inconnu. Ça n'était pas le moment de baisser les bras et de le laisser s'enfoncer. Face à sa fragilité, je redoublais de tendresse et d'attention pour lui. Je désirais lui rendre une vie la plus agréable et la moins douloureuse possible, et ne voulais surtout pas laisser le soin à sa famille de décider de son avenir, car je redoutais son placement dans une institution et la séparation qu'elle nous imposerait. Je demandais donc son avis à Bernard avant de prendre une quelconque décision.

D'un commun accord, nous avons choisi de ne pas nous séparer. Dans un premier temps, Bernard viendrait donc s'installer dans mon appartement en attendant de trouver une solution qui nous convienne mieux. En effet, j'avais un besoin vital d'oxygène et de calme, et n'avais pas l'intention de moisir en Région Parisienne, à deux pas des *Petites Lumières.*

Après une hospitalisation de deux jours pour établir un bilan, Bernard est ressorti avec un diagnostic révélant un probable début de maladie d'Alzheimer.

« Et pourquoi ne pas nous installer en Haute-Loire ? » lui ai-je dit un matin. « On pourrait très bien déménager et aller vivre à la campagne ? Qu'est-ce qui nous en empêche ? Nous n'y trouverions que des avantages ! Nous avons des amis, là-bas ! Ils pourraient nous donner un coup de main ! ». Je l'entends me répondre : « Épatant, ma belle ! Excellente idée ! Allez hop, allons-y ! »

Aussitôt dit, aussitôt fait ! Nous avons informé la famille de Bernard de son état santé, et de notre décision de partir vivre à la campagne où nous lui chercherions un logement confortable et indépendant, proche de chez moi. En effet, vu mon état de fatigue, ma vulnérabilité et le confort très succinct de notre tanière, une vie à deux était inimaginable.

Gisèle et Catherine étaient partantes pour constituer une petite équipe qui se relayerait avec moi auprès de

Bernard. En outre, au cas où sa maladie évoluerait, une unité pour malades d'Alzheimer située à quelques kilomètres pourrait l'accueillir. Bernard et moi étions d'accord pour mettre ce projet à exécution sans tarder.

Avec tous ces chambardements, j'avais évidemment relégué ma thérapie au second rang de mes préoccupations en m'embarquant tête baissée dans toutes les démarches administratives qu'entraînaient nos deux déménagements.

Notre vie commune depuis septembre avait beaucoup apaisé Bernard. N'ayant plus aucune charge à assumer, ses angoisses s'estompaient. Il se « reposait » sur moi et prenait plaisir à me rendre service. Il avait tout-à-fait conscience de perdre pied et me faisait une confiance totale. Mon appartement lui offrait des repères rassurants, et j'apprenais à vivre à ses côtés en respectant ses rythmes et ses faiblesses. Un sacré chamboulement de vie, Papa, qui nous invitait à prendre soin l'un de l'autre. Les événements touchant à nos deux vies semblaient se faire écho (sa mémoire immédiate le lâchait alors que je travaillais pour faire remonter la mienne !) et mon arrêt maladie tombait à point nommé, tu ne trouves pas ?

Nous sommes retournés passer les vacances de Noël dans notre petit repaire auvergnat, et, dès le premier jour, nous avons trouvé un logement pour Bernard. Le soir même, il signait son contrat de location pour un deux pièces meublé, au rez-de-chaussée d'un pavillon avec jardin, à trois kilomètres de chez moi. Il en prendrait possession en février. Puis, après un rendez-vous avec un gériatre, et sur ses conseils, nous avons réservé une place sur la liste d'attente de cette petite unité-Alzheimer proche de chez nous.

Restait à organiser nos deux déménagements. Celui de Bernard d'abord, puis le mien en avril. Nous en avions tous les deux terminé avec la vie de banlieue.

Dans sa nouvelle installation, Bernard a vite retrouvé une certaine joie de vivre et une bonne forme physique. Au début je passais presque toutes mes journées en sa compagnie afin de l'aider à mettre en place de nouveaux repères. Nous allions marcher sur nos petits chemins préférés, main dans la main, prenions nos repas ensemble, etc... Son état s'étant peu à peu stabilisé, Gisèle (ex-infirmière) et Catherine (aide-soignante) ont pris le relais en douceur, et c'est à tour de rôle que nous avons assuré une présence attentive quotidienne à ses côtés. Il avait son planning, tenait un cahier dans lequel il notait ses activités journalières et tout fonctionnait merveilleusement bien.

Quant à moi, ce serait un odieux mensonge de te dire que j'allais bien car l'arrêt de ma thérapie en cours et tous ces retournements soudains m'avaient complètement chamboulée.

Malgré tout, mon installation dans cette ferme isolée, en pleine nature, me ravissait. L'espace y était démesuré, tout était nouveau, à construire, et je m'y suis attelée avec ardeur. Je voulais vivre simplement, solitaire, retirée de l'agitation des villes, de la société de consommation, du monde du travail, des obligations, et surtout prendre soin de Bernard et de moi, un point c'est tout.

Je me suis jetée à corps perdu dans cette nouvelle vie avec une chienne, des lapins et des petits jardins de fleurs tout autour de la maison. J'avais ramené les rosiers de Perrine, Papa !

Je tronçonnais mon bois, marchais pendant des heures dans la forêt environnante, cueillais des champignons, ramassais des escargots, donnais un coup de main pour tuer le cochon, faire les saucisses, priais et méditais sous les arbres, bouquinais au coin du feu, animais des veillées ou des bals avec mon accordéon diatonique, rencontrais quelques nouveaux amis, semais, jardinais, observais les oiseaux, et..........faisais de la dentelle au crochet près de la cheminée. Eh oui, Papa, je ne sais pas ce qui m'avait pris, mais j'avais envie de tout ! Même de faire du crochet et du tricot ! Ça te cloue le bec, n'est-ce pas ?

Je vivais au présent, d'instant en instant, et accédais quelquefois à de vrais moments de grâce. Mais il m'arrivait souvent d'avoir de fortes bouffées d'angoisse le soir, ou de traverser des épisodes où je restais prostrée, les yeux givrés et vides, complètement égarée.

Outre m'avoir fait prendre de nombreux kilos, le traitement chimique que j'ingurgitais scrupuleusement matin, midi et soir me maintenait dans un état d'engourdissement du corps et de l'esprit très désagréable que j'aurais bien aimé voir disparaître.

Je bouillais d'impatience de trouver un nouveau psy afin d'être accompagnée pour ne pas perdre pied, sortir de ces brumes paralysantes et poursuivre le travail sur moi à peine ébauché. Vaste travail, Papa, mais je voulais parvenir au bonheur annoncé par les Béatitudes, et qu'elles deviennent une réalité pour moi, là, tout de suite, et pour toujours ! Tous les pores de ma peau y aspiraient car c'est « cela » que je voulais partager à l'avenir avec mes ami(e)s, et non mes dysfonctionnements, mes angoisses ou mes mensonges.

Chapitre XXVII
En route vers la sérénité ?

Après plusieurs semaines de quête infructueuse, j'ai fini par obtenir un rendez-vous dans un Centre Médico-Psychologique à quelques kilomètres de chez moi. Un médecin psychiatre a prolongé mon arrêt de travail, adapté mon traitement et m'a incitée à poursuivre une thérapie auprès d'une de ses collègues. Ce que j'ai fait sur le champ, car je n'allais pas m'installer à vie avec des traitements chimiques qui m'engourdissaient, alors que c'est de réveil que j'avais besoin. Chaque semaine, pendant plus de quatre ans, je suis donc allée vider mon sac et défragmenter mon cerveau dans son bureau.

Elle m'écoutait attentivement, me rassurait dans les « remontées » trop douloureuses, m'invitait à préciser certains souvenirs, interprétait quelques-uns de mes rêves et ne portait évidemment aucun jugement sur moi. Le seul conseil qu'elle me donnait lorsque mes émotions étaient insupportables, était de visualiser quelque chose de calme, par exemple un paysage, ou un événement qui m'avait rendue heureuse. Pour cela, je n'avais pas trop de problèmes, car j'habitais un lieu hors du temps, dans lequel je pouvais facilement « me lâcher ». J'avais le sentiment d'être appelée et guidée par « Je suis la Vie », un peu comme si une bonne intention, au-delà de moi et en moi, me cherchait. J'avais d'ailleurs dit à ma thérapeute que je n'avais pas peur, que ma confiance était totale, étant persuadée de déboucher sur du « sens » et de la liberté. Mais je devais être patiente, car je ne savais pas quand !

Je sentais en moi comme des graines prêtes à germer, mais enfouies sous un tas de caillasses et de ronces bien piétinées. Par bonheur, j'arrivais à lâcher prise et à me ressourcer, soit en faisant de longues marches méditatives dans la nature, soit en portant une attention particulière à tous les gestes et événements de ma vie quotidienne. (Je fonctionne d'ailleurs toujours comme cela aujourd'hui, et c'est un vrai trésor de bien-être !)

J'ai donc poursuivi mon « voyage », en réveillant avec douceur et tendresse la petite fille en souffrance que j'avais abandonnée depuis si longtemps dans sa cachette au fond de moi. Il m'a fallu de nombreuses heures d'errance avant que je découvre que tous ces lambeaux de vie oubliés, ces blessures d'enfance, étaient autant d'indices pouvant m'aider à « expliquer » certains de mes fonctionnements aberrants et destructeurs. Mon désir était si puissant de vouloir me libérer des entraves qui me rendaient malheureuse et m'empêchaient d'évoluer, que j'ai compris la nécessité de ce travail de fond.

La thérapeute m'aidait à faire le lien entre l'histoire de cette petite fille et mes comportements, mes fonctionnements, ma relation à moi et aux autres, ma façon de penser, mes raisonnements, ma personnalité, mes préjugés, mes croyances... Seule cette petite fille détenait les clés qui m'aideraient à comprendre comment je m'étais construite. La psy était précisément là pour m'en faire prendre conscience et, crois-moi, Papa, les « révélations » étaient accablantes et insupportables. Comment aurais-je pu soupçonner que ces liens invisibles avaient bridé toute ma vie en l'empêchant d'éclore et d'évoluer. (En relisant les premières pages que je viens de t'écrire et qui contiennent la lettre au Père Léon, quelqu'un d'avisé aura déjà compris !)

Durant toutes ces heures de remémoration, j'étais souvent la proie d'une partie de moi-même qui avait besoin de comprendre et d'une autre, terrifiée à l'idée de découvrir la vérité. La thérapie entrait en résonance avec les « exigences » évangéliques sur lesquelles j'avais choisi d'ancrer mon existence. Elle me les confirmait et m'aidait à leur faire prendre chair en les enracinant dans mes profondeurs. En fait, elles agissaient en complément l'une de l'autre et m'ouvraient à une juste compréhension de la façon dont je m'étais structurée. Leur association me permettait d'analyser puis de gommer certains « défauts » jusqu'à leur effacement, afin de me relier à une vie plus vraie.

Je vivais tout cela comme une transfusion qui ré-irriguait mes vaisseaux de sang neuf, faisant se crevasser une carapace devenue trop étroite et trop lourde, à l'intérieur de laquelle la vie s'étranglait. Sache que j'ai été la première à tomber des nues en découvrant les morceaux inutiles qui se détachaient les uns après les autres, laissant à nouveau filtrer la lumière. On ne met pas du vin nouveau dans des vieilles outres, n'est-ce pas Papa ? Ben moi, mon outre, elle avait besoin d'un sérieux décrassage et rafistolage ! (Et c'est loin d'être terminé...)

Tu es prêt, Papa, car voilà une partie de ce qui m'est tombé sur la tête. Je vais jouer franc-jeu avec toi, car de là où tu es, tu ne crains plus les dévoilements brusqués, n'est-ce pas ? Sais-tu, que je n'ai jamais eu de place quand j'étais petite et que je n'étais jamais là où il fallait ? (Mon grand frère ne voulait pas d'une petite sœur, mon petit frère est arrivé « trop vite », la grand-mère a pris ma chambre, etc.) Et que du coup, j'ai passé ma vie, insatisfaite, à en chercher une ?

Sais-tu que tes mauvaises pensées sur les femmes en général et moi en particulier, ainsi que les actes du Père Léon et le manque de protection de maman, ont saccagé ma féminité ? Que j'avais construit ma vie de femme sur une image corporelle complètement ébranlée ? Que j'ai développé un jugement négatif sur moi-même, des préjugés sur « les autres », les hommes en particulier, et que j'en avais une trouille bleue ? Que je n'ai pas appris à me protéger ? Qu'en conséquence de quoi, j'étais une vraie éponge, une écorchée et que j'avais une tendance disproportionnée à m'exposer au danger, à la transgression ? Que je ne connaissais pas mes limites, que j'étais toujours dans l'excès, et que j'ai développé une propension à toujours vouloir « sauver et/ou protéger » les autres ?

Sais-tu qu'avec tous tes amis et votre Dieu-fouettard, j'ai cru que j'étais mauvaise et coupable ? Que n'ayant confiance en personne, j'ai renforcé toutes mes défenses ? Que j'avais peur, et que je ne me sentais pas aimée ? Que j'ai nié Dieu, tout bêtement ? Sais-tu qu'en me « cadrant », en me faisant taire, en m'empêchant d'exprimer mes besoins et mes émotions, je me suis sans cesse glissée dans les besoins des autres pour exister à tout prix, et que j'ai retourné toutes mes émotions contre moi, tellement j'en avais honte ?

Peux-tu imaginer les répercussions que tout cela a eues dans ma vie, et où ça m'a conduite ? Et sais-tu que c'est avec toutes ces casseroles au cul que j'ai dû construire ma vie, en rendant le monde entier responsable de mon mal de vivre ? Te rends-tu compte que tous les ingrédients étaient réunis pour que je devienne délinquante ? Que je m'écroule et m'autodétruise ? Ou bien que j'adopte ton attitude et que je devienne à mon tour tyrannique et intolérante envers les autres ?

Eh bien oui, Papa, j'ai traversé tous ces stades-là, et même plus. J'ai passé plus de trente ans de mon existence à être mal dans ma peau, insatisfaite à longueur de temps, envahissante, intolérante, menteuse, destructrice, malhonnête, envieuse, manipulatrice… Je cherchais à me faire remarquer, dominant ou rejetant les autres, par crainte d'être dévaluée, voire annulée. J'avais un besoin démesuré d'occuper toute la place, d'attirer l'attention sur moi, d'envahir et d'être envahie, pour me sentir exister. J'aimais avoir du monde autour de moi, et m'attribuais la meilleure place : celle d'une « bonne et généreuse organisatrice très dévouée ». Effectivement, j'avais quelques « dons » pour planifier, organiser, gérer, contrôler, donner… sauf que je ne respectais pas la place des autres et forçais souvent les relations à mon avantage. Je ne savais ni écouter, ni recevoir ! Une sacrée égoïste ! Oh ! Bien sûr, j'étais

« charitable » et apparemment désintéressée, on me louait d'ailleurs pour cela, mais en fait, je ne faisais que flatter un ego démesuré, et je ne le savais pas. Moi, moi, toujours moi... « Au secours ! Sauve-qui-peut ! Ne me laissez pas tomber ! Aimez-moi ! Sinon, gare à vous ! » Inconsciemment, je cherchais tout simplement à « sauver ma peau » !

Malgré cela, toute ma vie a été jalonnée de « hasards », de coïncidences troublantes qui se sont toujours manifestées au moment opportun. Grâce à la thérapie, j'ai pu en repérer quelques-uns, et visionner les événements dans leur enchaînement (et ce n'est pas abouti, Papa, car ma vie en est truffée, et c'est un vrai jeu pour moi de les découvrir aujourd'hui ! J'y trouve enfin du plaisir !). J'aurais pu passer à côté et continuer à piétiner, m'enfoncer, m'enfermer et dépérir à petit feu. Dans mon cas précis, après relecture, croire au pur hasard devient presque grotesque. Einstein disait que « Le hasard, c'est Dieu qui se promène incognito »... Pour ma part, j'ai adopté cette pensée car elle me paraît d'une évidence fulgurante aujourd'hui. Tu vas comprendre, Papa, que tout ce qui me paraissait décousu et disloqué était en réalité très bien ficelé.

Mais je sens que tu veux des exemples... Eh bien, en voici quelques-uns...

Hasard, la petite sœur Marie qui me propose d'apprendre la musique alors que tu ne voulais pas me payer de cours de musique ? **Hasard**, qu'elle me manifeste une attention et une confiance débordante juste au moment où je vis une horreur ?

Hasard, ma rencontre et l'amour pour un artiste qui joue des rôles ? Qui passe son temps à se mettre dans la peau des autres, à se déguiser et à porter des masques ? **Hasard** que son personnage principal soit un Arlequin dont le costume est composé de petits morceaux découpés ? Ce n'est pas de Jaheu que j'étais tombée amoureuse, Papa, mais du comédien, et j'en étais jalouse à crever.

Hasard, que j'ai entretenu une relation fusionnelle avec lui, voulant tout contrôler, l'obligeant quasiment à créer notre propre troupe de théâtre afin que nous ne puissions pas vivre l'un sans l'autre ? A l'époque, je pensais que c'était ça l'amour, Papa... **Hasard**, qu'il soit communiste et athée, que j'épouse ses idées, ses valeurs et sa révolte ? Tout tombait pile-poil pour moi ! Tout pour me sortir de mon milieu familial étriqué, mais tout aussi, pour que je me glisse dans un autre carcan, qui m'allait comme un gant : le Parti ! Oui, un autre carcan pour que je ne me remette surtout pas en question, que je voie la paille dans l'œil des autres, mais pas la poutre que j'avais dans les miens ! J'étais aveugle sur moi, méprisante, intolérante et débordante de préjugés. Tu crois que ça me gênait ? Mais pas du tout ! Bien calibrée, j'étais en parfaite adéquation avec le groupe et nous avions réponse à tout ! Aucune faculté de discernement !

Comment voulais-tu que je devine que ce que je savais si bien voir chez les autres, c'était ce que je ne voulais pas voir en moi, et que, sous couvert d'un réel dévouement, je militais pour me déculpabiliser, me donner bonne conscience, faire du sens avec ma vie déglinguée, et surtout avoir raison. Il y avait les « bons » et les « méchants ». Forcément, j'étais du côté des bons, ceux qui détenaient la vérité, et les autres, du côté des pas-bons. Ils avaient tort, se trompaient, et soit il fallait les convaincre, soit les combattre. Tu vois le topo, Papa ?

Quand la thérapie m'a dévoilé cela, je peux te dire que j'ai eu les boules ! Je n'avais aucune réelle capacité d'écoute, enfermée dans un mode de pensée uniforme. Dans les discussions nous étions toujours d'accord puisque nous pensions tous la même chose. C'était facile et très rassurant de ne jamais parler de soi, toujours des autres... L'athéisme ? Pas de problème non plus, puisque le Dieu dont les copains niaient l'existence était en tout point identique à celui de mon enfance. Tu sais, Papa, celui dont les gens disent que « S'il existait, il ne permettrait pas toute la souffrance et la misère humaines » et qu'en plus, avec les progrès de la science, un Dieu à l'origine du monde, créateur du ciel et de la terre, et gna gna gna et gna gna gna, c'est pour les naïfs ou les abrutis. A l'évidence, ce Dieu-là était impensable !

Parfaitement ajustée à mes nouvelles « croyances », je me suis nichée dans cette place-là avec une facilité déconcertante. Elle occultait toutes mes angoisses et comblait parfaitement mes failles. Rien ne me troublait, tout était bien comme ça et ma vie était prometteuse ! Sauf que, j'irais jusqu'à dire aujourd'hui, et je pèse mes mots... **Hasard** aussi, la naissance de Perrine qui vient chambouler tous mes « calibrages » ? **Hasard**, l'avalanche de questions sans réponse que je pose au Parti, me poussant à me déplacer jusqu'à me faire croiser le chemin d'un prêtre de gauche ? Et **hasard**, que j'en tombe amoureuse, après ce que j'avais vécu avec un prêtre dans mon enfance ? Je trouve que là, quand même, ça commence à faire beaucoup, et que le fil que je tire n'en finit pas de faire du « sens ». Parce que sans cette rencontre improbable, avec les idées que j'avais à ce moment-là et l'épreuve que je traversais, jamais je ne me serais relevée ! Jamais ! Je n'avais aucune conscience que ma vie était de travers et que j'allais droit dans le mur. C'est invraisemblable, n'est-ce pas, Papa ? J'étais conduite ou quoi ? Tu commences à comprendre quelque chose ? **Hasard**, qu'à travers cette rencontre de Bernard, j'accède à une lecture et une compréhension insoupçonnables de l'Évangile ? Que ma vie y adhère au point de bouleverser toute mon existence ? J'avais pourtant tout fait jusque-là pour éviter de rencontrer des chrétiens, et crac, ça me tombe dessus sans que je le cherche ! Et Monique, un **hasard** aussi, que je tombe sur elle et pas sur l'autre femme que je venais voir ?

Papa, comment aurais-je pu survivre à la mort de Perrine sans ces rencontres-là ? Et pourtant, ni Bernard, ni Monique ne m'ont donné de réponse toute faite, loin s'en faut ! C'est uniquement à travers ce qu'ils étaient, ce qu'ils vivaient, que j'ai été interpellée, bousculée au plus profond de moi, et que j'ai commencé à prendre conscience que je n'étais à nouveau pas à la bonne place, m'obligeant à chercher par moi-même, d'autres « réponses » à ma vie. C'est grâce à eux que j'ai pu chercher, et trouver « Je suis la Vie », et que je me suis réveillée d'une longue torpeur. J'ai eu le sentiment de sortir d'une hibernation, en découvrant ce plus grand que moi à l'intérieur de moi, et n'ai eu de cesse, par la suite, d'aller à une rencontre de plus en plus intime.

Hasard, que Bernard réponde à mon amour, et qu'à travers sa tendresse, sa bienveillance débordante et un juste équilibre de son féminin-masculin, il répare, sans le savoir, l'outrage qui m'avait été fait et réveille une part de ma féminité ? **Hasard**, ce petit couple au Chili et leur petite fille Céleste, qui me renvoient chez moi en me disant de m'occuper de mes affaires ?

Hasard, que Perrine choisisse un texte de Jean Vanier, une semaine avant de mourir ? **Hasard**, que je rencontre Véronique qui travaille avec des enfants autistes, et grâce à qui je fis la connaissance de Francine ?

Hasard, qu'aux *Petites Lumières* je me trouve face à des enfants autistes qui réveillent mon plus lourd handicap, celui d'être coupée de moi-même, me conduisant tout droit en thérapie ?

Hasard, que chez Michel, en Provence, je retrouve Gisèle, l'unique directrice de crèche à avoir accueilli Perrine pendant seulement deux mois, qui part en retraite s'installer en Auvergne, là où je vis aujourd'hui ?

Hasard, ce rêve de petite fille où je « volais », m'indiquant qu'il était possible de s'élever, que j'aspirais au spirituel ?

Hasard que Perrine veuille toujours lâcher ses ballons de baudruche pour les voir s'envoler ? **Hasard** que sa première et unique photo soit celle d'un coin de ciel ? **Hasard** qu'elle soit fascinée par les papillons et **Hasard** aussi qu'elle passe des heures à scruter le ciel qui s'obscurcit pour m'y montrer la première étoile ?

Hasard, ce second rêve dans la piscine amère, (difficile naissance !) où la porte vers l'eau claire est minuscule et tout au fond de l'eau, me révélant que pour atteindre la sortie, il faut descendre dans ses propres profondeurs et se faire tout petit pour déboucher dans la lumière ? La porte étroite vers le royaume, Papa, l'ego trop gros qu'il faut dissoudre...

Hasard, cette maladie d'Alzheimer de Bernard, qui tombe juste en même temps que mon arrêt de travail, au moment même où je me remets en question de fond en comble et où j'ai tout mon temps pour pouvoir l'accompagner ?

Tu peux me croire, Papa, je les ai déterrés, mes gribouillages et mes feuilles chiffonnées au fond de la poubelle. Je les ai grattés, décortiqués, repassés, pour en éclaircir les ombres et les réassembler dans l'ordre afin de les rendre cohérentes.

Oh ! Bien sûr, l'Évangile m'avait déjà fait prendre conscience de ma pauvreté, mais je n'aurais jamais imaginé qu'elle soit à ce point-là ! La thérapie m'apportait les éléments de compréhension indispensables pour que je puisse me vider, me déconditionner, et mes conversations quotidiennes avec le Tout-Autre, la confiance nécessaire pour accepter ce vide en moi, sans angoisse et sans culpabilité. Je n'étais plus victime de mes erreurs, tout, autour de moi, devenait signe, appel à changer intérieurement.

Je réalisais qu'en venant me « planter » dans cette maison isolée, en pleine nature sauvage, face à moi-même jour et nuit, je ne faisais que marcher vers moi et que « Je suis la Vie » n'avait jamais cessé de m'inviter à faire ce voyage-là. Toute ma vie s'harmonisait et s'unifiait. C'était spectaculaire, Papa, une vraie révolution ! Les causes de nombreuses souffrances et les angoisses qu'elles suscitaient, se dispersaient et s'évaporaient ! Je sais, c'est inconcevable, inimaginable, pour qui n'est pas passé par-là. J'avais enfin trouvé MA PLACE, Papa, et ma vie n'était plus décousue, mais « parfaite ». Dans « parfaite », je veux simplement dire que je la reconnaissais dans son intégralité, acceptant totalement son contenu et son déroulement inévitables. Plus besoin de fuir, plus besoin d'inventer des histoires, plus besoin d'illusions ni de divertissements, tout était là, avec moi, en moi, pour moi.

Je voyais cette vie comme un chemin initiatique, pleine de signes, m'invitant à devenir de plus en plus libre. Encore fallait-il que je les reconnaisse !

Quant à Bernard, il vivait sa vie, et sa maladie évoluait doucement. J'avais acheté un petit camping-car, dans l'espoir de pouvoir partir de temps en temps avec lui sur les routes, comme nous aimions le faire auparavant. Mais nous ne l'avons utilisé que deux fois et ça n'a pas été très facile, car il « se perdait » de plus en plus.

Après deux ans de « liberté » dans son petit logement, il a fallu se résoudre à son entrée en milieu spécialisé. Ce fut un arrachement de le conduire dans l'institution et d'en revenir seule, en sachant qu'il sombrerait peu à peu, et qu'il finirait sa vie là-bas. J'allais le voir quasiment tous les jours et nous poursuivions nos petites escapades au restaurant, nos balades sur les chemins, nos cueillettes de bouquets de fleurs des champs, nos longs moments de tendresse main dans la main. Chaque soir, il me téléphonait pour me souhaiter bonne nuit.

Au fil des mois, je l'ai vu diminuer, comme on dit. Nos promenades se sont estompées, et le petit coup de fil du soir a disparu. Très souvent, il ne me reconnaissait plus et je passais de longues heures, assise près de lui, silencieuse et impuissante, sa tête blottie dans le creux de mon épaule. Des instants inoubliables de vérité, Papa.

Sa maladie évoluait par paliers et en octobre 2005, il a traversé un épisode de désespoir et de grande tristesse. J'ai contacté Félix, un prêtre qui l'aimait beaucoup, lui demandant de célébrer l'eucharistie avec Bernard, dans sa chambre. Deux amies s'étaient jointes à nous. Si tu avais vu le bonheur profond de Bernard, Papa ! De prostré, tout triste dans son fauteuil, il s'est brusquement levé, transfiguré, et s'est écrié, les bras levés : « Quelle joie ! Quelle joie, vous êtes tous là ! ». Oui, Papa, nous avons partagé un moment d'une grande intensité, une eucharistie bouleversante de simplicité et d'authenticité, comme celles que j'avais vécues autrefois avec Perrine.

Et puis, un jour de juin 2006, au cours d'une sortie collective malencontreuse, Bernard est tombé, et s'est cassé le col du fémur. Transporté d'urgence en hélicoptère à l'hôpital, après deux jours d'examens, il a dû être opéré. Il avait 91 ans, et les médecins m'avaient informée du peu de chance qu'il supporte cette intervention. J'ai passé ces deux jours près de lui, lui parlant dans le creux de l'oreille. Je l'ai également informé qu'il allait peut-être « mourir » pendant l'anesthésie. Il était calme, très lucide, et s'exprimait d'une manière extraordinaire.

Entre autres merveilles il m'a dit : « Nous avons cueilli des paniers de joie tous les deux, et aujourd'hui, je suis dedans ! », « Je te laisse ma casquette, tu la porteras, maintenant ! ». Je n'ai pu lui cacher mes larmes d'adieu, persuadée qu'un coup de fil m'annoncerait son décès le lendemain.

A mon réveil, deux tourterelles roucoulaient dans le tilleul sous la fenêtre de ma chambre. Jamais auparavant il n'y avait eu de tourterelles chez moi. J'ai perçu leur présence comme un signe de vie que Bernard adressait à mon cœur. Toute fiévreuse, le midi, j'ai appelé l'hôpital. Ô miracle, l'opération s'était très bien déroulée et Bernard était réveillé ! J'ai foncé comme une dératée pour le serrer dans mes bras.

Pour sûr, il était mal en point et souffrait beaucoup. Une anesthésie sur une maladie d'Alzheimer, tu imagines ce que ça peut donner, Papa ! J'ai aussi constaté de quelle façon maltraitante les personnes complètement dépendantes étaient prises en charge et « soignées ». Une horreur qui me faisait hurler, sans que je puisse rien faire d'autre qu'être là, attentive, rassurante et aimante. Je le rejoignais chaque jour à midi, pour lui donner son repas paisiblement, à son rythme, et restais à son chevet jusqu'au repas du soir.

Au bout d'une dizaine de jours, il était sortant, en fauteuil roulant et en très mauvais état. L'unité Alzheimer ne pouvait plus l'accueillir dans l'état où il était, et ne lui laissait d'autre choix qu'une entrée en gériatrie long séjour. Le mouroir, en quelque sorte ! Impensable pour moi ! Tu sais ce que j'ai décidé, Papa ? Que Bernard revienne vivre près de moi, dans notre tanière, ce lieu qu'il aimait tant et dans lequel nous avions si intensément vécu. Une pure folie, n'est-ce pas ? Mais du coup, pour moi, tout faisait à nouveau du « sens ».

Un **hasard** que Bernard soit tombé ? Qu'il se soit sorti de cette opération risquée ? Il était évident qu'à travers ces nouvelles épreuves, la vie nous faisait un signe, nous invitant à nous réunir pour la partager jusqu'au bout.

Peu importait l'inconfort de ma maison et la petite taille de l'habitation. Je me suis empressée de vider mon minuscule bureau et de l'aménager en chambre pour Bernard. J'ai appelé une amie à la rescousse pour qu'elle vienne m'aider les premiers jours, et je suis descendue en ambulance chercher Bernard, début juillet.

J'ai également fait un courrier au personnel et à la Direction de son institution, pour leur dire ce que je pensais de leur manière de fonctionner, laquelle avait directement conduit à l'accident de Bernard. Je voulais aussi que ce courrier aide les salariées à réfléchir sur le sens de leur travail. Voici mon courrier, Papa :

Chères toutes, Je « médite » ce courrier depuis l'accident de mon Cher Bernard, et j'attendais d'avoir un tout petit peu de répit et de recul pour le rédiger et vous l'adresser.

En effet, je ne peux en rester là où j'en suis par rapport à vous toutes sans dire un mot, sans vous exprimer ce qui m'habite depuis le mercredi 14 juin dernier… Mon cœur déborde de tristesse, et c'est très important pour moi de lâcher tout ce qui m'envahit aujourd'hui… Ce n'est pas simple, mais je sais d'expérience qu'il vaut mieux dire que se taire… Et puis, je vous donnerais ensuite des nouvelles de Bernard, si cela vous intéresse, car je trouve vraiment très étonnant qu'aucune d'entre vous ne m'ait contactée depuis sa chute, pour en connaître les « suites »… Tout d'abord, vous imaginez sans doute ma stupéfaction (le mot est faible…) quand j'ai appris la sortie que vous aviez organisée, alors qu'elle avait déjà eu lieu. Je ne comprends toujours pas pourquoi je n'ai pas été informée de cette sortie ! Car, si cela avait été le cas, soit j'aurais accompagné Bernard, soit je m'y serais opposée. Et ceci pour au moins deux raisons :

— La première, c'est que je savais que le moindre gravier, la moindre touffe d'herbe, et tout simplement l'angoisse, étaient pour lui depuis quelque temps source de déséquilibre et de possibilité de chute. J'étais sortie avec lui la première semaine du mois de juin, et avais constaté qu'à l'extérieur de l'institution, il avait besoin d'un soutien physique +++ , et je suis sûre de vous l'avoir transmis. En effet, au cours de cette sortie, il n'a pas souhaité sortir de la voiture, épuisé par les simples couloirs qui vont de sa chambre à la voiture.

— La seconde, c'est qu'il était prévu que je vienne le chercher le lendemain matin, le jeudi donc, pour qu'il revienne prendre un repas chez moi. Et deux sorties, l'une derrière l'autre, me paraissent beaucoup, surtout pour Bernard qui ne sortait quasiment plus depuis octobre 2005. Je crois bien, même, qu'il ne participait pas aux activités internes à l'hôpital, même plus pour aller à la messe, alors qu'il n'y a que la cour à traverser… Alors, la sortie prévue, en pleine campagne ! Vous imaginez ! J'ignore qui a eu l'idée saugrenue, aberrante, et à mon avis, irresponsable, de monter un tel projet, et j'aimerais beaucoup en connaître la teneur et le sens. En ce qui me concerne, je ne comprends pas… Il faudrait donc m'expliquer… J'imagine aussi que, vu l'accessibilité des lieux, vous aviez prévu d'être un pour un. Et pour moi, un pour un, ça veut dire

qu'on ne « lâche » pas la personne dont on est référent, pendant toute la durée du projet. Or, si j'ai bien saisi, quand Bernard est tombé, il était seul, sans soutien, et donc « lâché »... Dans ces conditions, je ne peux faire autrement que de vous tenir totalement responsables de sa chute et de sa fracture, spontanée ou pas... Qu'est-ce que ça peut bien changer, d'ailleurs ? Si quelqu'un lui avait tenu le bras, celui, ou celle-là, saurait s'il s'était agi d'une fracture spontanée... Je ne vous cache pas que dans mon esprit, je suis convaincue qu'il y a faute professionnelle, et je ne vous cache pas non plus que c'est ce que je dis autour de moi quand on me pose des questions.

Mais bon, aujourd'hui, qu'importe... ce qui est fait est fait... et je sais très bien que je ne connaîtrai jamais la vérité des faits, car dans toute institution (et celle où vous travaillez n'y échappe pas), tout est couvert... Mais les silences en disent long à ceux qui savent écouter le chant du silence... et c'est terrible pour moi. (Sachez pour information, que ma fille unique, tétraplégique et aphasique de naissance, est morte de soif à 14 ans, en institution précisément... un « accident banal » somme toute, et qui a été couvert par la hiérarchie de l'institution ! ! !) Cela m'a permis d'aiguiser un sens particulier par rapport à la maltraitance en milieu institutionnel. Car elle existe bel et bien (tout le monde le sait) et les personnes dépendantes en font TOUJOURS les frais, si personne ne veille sur elles avec une attention et une compassion particulières.

Dans le service de chirurgie où Bernard a été opéré, j'ai vu des horreurs ! Mais bon, cela ne vous concerne pas ! Aujourd'hui, Bernard est près de moi et j'en suis très heureuse, même si c'est particulièrement douloureux et difficile. Il a beaucoup, beaucoup souffert, et ce n'est pas fini. Il a tout supporté « miraculeusement », il avait en effet très peu de chance de « s'en sortir » comme on dit vulgairement, mais... Il est là ! En très mauvais état évidemment, car les suites d'une d'anesthésie sur une Alzheimer sont très, très lourdes et douloureuses. (Donnez de force à boire un litre de whisky à une personne qui est déjà ivre-morte, et vous comprendrez !) Je suis malgré tout très joyeuse et libérée d'avoir fait le choix qu'il revienne chez moi, même si je n'y étais pas du tout préparée… et j'espère tenir le coup et l'accompagner jusqu'au bout de sa vie. Oui, je souhaite vraiment que Bernard puisse terminer sa vie près de moi, entouré de tendresse et d'amour. Il a passé sa vie entière à en distribuer sans compter, et à remettre des centaines d'êtres humains debout. J'ignore évidemment tout du chemin qu'il nous reste à parcourir ensemble, je sais simplement qu'il sera éprouvant. Pour l'heure, je vis avec lui au jour le jour, d'instants merveilleux en instants bouleversants, d'instants de joie intense, en instants de grande souffrance et de grande impuissance.

Je voudrais quand même vous dire aussi, que je garde de très bons souvenirs de l'institution, même s'ils sont un peu affadis pour l'instant, ça passera… Je me fais confiance… Et puis, surtout, que je ne vous en veux pas, je n'ai pas de rancune, juste une très grande amertume dans le cœur. En effet, je ne peux pas vous en vouloir, car l'accident de Bernard a eu lieu par « inconscience » et je ne peux pas en vouloir à l'inconscience des autres, même si les conséquences immédiates sont dramatiques… Vous avez la chance inouïe de faire, en principe, un travail merveilleux… Oui, c'est une grande chance pour vous, j'en suis certaine.

Je sais bien aussi que vous n'êtes pas assez nombreuses pour le faire au mieux, et je crois sincèrement que ce qui vous fait surtout défaut, c'est votre propre accompagnement individuel, et un travail à faire sur vous-mêmes, qui devraient à mon avis être « obligatoires », lorsque l'on vit quotidiennement dans la proximité de la souffrance d'autrui. Car avoir conscience des autres, c'est d'abord et avant tout avoir conscience de soi. Puisse l'avenir de votre vie professionnelle, votre recherche personnelle et votre conscience, vous en dire plus long… Vous savez, depuis son accueil dans votre service, que Bernard est prêtre ouvrier, un militant des causes perdues.

Un prêtre d'un genre particulier (et surtout pas un curé, il a toujours été assez anticlérical, à sa façon !) Bien sûr, il n'a jamais pu vous en parler, mais moi, je sais, puisque c'est notre chemin depuis maintenant 21 ans, que, pour lui, Dieu est très proche de nous. Il ne l'a jamais cherché au ciel, ou je ne sais où, il sait qu'il est dans le plus petit, le plus abîmé, le plus misérable des êtres humains, et que c'est à nous de le faire descendre sur terre, et surtout dans nos cœurs. C'est la plus belle et la plus puissante source d'une grande transformation personnelle et la possibilité d'accéder à une lumineuse sérénité.

Quoi de plus essentiel pour vivre heureux ! Oui, Dieu gît dans les détails… « Tout ce que vous avez fait au plus petit d'entre les miens, c'est à moi que vous l'avez fait ». C'est tellement simple, n'est-ce pas ? Bon, mais finalement, il n'y a pas de hasard, et je crois que c'est mieux que cet accident et ses suites nous arrivent à nous, Bernard et moi, car nous sommes prêts, je crois, à porter tout cela. Je suis sûre, même, que c'est une nouvelle aventure passionnante qui va nous transporter une fois de plus vers des horizons inconnus et merveilleux… LA VRAIE VIE, en quelque sorte ! C'est donc une chance pour nous, et tout est donc parfait.

Juste avant de finir, je voudrais m'excuser auprès de M… et B…, car lorsque je suis venue vider la chambre de Bernard, je n'ai pas dit « Au revoir »… J'ai laissé le chariot dans l'ascenseur et me suis enfuie comme une voleuse. C'était trop lourd pour moi, j'ai préféré me sauver. Pardon… Sachez aussi, que je n'ai besoin d'aucun courage, comme me le souhaite le commun des mortels… L'amour me suffit… et il n'y a pas de courage quand il y a de l'amour. L'amour se suffit à lui-même, et il comble tout quand il déborde.

Voilà ! J'en resterai là pour aujourd'hui… Si l'une ou l'autre souhaitait avoir de nos nouvelles, ou nous rendre une petite visite, c'est facile… On est tous les deux bloqués à C… et ma porte est toujours grande ouverte… surtout en été ! Je vous souhaite un bon été à chacune, du repos, du plaisir… Prenez soin de vous ! Bien sûr, je vous adresse du fond du cœur, mes meilleures et sincères salutations.

Suite à cette lettre, une seule salariée a pris des nouvelles de Bernard, nous rendant une petite visite rapide quelques semaines plus tard et, comme je l'avais pressenti, la Direction a « couvert » son personnel.

Quant à moi, je m'embarquais à nouveau dans une sacrée aventure et j'étais prête, intérieurement, à l'assumer jusqu'au bout, quelle qu'en soit la durée. J'étais sûre de moi, tout à fait confiante dans mon chemin thérapeutique et spirituel.

Encore un « hasard », Papa, que ce « drame » arrive juste au moment où j'avais « compris » tant de choses sur moi ? Je considérais que c'était un cadeau de la vie, une chance de pouvoir vérifier si je ne me trompais pas sur moi, une sorte d'aboutissement de tout le chemin que j'avais parcouru.

Chapitre XXVIII
L'accompagnement de Bernard

Bernard est arrivé chez moi début juillet 2006, un plein été qui nous permettait de profiter au maximum de la nature dans laquelle nichait notre ferme. Vivant seule et à mon rythme depuis quatre ans, mes habitudes ont sacrément été bousculées. Par expérience je savais que vivre au quotidien avec une personne dépendante demandait une attention et une présence constante, de jour comme de nuit. J'ai donc embauché une jeune fille pour m'aider quelques heures par jour dans les petites tâches courantes et avoir ainsi de courts répits.

Avec un pronostic des plus mauvais concernant sa durée de vie, j'avais décidé que ma priorité serait son accompagnement et que tout le reste passerait après. Je voulais être disponible à cent pour cent pour lui et respecter totalement la personne dépendante qu'il était devenu. Un infirmier passait deux fois par jour pour les toilettes, mais après un mois j'ai préféré les faire moi-même, en fonction des besoins de Bernard et non en fonction des horaires de l'infirmier. Il a très bien compris ma position tout en poursuivant ses visites régulières afin de m'assurer de son soutien.

J'ai vite découvert que les rythmes de Bernard étaient très changeants d'un jour à l'autre. Il ne se réveillait jamais à la même heure et les décalages pouvaient aller d'une à plusieurs heures. Je devais m'adapter chaque jour, sans connaître d'avance les moments opportuns pour sa toilette, ses repas ou ses temps de pause. Sans aucun emploi du temps, je me laissais entièrement guider par ses comportements et sa souffrance. Plusieurs amies m'avaient mise en garde que, de cette manière, je n'allais pas tenir le coup bien longtemps, et qu'il n'était pas bon de « se sacrifier » à ce point-là. Comment leur faire comprendre que je ne me sacrifiais pas du tout, mais que je vivais dans une autre dimension d'être, qui me passionnait ? Être là, tout simplement, hors de MOI, et partager cette manière d'être, avec celui que j'aimais, comme la suite logique d'un parcours initiatique.

Je ne te cache pas que ça n'était pas toujours simple et que parfois j'avais quelques résistances. Malgré cela, je m'adaptais au fil des jours, me découvrant de vastes ressources.

En fait, j'acceptais la maladie de Bernard et y offrais le moins d'opposition possible, me laissant entraîner vers l'inconnu, au fil des heures et des journées. Après deux semaines, Bernard était méconnaissable, il avait retrouvé le même potentiel que celui qu'il avait deux ans auparavant. Oui, tu me lis bien, deux ans auparavant ! Il relisait, arrivait parfois à manger seul, parlait un peu, suivait les conversations, m'interpellait, riait, priait avec moi… C'était incroyable. L'infirmier et le médecin qui passaient régulièrement étaient médusés et me disaient souvent : « Il se passe quelque chose chez vous que nous ne comprenons pas ! ».

C'était vrai, Papa, j'étais heureuse avec Bernard.

Nous vivions dans une relation absolument extraordinaire, d'être à être, et tout coulait de source. Pourtant, il arrivait que Bernard « replonge » complètement, sans raison apparente. Je découvrais ce qu'était la maladie d'Alzheimer, en la vivant au jour le jour avec lui. Deux jours merveilleux, trois jours d'enfer… Un jour, il savait qui j'étais, le lendemain, apparemment plus rien. Incompréhensible et pourtant extraordinaire.

A la fin de l'été, j'ai souhaité poursuivre cet accompagnement seule, et n'avais comme répit que le passage d'une aide-ménagère, deux heures par jour, excepté le week-end. Elle aimait beaucoup venir chez nous, car nulle part ailleurs elle n'avait fait l'expérience de ce qui se vivait entre Bernard et moi. Une grande souffrance, tout à fait paisible, tu comprends, Papa ? Je tenais un cahier quotidien, dans lequel je notais tout ce que je vivais avec

Bernard, et ce serait trop long de te faire part de tout cela. Par contre, j'aimerais pouvoir en faire quelque chose un jour, pour apporter mon témoignage à ceux qui accompagnent les personnes souffrant de la même maladie. Je peux simplement te dire, Papa, que j'ai partagé avec Bernard des instants bouleversants d'intensité, d'authenticité, de vérité, dans un amour débordant. J'avais une énergie qui me tombait du ciel, et poursuivais ma route paisiblement, dans un présent toujours renouvelé. Mes plus proches amis et ma thérapeute peuvent en témoigner, tellement ce que nous vivions dépassait l'entendement, et j'en suis fière, Papa ! Oh ! Non, ce n'était pas un sacrifice, mais une expérience supplémentaire sur mon chemin d'humanité. Un sacrifice, ça coince et ça fait souvent mal… Je ne vivais pas cela.

J'étais à ma juste place, et réalisais à quel point la thérapie et « Je suis la Vie » m'avaient transformée en profondeur. Tu sais, Papa, c'est comme si j'avais été portée et propulsée par une énergie plus forte que tout. Pourtant, je dormais peu, toujours en alerte, et n'avais que quelques minutes vraiment à moi très tôt le matin, ou très tard le soir. En outre, mes conditions matérielles de vie ne se prêtaient pas trop à l'accueil d'une personne dépendante (minuscule salle de bains de 4 m2, vieille cuisinière à bois pour le chauffage, pièce à vivre de 20 m2...).

Nous avons vécu ainsi, tous les deux, de manière assez isolée, sans que je ne ressente de lourdeur insupportable. Gisèle, mon amie-voisine, passait me faire un coucou chaque fin d'après-midi. Deux ou trois fois j'ai fait appel à elle pour qu'elle vienne m'aider à coucher Bernard, les jours où il sombrait et où ma force physique ne suffisait pas.

Le premier février 2007, ne la voyant pas passer, je suis allée chez elle. Elle était tombée dans sa cuisine et paraissait mal en point. J'ai appelé les pompiers, puis le médecin, qui l'ont aussitôt fait transférer à l'hôpital de St-

Étienne. Elle est morte dans la nuit, d'un accident vasculaire inopérable.

J'ai poursuivi mon chemin avec Bernard, un jour joyeux, le lendemain les « quatre fers en l'air », complètement incohérent ou muet, impossible de savoir à l'avance. Le treize février, c'était un bon jour, nous avons chanté, l'aide-ménagère m'a aidée à tenir Bernard sous les bras car il voulait danser, chanter et taper dans les mains. Une journée magnifique ! Le soir, avant de le coucher, j'ai chanté un ou deux cantiques avec lui, assis sur son lit, et je l'ai embrassé en lui re-disant combien je l'aimais. Il a répondu : « Oh ! Moi aussi ! Mais, je suis un peu craintif avec les autres… ». Puis, dans la nuit, il a beaucoup vomi et je me suis levée toutes les heures pour le changer. Il parlait tout à fait bien, et s'excusait de me déranger ainsi.

Il m'a dit : « C'est mis dans les journaux, mais ça ne changera rien… C'est de la connerie, ça ne marche pas… Faut les laisser courir… Ça ne changera rien… ». Le matin, il était épuisé et respirait très mal. Il m'a dit : « Je vais m'en aller… Merci… C'est fini… » et il a commencé à râler et à se découvrir… Sa respiration devenait de plus en plus courte et saccadée… Je l'ai pris sous l'épaule en lui tenant la main, j'ai prié à haute voix, les yeux dans les yeux, et l'ai tendrement embrassé. Il m'a serré la main et a fermé les yeux, puis j'ai appelé le médecin qui a constaté que Bernard agonisait. Il a expiré à 17h30, nous étions le 14 février, jour de la St Valentin. Un **hasard** supplémentaire ? Un super clin d'œil ? C'est comme ça que je l'ai interprété, Papa…

Bernard avait laissé son corps à la médecine, j'ai donc immédiatement fait les démarches auprès du laboratoire du don des corps à St-Étienne. Trois ami(e)s sont venus manger avec moi le soir, et Catherine, qui aimait beaucoup Bernard, a voulu rester dormir chez moi.

Le lendemain, il faisait un soleil magnifique, un grand ciel bleu, et nous étions toutes les deux pour voir partir le corps de Bernard dans l'ambulance venue le chercher.

J'étais très calme, très sereine. Un soleil intense vibrait dans mon cœur.

Bernard m'avait laissé deux lettres que je devais ouvrir après sa « mort »… L'une était adressée à tous ses amis, je leur ai donc envoyée, l'autre, datée de 2001 et sur laquelle il avait écrit « si je meurs ou si je deviens fou », m'était destinée… Elle était courte et me disait l'essentiel de son amour pour moi et de sa foi dans cet amour plus grand que nous, qui nous avait rassemblés pour un temps sur cette terre. Là, oui, ses mots m'ont bouleversée, et j'ai versé quelques larmes silencieuses, face à la croix que j'avais ramenée de notre petite chapelle de Courbevoie et autour de laquelle nous avions tant prié autrefois.

Quelques jours après, j'ai reçu de nombreuses lettres ou cartes de « condoléances » que je n'ai pas supportées, tant la plupart étaient creuses et d'une banalité sans nom. J'ai pu constater à quel point la majorité des humains ne savent pas quoi dire face à la mort. J'ai donc souhaité leur répondre, pour faire le point. Je t'offre cette lettre en partage, Papa…

C..., le 16 mars 2007

« Le désir me brûle de dire ce que je vis, et comment je le vis, (mon mode d'emploi en quelque sorte…) depuis le « retrait » de Bernard, et surtout pas sa « disparition », ni son « décès », et encore moins sa « mort »… C'est pas facile de trouver les mots justes, mais pour moi c'est important de ne pas se laisser emporter dans le « courant du commun des mortels », irréfléchis et si inconscients. J'ai trop entendu et reçu de messages de « condoléances » auxquels je n'ai rien compris, j'ai donc décidé de prendre à mon tour la parole.

Oui, Bernard est « parti », Bernard est « mort » il y a un mois, tout comme Perrine, il y aura bientôt 16 ans (les deux humains que j'ai le plus aimés ne sont plus là, je veux dire que nous sommes séparés physiquement, définitivement...). Pourtant, je ne souffre pas de leur grand départ de la vie. Bien sûr, j'ai parfois des bouffées d'émotion, mais sans tristesse et sans chagrin.

Jamais, jamais je ne les reverrai... Je ne crois ni à l'au-delà, ni à la résurrection tels que les religions les présentent. Pourtant, je ne vis pas leur absence comme un vide. J'ai entendu ces jours-ci tellement de : « Quel vide ça doit être pour toi ! », « Ça doit être dur de te retrouver toute seule ! ». Eh bien non, désolée, mais il n'y a pas de vide du tout, et je ne me sens pas seule non plus. Le vide (et la solitude qui en découle…) pour moi, c'est autre chose, la négation de la vie, le néant, un creux insondable, le négatif infini. Je le connais d'ailleurs, ce vide-là (donc, je sais bien qu'il existe et qu'il est terrifiant), pour avoir flirté avec lui de nombreuses années, et c'est un grand vertige de tomber là-dedans, l'horreur absolue, mais je l'ai traversé avec l'énergie du désespoir, et j'ai eu « la chance » d'en ressortir vivante, un peu plus que vivante même.

Ce que je ressens aujourd'hui, c'est plutôt qu'un espace s'est ouvert en moi, un espace dans lequel je suis bien, dans lequel je peux m'épanouir, plein de bonnes énergies qui me portent sur leurs ailes, un espace rempli d'amour, un souffle qui relie... un espace plein de Dieu ? Quelle idée pour moi qui ne crois pas en Dieu ! (enfin, ça dépend lequel !) Je veux juste dire pour l'instant que je n'ai pas besoin d'y croire, il est évident pour moi… et évident, ça ne veut pas dire facile… Un sacré paradoxe ! La résurrection, j'ai donc la chance de l'éprouver directement dans ma vie de tous les jours. Il ne s'agit pas pour moi d'une vie après la mort, et ce n'est pas non plus le fruit de mon imagination. C'est une expérience vivante, que j'ai faite lors de la traversée de très grandes épreuves qui m'ont d'abord conduite à un désespoir profond lié à la naissance, à l'existence et à la « mort » de Perrine (tentatives de suicide, alcoolisme et déviances multiples pendant plusieurs années…), avant de faire l'expérience non moins profonde d'un état de béatitude. Je crois qu'on n'a pas compris grand-chose tant qu'on localise la résurrection après la mort. On se « rassure » plus ou moins d'une vie de galère et on fait injure à la vie terrestre. J'ai lu quelque part qu'on a dit à Thérèse de Lisieux, alors qu'elle souffrait terriblement « Vous verrez, après, comme ce sera bien ! » Et elle a refusé cela en répondant : « Non, ça ne changera rien. Je suis déjà avec Dieu ». C'est tellement juste ! Pour moi, l'amour que j'ai partagé au fil des jours, des années, et qui allait très loin en profondeur (un engagement et un accompagnement de tout mon être), avec Perrine d'abord, puis avec Bernard ensuite, m'habite si intensément, il est d'une telle incandescence, qu'il ne laisse aucune place ni à la tristesse, ni au chagrin, ni au regret, ni au vide... (je pense à ces horribles pierres tombales sur lesquelles certains humains laissent des « regrets éternels »...). C'est impossible pour moi.

Je relisais, « par hasard » il y a quelques jours, le récit de la création du monde dans la Bible, et j'ai tout à coup pris conscience de ce que pouvait être cet espace d'amour que je ressens si fort. Dans ce récit, on nous raconte que Dieu crée pendant 6 jours, et le 7ème, il se retire. Il ne meurt pas, il ne disparaît pas, il n'abandonne pas sa création, il ne baisse pas les bras… Il se retire, laissant ainsi un espace de liberté pour sa création. Lui, il est juste un peu plus loin, il a fait son boulot, les traces en sont bien visibles, et il laisse le territoire plein de Lui, mais sans Lui. Il abandonne son pouvoir par amour justement, et ce n'est pas rien ! Il « lâche prise » et ne se cramponne pas à ce qu'il a créé... Quand on se retire, on laisse juste un espace vacant, on va s'installer un peu plus loin, on n'occupe pas tout le territoire, on laisse la place… une trace, une empreinte… Il n'y a que l'amour capable de cela… S'il était resté sur son territoire, il aurait été un dictateur, un Dieu Tout-Puissant, et l'humain, dans tout ça, son esclave… et effectivement, dans ce cas-là, on pourrait l'accuser de tous les torts… Mais non, il s'est retiré et nous laisse libres, c'est un projet bien plus grand ! Alors, il attend patiemment dans l'ombre, et je crois qu'il souffre beaucoup… Comme le père de l'enfant prodigue, que je viens également de relire dans ce sens-là et que je ne comprenais pas il y a quelques années… A nous ensuite de faire, ou de ne pas faire, le chemin vers Lui. Et quelle fiesta en perspective ! Je vous promets, ça vaut la peine… Oui, la peine, car ça non plus ce n'est pas rien, chacun en sait plus ou moins quelque chose… Heureusement qu'il y a l'Évangile du Christ pour nous ouvrir ce chemin-là, car pour moi, l'Évangile, c'est une expérience spirituelle très concrète, que j'ai partagée à fond avec Bernard. D'abord, au travers de Perrine (qu'il a aimée très, très fort), puis au travers des gosses des Petites Lumières. J'ai bien conscience que Bernard en avait rencontrés bien d'autres avant nous, et je suis sûre qu'au travers de ceux-là, il n'a pas cessé d'approfondir son cheminement spirituel… Nous en avons si souvent et si longuement « discuté » ensemble ! J'ai pour ma part poursuivi ce chemin en m'engageant à fond aux côtés de Bernard dans sa maladie d'Alzheimer, laquelle n'a cessé d'évoluer pendant ces 6 dernières années, et encore plus ces 8 derniers mois, où je ne l'ai plus quitté du tout, m'abandonnant totalement à son rythme de vie tout à fait décalé d'un jour à l'autre. Sa vie abîmée comptait plus que la mienne, et je l'ai laissée occuper tout mon espace de vie, sans grosses difficultés … (J'en reviens à l'espace dont je parlais plus haut, celui qu'il occupait, celui qu'il laisse aujourd'hui…) Et pourtant, j'en ai entendu des : « Mais, c'est insupportable cette maladie… On ne sait pas quoi faire… Tu ne pourras pas tenir bien longtemps à ce rythme-là… etc., etc., etc. », tellement insupportable que la plupart ont préféré ne pas voir et passer leur chemin… Tant pis pour eux ! C'était déjà comme ça avec Perrine, et c'est souvent comme ça avec tous les « tordus de la vie »… J'en ai pris mon parti, et j'ai poursuivi mon chemin avec ceux qui savaient voir avec leur cœur… Ceux-là, ils ont vraiment vu et peuvent témoigner de la « folie » de Dieu… Toujours est-il que les conséquences de cet engagement de chaque instant sont pour moi absolument merveilleuses, parce qu'elles m'ont ouverte à l'instant présent. Oui, je vis dans l'instant présent, une qualité d'être présente, d'être là, dans une suite d'instants éternels, la seule vraie réalité pour moi... Le présent éternel, dans toute son intensité, le vivant incandescent… Indescriptible joie… Hier n'est plus (pas de regret), demain n'est pas encore (pas de fuite en avant), je suis seulement là, dans « l'ici et maintenant »… et ça, c'est une Sacrée expérience. Je crois que c'est le vrai secret du bonheur et de l'éternité ! Je n'ai aucune conscience du temps qui s'écoule, du temps qui passe… aucune conscience d'avoir passé huit soi-disant « longs mois » aux côtés de Bernard. Aucune conscience non plus qu'il y a déjà un mois, il se « retirait »… sauf quand on me le rappelle ou que je regarde mon calendrier… Mais à l'intérieur de moi, aucune conscience, vraiment… C'est très curieux d'ailleurs, ce temps nouveau qui n'en est pas vraiment un.

Je réalise combien cet engagement à ses côtés, à leurs côtés, m'a peu à peu « forcée » à me décentrer de moi-même, à lâcher prise, à accepter totalement sa souffrance et ma propre impuissance, et donc à me vider peu à peu de « moi », ce « moi » qui colle, ce « moi » qui serre dans son carcan et qui fait mal, ce « moi-pouvoir », une prison étroite qui étouffe, l'enfer. J'en souris aujourd'hui… J'en ai passé du temps (des jours, des nuits, des mois, des années...) à me débattre là-dedans, bloquée par mes « programmations », ma culture, mes croyances, mes peurs, mes blessures d'enfance, etc. Mais peu à peu, ça a craqué, ça a cédé… et j'ai dû faire un « travail sur moi-même » et me faire accompagner, pour ne pas me casser la figure. C'est pas facile de se découvrir mal foutue, là, y'a vraiment du boulot ! et de la résistance... et des freins ! C'est très douloureux de se découvrir nue, face à soi-même. Pour moi, il est là le secret de la vraie vie, le secret de ma joie, le mystère de la résurrection, le bonheur inaliénable, la liberté : lâcher prise, lâcher prise, toujours plus, toujours plus loin. Quel autre choix faire ? Car plus je résistais, plus je souffrais... J'en ai mis du temps, mais j'ai choisi d'arrêter de souffrir et d'être heureuse, je voulais le bonheur, le vrai... malgré toute mon histoire douloureuse. (Je pense au jeune homme riche de l'Évangile... riche de quoi ? Dont il ne peut se séparer ? Et qui repart tout triste, tout malheureux...). (Je pense à « quitte tout et suis-moi... », c'est quoi, tout quitter ?). (C'est quoi, le chameau qui passe plus facilement dans le chas d'une aiguille qu'un riche ne peut accéder au royaume des cieux... riche de quoi lui aussi ? Moi aussi ?). Je fais référence à l'Évangile, parce qu'avant de faire ce travail sur moi, j'avais d'abord choisi de me laisser guider par Lui... Aujourd'hui, je chemine avec les deux car pour moi, l'un ne va pas sans l'autre. C'est une nécessité d'être accompagnée, de dire, d'être entendue pour pouvoir avancer, parce que confrontée à de « l'insupportable », il fallait que je trouve ce qui, en moi, ne supportait pas, à quoi je m'accrochais, où ça faisait mal et pourquoi… et les réponses sont différentes selon chacun d'entre nous car nous n'avons pas les mêmes histoires, les mêmes peurs, les mêmes « programmations », les mêmes « croyances » ou les mêmes « incroyances »… Ce que je sais en revanche aujourd'hui, c'est que ce que je qualifiais d'insupportable chez les autres l'était d'abord chez moi, et qu'en le dévoilant, il devenait source de libération intérieure, source de pardon, source de vie… Je pensais qu'il y avait un risque, un risque de me perdre, un risque de disparaître, et je le redoutais plus que tout, pour finalement découvrir que ça n'était que le risque d'éclore et de découvrir mon pouvoir créateur.

Je suis persuadée, sûre, certaine, que cette indispensable connaissance de moi-même (qui n'a rien de religieux, ni de dogmatique, loin s'en faut !) me fait parvenir à la connaissance de Dieu (et pas le contraire... comment serait-ce possible puisque Dieu s'est retiré, il est à naître... tout petit... tout caché à l'intérieur de chacun de nous, et qu'il ne tient qu'à nous de lui faire de la place ou non). « Le royaume n'est-il pas au milieu de nous ? » encore faut-il avoir la clé pour l'ouvrir, le mode d'emploi, la notice...

Pour moi, c'est l'Évangile, parce qu'en Jésus, Dieu devient un visage, une réalité... une évidence en quelque sorte comme je le disais plus haut. C'est difficile d'exprimer tout cela avec des mots, pourtant il s'agit bien d'une réalité. Et puis, Perrine, Bernard, et tous les blessés de la vie (dont moi-même d'ailleurs…) avec qui j'ai joué le jeu de l'amour, ne sont pas des fantômes... J'ai souffert avec eux, je me suis dépassée grâce à eux... Ils ont bouleversé mon existence à jamais... Et il paraît même que j'ai fait des « miracles » avec Bernard, Perrine et les enfants autistes... Ils vivent en moi pour toujours, et rien ni personne ne me séparera d'eux... Quelle victoire sur la mort ! Comparable à un grand feu de joie qui brûle en moi avec force, un grand soleil qui illumine mon cœur aujourd'hui, et que je ne vais quand même pas « cacher sous le boisseau », sous prétexte qu'il faudrait être triste après la mort de ceux qu'on aime... Au contraire, je veux passer ce qui me reste à vivre à les remercier, les bénir, les aimer pour ce qu'ils m'ont fait perdre... Ce qu'ils me laissent ne peut pas mourir... Je crois que c'est surtout ça le « miracle »...

Si jamais me revenaient quelques faiblesses (car mon chemin n'est certes pas fini…) et que ça se remette à souffrir à l'intérieur de moi, je m'interrogerais une fois de plus sur « C'est quoi qui souffre en moi ? », « Qu'est-ce encore que je ne supporte pas ? » en sachant d'avance que la réponse serait un manque de compassion, et ce « moi » qui voudrait reprendre le dessus. Alors, comme je connais le chemin, eh bien ! j'en mettrai à nouveau un bon coup pour aller plus loin et me décaper un peu plus.

Dans mon histoire, c'est Perrine, la première et sans le vouloir, qui m'a tendu la perche, qui m'a ouvert ce chemin, et elle est partie, elle s'est « retirée »... J'ai poursuivi avec tous les enfants autistes accueillis aux Petites Lumières (une petite centaine quand même !), et je viens juste de renouveler l'expérience avec Bernard et la fin de sa vie, ce qui représente quand même 30 ans de mon existence, et j'ai 53 ans ! Je peux dire qu'à chaque fois, je suis allée un peu plus loin dans ce retrait de moi (je sais d'ores et déjà que je n'ai pas fini... mais pour l'instant je me repose un peu...) et grâce à eux, j'ai découvert cet espace plein d'amour dont je parlais plus haut, qui nous relie étrangement aujourd'hui, qui m'habite infiniment et dans lequel chacun peut venir puiser sans danger que la source tarisse... (je sais où m'abreuver !).

Alors voilà, ce soleil-là, je veux le partager avec toute ma tendresse, tout mon cœur, et dire haut et fort que si j'y suis arrivée ça devrait être possible pour bien d'autres... à condition de se donner un peu de mal quand même ! Le bonheur a un prix ! A chacun de choisir... La Vie ou la Mort... En ce qui me concerne, j'ai mis du temps... mais j'ai choisi LA JOIE DE VIVRE et tout le bonheur qui en découle, et je laisse « les morts enterrer les morts... », parce que ***je n'y peux rien.***

Quand je dis que je n'y peux rien, je ne veux pas dire que je m'en moque, ou que je m'en fous. Dans « Je n'y peux rien », je reconnais simplement mon impuissance, mais j'ai conscience de ce qui se joue autour de moi. ***Je*** *n'y peux rien, mais* ***toi*** *tu y peux quelque chose (sous-entendu je ne peux pas changer à* ***ta*** *place, c'est* ***ton*** *problème, je ne peux pas faire* ***ton*** *chemin,* ***je*** *fais le mien et je peux te le faire partager si ça peut t'aider, mais c'est tout…).*

Dans « je m'en fous », il n'y a rien, je passe à côté et je te laisse sans te tendre la main... (à suivre)… »

Ensuite, Papa, j'ai poursuivi mon chemin de solitude, tout à fait confiante… pour me jeter aveuglément, et à corps perdu, dans ma dernière grosse connerie en date, car évidemment, je n'avais pas encore tout compris de mes fonctionnements, et surtout je ne savais toujours pas très bien « tenir ma place »… Il fallait donc que ça m'arrive, pour que je comprenne !

Chapitre XXIX
Encore une expérience… (2007-2008)

Quelques mois après la « mort » de Bernard et celle de Gisèle, j'ai aidé une amie de la Région Parisienne à venir s'installer ici, dans l'ancienne maison de Gisèle, mitoyenne à la mienne. Je la connaissais depuis de nombreuses années puisque je l'avais embauchée lorsque j'étais directrice des Petites Lumières. Originaire d'une petite île du Pacifique Sud, son histoire assez lourde m'avait beaucoup touchée, et je l'avais soutenue et épaulée depuis notre première rencontre. Vivant dans des conditions matérielles épouvantables avec un bébé de quelques mois, je lui avais trouvé un logement, prêté le véhicule de l'association et l'avais plusieurs fois « dépannée » financièrement. Elle appréciait particulièrement ma petite maison du bout du monde dans laquelle je l'avais invitée à plusieurs reprises pour qu'elle s'y repose.

Nous partagions de nombreuses discussions au coin du feu et notre confiance était réciproque.

Elle cherchait à quitter la Région Parisienne et était prête à venir s'installer en Auvergne. Après la mort de Gisèle, je lui ai donc fait signe que la maison était libre et ai participé à son déménagement.

Connaissant sa situation matérielle, quelques amies m'avaient prêté main forte pour rénover et meubler sa future maison. Afin qu'elle se sente accueillie et la moins égarée possible dans cette région inconnue, je lui ai présenté tous mes amis. Je partageais ma voiture, l'invitais souvent à manger et aidais son fils à faire ses devoirs tous les soirs.

Lorsqu'elle rencontrait une difficulté administrative, je l'accompagnais dans ses démarches. Je lui avais même trouvé quelques heures de ménage par semaine chez un ami duquel je m'étais mise en distance, à cause d'une tendance tyrannique qu'il exerçait sur moi en exigeant une disponibilité démesurée à laquelle je ne pouvais répondre.

Après plusieurs mois de très bon voisinage et d'entraides réciproques, elle est devenue très « proche » de cet homme, et de plus en plus silencieuse et lointaine à mon égard. Très mal à l'aise vis-à-vis d'elle, je lui ai demandé de vivre sa vie de façon plus autonome et de ne plus autant compter sur moi. (Il faut dire que j'avais été un peu loin dans ma présence à ses côtés !) Nous en avons discuté et ne nous sommes pas comprises. Elle l'a vécu comme un abandon et a fini par choisir de ne plus me parler du tout, allant jusqu'à se cacher avec son fils lorsque j'étais dans le jardin. Après quelques mois très troublants, elle a déménagé sans rien me dire, pour repartir dans son pays. J'ai beaucoup souffert de cette situation qui m'a posé un cas de conscience, et me suis questionnée sur cette relation que j'avais avec elle et qu'elle n'a plus supportée à un moment donné.

Après analyse, j'ai compris que je n'avais pas été à ma juste place avec cette femme.

J'attendais beaucoup trop d'elle et, en voulant la « sauver » à tout prix, je ne faisais que l'envahir en étouffant sa liberté. J'irais même jusqu'à dire qu'à travers ma « générosité » et mon extrême « gentillesse », je négociais inconsciemment son amitié. Nous n'étions pas à égalité, je n'agissais pas « gratuitement » et ne respectais pas sa singularité. J'avais un pouvoir, une autorité et les utilisais à mauvais escient en lui faisant violence ! Je ne l'avais pas aidée à aller vers elle, mais l'avais utilisée pour qu'elle vienne vers moi, je me l'étais attachée en quelque sorte...

Voilà, Papa, une fois de plus j'étais à une mauvaise place, j'avais débordé, m'étais mêlée de ce qui ne me regardait pas et avais eu le retour de bâton mérité. Ce fut pour moi une expérience forte et douloureuse dont je ne suis pas sortie indemne. J'en ai conclu que ma place était encore à chercher, une place qui ne mette personne en difficulté. J'ai re-songé à cette parabole du « bon samaritain » et me suis trouvée bien piteuse à côté.

Tu vois, Papa, ma façon « d'aider » n'était en fait qu'une manière déguisée de flatter mon égo, me faire aimer et combler mes besoins à moi (sans toutefois les reconnaître) sous couvert de m'occuper de ceux de l'autre.

A partir de cette expérience qui m'a beaucoup blessée, j'ai commencé à intégrer qu'il valait mieux que je poursuive ma route en me reliant toujours plus à moi, afin de repérer mes besoins, et de pouvoir agir par la suite de façon naturelle et « gratuite », sans chercher d'abord à faire plaisir ou à être aimée à tout prix. Vaste programme, Papa, et pas au goût de tout le monde, comme j'ai pu le constater par la suite ! Mais, je ne suis pas là pour faire le bonheur des autres, ni pour combler leurs attentes... Cet événement relativement banal est très éloquent pour moi. C'est la raison pour laquelle je te l'ai raconté. Il a vivement réactivé en moi le désir profond de vouloir mieux me comprendre, de chercher la vérité sur moi et repérer mes dysfonctionnements, d'oser me regarder en face pour ne pas accuser les autres. En bref, de m'aimer un peu plus, pour pouvoir aimer à mon tour...

Chapitre XXX
Mon aujourd'hui, toujours naissant, à l'infini…

Voilà, Papa, nous sommes en 2008 et j'arrive au terme de ces longues pages au travers desquelles j'ai tenté de te dévoiler la part essentielle de mon existence. Je suis consciente du chemin parcouru et n'ai pas fini de l'intérioriser. Quant à « mon aujourd'hui », mon « présent », il est plutôt calme et serein avec comme priorité la poursuite de mon pèlerinage vers cet Essentiel qui m'habite. C'est l'axe central de ma vie d'aujourd'hui et je le considère comme un engagement intérieur majeur.

Pour l'instant, je suis donc toujours dans cette petite « maison du bout du monde », où je vis seule, au milieu d'une nature extraordinairement belle et bonne, retirée du monde agité dans lequel j'ai baigné (et failli couler) une bonne partie de ma vie. Je l'observe de loin, je l'accepte tel qu'il est, de la même façon que j'ai accepté tout ce que j'ai traversé, je m'en protège, car il ne me convient pas, et j'essaye, à ma petite mesure, de ne pas contribuer à le rendre plus inhumain qu'il ne l'est.

Je t'avoue que non seulement je ne fais plus de politique du tout, mais que j'ai aussi laissé tomber tout « militantisme » car je ne crois plus qu'un changement de société soit réalisable pacifiquement, si nous ne réalisons pas ce changement en nous-mêmes d'abord, tout en sachant d'avance qu'il ne sera jamais totalement abouti. Le « monde » est à l'image de ce que chaque individu trimballe en lui, et chacun de nous est responsable de ce qu'il fait de sa vie. A chacun donc d'essayer d'y voir clair à partir de lui-même, et le reste suivra… C'est dur n'est-ce pas, ce que je dis là, Papa ! Pourtant, c'est l'expérience passionnante que je vis, persuadée que chaque être humain porte le bonheur au plus profond de lui et qu'il peut y accéder en toutes circonstances, à condition de décaper ce qui l'obstrue… Je constate qu'avec certaines de mes anciennes relations je suis en décalage total lorsque nos amitiés n'ont pas pu être actualisées. Il en résulte des incompréhensions fatales, voire des jugements pas toujours positifs à mon égard. Certaines se sont soldées par des mises à distance ou des ruptures douloureuses... D'autres, au contraire, se sont renforcées...

Pour ce qui est des nouvelles relations, elles sont pour la plupart inattendues et intriguées par mes choix de vie, mais ne sont pas le fruit du « hasard ». Curieuses de savoir « ce qui m'a amenée là », elles aspirent souvent à mon idéal de vivre sans forcément le relier à une « histoire ». J'explique donc comme je peux, que mon aujourd'hui est intimement lié à mon hier, et qu'il est l'aboutissement, heureux certes, d'un long cheminement existentiel et spirituel. Les épreuves que j'ai traversées n'ont rien d'enviables, je ne les souhaite à personne et considère simplement toute mon existence comme un parcours initiatique, toujours en devenir. En effet, je pense être prête à affronter tous les nouveaux « hasards » qui surviendront dans mon existence, heureux ou malheureux, persuadée qu'ils seront de bonnes occasions de transformation intérieure.

Cela ne va pas sans poser un certain nombre de questions. En voici quelques unes, auxquelles je réponds le plus sincèrement possible.

Comment vis-tu seule dans un endroit aussi paumé ? Comment as-tu atterri ici ? Tu connaissais le coin ? Tu n'as pas peur ? Tu ne t'ennuies pas ? Que fais-tu de tes journées ? Qu'est-ce que tu es venue faire ici ? Ça doit faire un sacré choc de passer des HLM du 93 à ce silence et cet isolement ? Il n'y a rien ici, la ville ne te manque pas ? Et s'il t'arrivait quelque chose de grave, comment ferais-tu ? Est-ce que tu t'es intégrée avec les gens du pays ? Tu es croyante ? Tu as une religion ? Et l'hiver, c'est pas trop dur ? Tu suis les informations à la télé, à la radio, ou dans les journaux ? Tu as de la famille ? Tu n'as pas envie de rencontrer et de vivre avec un mec ? Tu n'as pas besoin d'un peu de sexe ? Tu vis de quoi ? Tu es à la retraite ? Tu fais partie d'un groupe ? Tu as des projets ?

Et aussi… Eh bien, toi au moins, tu ne t'en fais pas ! Tu ne vis plus que pour toi, et les autres, alors, ils ne comptent plus ? Tout va mal partout, et toi, tu es là, à vivre une petite vie de profiteuse ! Heureusement qu'il y a des gens qui se sont battus pour que tu puisses vivre tranquillement ! Ça ne te gêne pas d'être inutile, pendant qu'on continue à se crever la paillasse ! La prière, la méditation, la spiritualité, la psychologie, prendre soin de soi, c'est à la mode tout ça, et ça change quoi ? Tu fais des stages de tout ça ? Ou encore… Pourquoi n'es-tu pas allée aux obsèques de ton père l'année dernière, et à celles de ta mère il y a deux mois ? Il y a beaucoup de morts autour de toi depuis longtemps, c'est quoi ton rapport à la mort ? La croix du Christ, elle représente quoi pour toi ? C'est quoi ta spiritualité ? Tu vas vraiment bien ?

Tu vois, Papa, toutes ces questions sont à plusieurs niveaux, tout comme mes réponses. Les entende qui pourra, en fonction de là où chacun en est de sa propre histoire, de sa recherche et de ses questionnements. J'ai quand même tenté une réponse collective, que chacun y puise ce qu'il pourra !

Chapitre XXXI
Lettre à mes ami-e-s, anciens, nouveaux, et à venir… (2009)

Nos chemins se sont un jour croisés (ou se croiseront) pour des raisons propres à chacun de nous. A travers mon témoignage, je pense que vous avez saisi que je me suis volontairement retirée d'un monde agité à cause d'expériences authentiques qui m'ont brisé le cœur, et fait dangereusement flirter avec la mort psychique et physique, ainsi que d'autres, non moins authentiques, au travers desquelles une autre vie, plus vaste et lumineuse que celle dans laquelle j'étais enfermée, s'est révélée à moi.

Afin de répondre à certaines de vos questions, je prends le risque de me répéter, et vous m'en excuserez. En tout cas, merci pour votre bienveillance… Grâce à certains d'entre vous, dont certains sont « morts » aujourd'hui, j'ai pu garder la tête hors de l'eau, afin de pouvoir cheminer vers cette vie-là, et pas une autre. J'y aspirais jusqu'au fond de l'âme ! J'ai délibérément choisi Jésus-Christ et son Évangile comme maîtres de cette vie, et je ne fais aucun effort pour le revisiter quotidiennement au plus profond de moi. J'aurais pu choisir un autre guide, chacun est libre de s'accorder avec le maître intérieur qui lui convient.

Je ne suis ni prosélyte, ni exclusive et je suis certaine que tous les vrais chemins, vécus en profondeur, mènent à l'Essentiel qui est de transformer la mort en vie.

Pourquoi avoir choisi Jésus-Christ ? Tout simplement parce qu'il fait partie de ma culture et que j'ai senti la nécessité d'aller y voir de plus près pour la dépoussiérer, mais aussi parce que son message annonce la proximité du Royaume de Dieu pour chacun d'entre nous (ce qui n'est quand même pas rien !), que je trouve son amour exemplaire, et qu'à travers toute son existence, il n'a cessé de manifester que le monde matériel et le monde spirituel ne sont pas deux mondes différents, mais qu'ils sont intimement liés. Aucun être humain « ordinaire » ne pouvant me consoler en profondeur de toutes mes blessures et me promettre une joie parfaite, équivalente à celle des Béatitudes, j'ai eu l'outrecuidance de vouloir percer certains « mystères » dont celui de la Résurrection. Que voulez-vous, le bonheur profond, et la joie qui en découle m'ont toujours attirée, pas vous ? J'affirme ne pas avoir été déçue !

Jésus-Christ est donc pour moi le visage humain de Dieu, et ma foi est de faire l'expérience d'une réalité supérieure à moi, expérience que je peux éprouver. En effet, elle s'enracine dans mon vécu tout en le reliant à plus grand que lui, ce qui a pour effet de relativiser et de dédramatiser les événements de ma vie. Comprenez-vous mon malaise, entretenu par tous les préjugés sur Dieu que chacun porte en lui, lorsqu'on me demande si je suis croyante ou non ?

Tout ce que je peux vous en exprimer, c'est qu'une Présence intérieure m'habite et me fait vivre. Une Présence intime et joyeuse, aussi évidente que l'air que je respire, qui me relie à une vie plus grande que la mienne (toujours fort limitée), qui me contient et dans laquelle je peux puiser à l'infini. Les conséquences de cette Présence font qu'aujourd'hui, pour moi, tout événement a un sens même si je n'en décode pas les fondements. Je sais qu'il est en rapport avec une cause, proche ou lointaine, claire ou obscure, dont les effets varient en fonction de mon rapport à la vie.

Lorsque j'étais seule face aux événements qui concernaient ma vie, que je ne les reliais à rien et n'en déchiffrais par conséquent aucun sens, j'étais engagée, sans le savoir, sur un chemin destructeur, un chemin de mort, sans ascension possible vers un bonheur et une joie véritables.

Au fil des années, je m'aperçois que grâce à cette Présence, mon niveau de conscience ne cesse de se modifier, et qu'en fonction de celui-ci, ma vision de Dieu change et s'élargit de plus en plus. Rien ne peut davantage m'encourager à poursuivre ma quête et à toujours plus me sonder afin de vider mes trop-pleins encombrants. Je constate que plus je cherche, plus je trouve, et plus je trouve, plus j'ai envie d'aller plus loin. En fait c'est assez simple, plus je diminue, plus je me creuse, plus je consens à ce qui est, moins je cherche à maîtriser, plus ce Dieu occupe d'espace en moi et autour de moi… Mesurez-vous à quel point, ma vie sans Lui, aurait le poids d'une souffrance insurmontable et serait d'une tristesse à mourir ? Je ne peux cependant pas dire que je crois en Dieu car la vision plutôt dramatique et/ou inaccessible, véhiculée par les religions occidentales ou certaines philosophies, m'en empêche.

Avant Sa rencontre, bien réelle, je vivais instinctivement, dans l'urgence, la nécessité, le devoir, l'habitude, et je me mentais sur mes besoins réels et mes aspirations profondes. Je croyais que la mort physique était la fin de tout, et je la redoutais, tout en la narguant. Pour éviter d'y penser et de la voir en face, j'étais la proie d'une agitation permanente et remplissais ma vie d'obligations et de contraintes multiples. Je surchargeais mon emploi du temps de devoirs, et me culpabilisais si je n'arrivais pas à les assumer. Je craignais le monde, le jugeais mauvais et luttais de toutes mes forces pour le redresser et/ou m'en soustraire, le remplaçant par un monde imaginaire auquel je m'agrippais dur comme fer. Je ne savais voir que le mauvais côté des choses, ce qui clochait, ce qui n'allait pas comme j'aurais voulu, et qui me faisait fatalement souffrir.

Pour être aimée, séduire, me sentir utile, me rassurer et me déculpabiliser, j'avais une parade inconsciente : je forçais ma générosité. Certains d'entre vous m'ont connue dans ces circonstances-là. Cependant, je ne m'aimais guère et ne reconnaissais jamais mes travers ou mes torts. J'étais réputée pour être généreuse et « avoir bon cœur », et pourtant, ce « bon cœur » a été fracassé.

Pourquoi mon « bon cœur » a-t-il pu se déchirer ? Ben, j'ai découvert qu'il n'était pas si bon que ça, mais plutôt dur, bétonné par mon ego et que, comme tout ce qui est dur, ça se fracture un jour. Que pouvais-je faire d'un cœur brisé ? Recoller les morceaux ? Mettre une attelle, attendre patiemment qu'il se rebouche, se rendurcisse, et que la déchirure n'ait donc servi à rien ? Impossible pour moi... Je l'avais déjà recollé mille fois depuis l'enfance pour me protéger, mais ça craquait toujours à côté, au gré des évènements.

Excusez-moi, mais j'en reviens encore à Jésus-Christ grâce auquel j'ai découvert qu'il valait mieux laisser ce cœur ouvert, plutôt que de le remblayer à tout prix. Ainsi, plus rien ne pourrait à nouveau le mettre en pièces. J'ai fini par considérer que c'était une chance pour moi d'avoir eu le cœur fracturé, une chance qui m'a propulsée vers un merveilleux inconnu dont je n'avais qu'une vague intuition auparavant. Je l'ai d'abord effleuré, puis l'effleurement était tellement bon que je n'ai eu de cesse d'aller y voir de plus près. Aujourd'hui, cette intuition est devenue une réalité qui n'a rien à voir avec tout ce qui traînait au fond de mon imagination.

Cette nouvelle réalité, bien vivante, m'a naturellement conduite à simplifier ma vie et à m'assumer telle que je suis, tout en cherchant à me découvrir toujours davantage et à m'unifier, afin d'entrer en résonance avec ce qui m'entoure (les choses et les gens) et donc m'incarner différemment, en me donnant des priorités.

La principale, c'est d'ouvrir mon cœur toujours plus, et pour cela je prie beaucoup, de manières fort différentes (contemplation, méditation, attention, abandon, lâcher-prise...). J'ai donc mis en place un certain nombre de rituels. Par exemple, chaque matin, pieds-nus face au ciel et au soleil levant, je dis bonjour à la vie et je la remercie d'être ce qu'elle est, et chaque soir, avant de m'endormir, je lui chantonne quelques louanges.

J'ai transformé l'ancienne petite chambre de mon ami Bernard en oratoire, dans lequel j'aime me retirer pour lire les Évangiles, les psaumes ou toute autre lecture spirituelle. J'aime les « décortiquer » ou m'y abandonner pour tenter ensuite de les vivre, de les laisser prendre corps en moi dans le silence et l'attention à tout ce que je fais. Oui, je lis très régulièrement les Évangiles, qui sont pour moi comme un code de la route à suivre pour cheminer vers une transformation intérieure jamais achevée. Je pense que c'est de cela qu'il s'agit lorsque le Christ exhorte les humains à « se convertir ». J'évite autant que possible de faire les choses machinalement, et m'applique à être présente à tout.

Je n'appartiens à aucune église, aucun groupe constitué, de quelque nature qu'il soit, et n'aime pas les rassemblements collectifs. Je ne suis donc pas pratiquante au sens commun du terme.

Je suis venue m'installer ici, dans le silence et un certain isolement, non pas pour me cacher et me voiler la face, mais pour passer d'un mode de vie instinctif à un mode de vie conscient : me couler dans les rythmes de la nature et des choses, ne plus vivre dans l'urgence ou la nécessité, mais vivre lentement et me rapprocher de cet Essentiel primordial… Si certains d'entre vous s'imaginent que c'est une vie « facile », je les invite à faire l'expérience, non pas pendant un mois de vacances, mais en s'y engageant de longues années. Ils s'apercevront qu'il n'est pas si simple de se supporter, ne pas se mentir, ni d'accepter le vide que chacun de nous porte en lui sans chercher à le combler par des divertissements ou une agitation quelconque.

C'est au travers de cette solitude et de ce silence-là, que je peux chaque jour dire OUI à la vie, à la mort, ne plus leur résister mais faire corps avec elles. Pour moi, elles sont devenues aujourd'hui une seule et même chose, et j'éprouve même parfois un certain plaisir à me sentir mortelle. Je ne redoute pas la mort, ce qui ne veut pas dire que j'ai envie d'en précipiter l'heure...

Mon rapport à la mort donc ? L'abandon de mon corps-prison et le passage d'un état connu à un état inconnu. En fonction de mes quelques expériences du connu et de l'inconnu et de mes anciennes appréhensions toujours réductrices, j'en suis arrivée au constat que l'accueil sans concession, dans l'abandon et l'ouverture du cœur, était toujours source d'un imprévu merveilleux.

Pourquoi n'en serait-il pas de même avec la mort ? Toujours est-il qu'au travers de toutes les « petites morts » que j'ai dû traverser, je la pressens comme cela aujourd'hui, et ce pressentiment donne beaucoup de piquant à ma vie... Disons que chaque instant de ma vie m'y prépare, selon la façon dont je le vis.

Vous voulez vraiment savoir ce que je fais de mes journées lorsque je suis seule ? Quels projets me font vivre ? C'est plutôt sur la base de mon rapport à la vie que j'ai envie de vous répondre, car ce que je « fais » est indéfinissable dans le sens où chacun l'entend la plupart du temps... Je « fais » mon pain et me régale de le voir lever et répandre son odeur dans toute la maison quand il cuit, j'aime marcher pieds nus dans l'herbe mouillée ou dans la neige, inviter des copains à manger, et passer la journée à préparer le repas et la table, couper du bois, écouter Jean-Sébastien Bach à fond de ballon, faire tinter un bol tibétain, allumer des bougies, brûler de l'encens, lire, écrire, déchiffrer une partition d'harmonium, tirer sur les soufflets de mon accordéon, inventer des liqueurs, faire des confitures, me blesser aux épines en cueillant le fruit de l'églantier pour les transformer en confiture ou en liqueur, cueillir trois fleurs au bord du chemin en pensant à quelqu'un et en faire un bouquet de prières, dormir la nuit dans la forêt, rire de moi en me faisant des grimaces dans le miroir, voir mes rides se creuser, ma moustache qui pousse, me trouver belle, me préparer un repas merveilleux et inviter des « absents » à ma table en allumant une bougie pour chacun d'eux, faire une tache sur le vêtement tout propre que je viens d'enfiler, regarder mûrir les tomates, écouter parler les gens quand je fais mes courses, tricoter une layette en pensant au bébé à chaque maille, plonger mon regard dans les brumes matinales et m'imaginer dans la Baie d'Along, voir des éléphants dans les racines des arbres, des arbres morts dressés comme des totems, me caresser l'intérieur des doigts et des mains parce que ça chatouille, observer un nid de fourmis, diriger un orchestre invisible et chanter à tue-tête, serrer un arbre dans mes bras, glisser mon visage dans les feuillages d'automne, partir sur les routes sans savoir où je vais, regarder jouer des enfants, sauver les scarabées ou les lézards qui se noient dans ma réserve d'eau... La liste est interminable... Je pars souvent sur les chemins avec ma chienne, et je marche pendant des heures, jusqu'à l'ivresse parfois. Dès qu'il fait beau, je vis dehors : j'y cuisine, j'y mange, et je m'installe souvent sous un gros hêtre en pleine forêt pour y passer les nuits d'été.

En toute saison, je déambule beaucoup, dans la forêt, les prairies, je traverse les hameaux, et j'observe le givre sur les branches, l'herbe, les fils barbelés, les toiles d'araignée, la lisière des feuilles mortes, les billes d'eau qui courent le long des branches ou des herbes et dans lesquelles je vois le monde à l'envers dans des arcs-en-ciel de lumière, les nuées d'insectes qui dansent dans le soleil couchant, l'or des genêts, la poudre des ailes de papillons, ma chienne qui batifole dans les boutons d'or ou qui course un lièvre, les chats qui jouent à cache-cache ou qui triturent un orvet, le soleil à travers un verre empli de vin et dont la tache lumineuse danse sur la nappe blanche, les braises dans la cheminée... En hiver, j'ai l'impression de marcher dans une immense bijouterie, et j'y admire ce que j'appelle « mes petites banalités »... Oui, je passe un temps fou à contempler tout ce qui vibre autour de moi, me concentrant sur le présent, là où il n'y a ni bien, ni mal, ni indifférence, ni souffrance. Je porte une attention particulière aux mille petits détails qui peuplent ces instants avec la sensation de ne pas remplir mes journées, mais de les vider de ce qui n'est pas essentiel. Pas facile à expliquer… En fait je me promène dans la vie, je lui fais confiance et lui offre le moins de résistance possible. Je m'y abandonne en m'y glissant et je la laisse me consumer. Elle me connaît et sait ce qui est bon pour moi.

Alors, je « consomme » ce qu'elle m'offre : l'air, la liberté, le vent, le soleil, la pluie, la forme et la couleur des fleurs, le chant des oiseaux, l'odeur du feu, l'amitié…, et le temps passe sans que je m'en aperçoive. Je mange quand j'ai faim, je dors quand j'ai sommeil, et les instants se succèdent aux instants. C'est tout… Mon temps ne s'inscrit pas dans une chronologie… Qu'il pleuve, qu'il fasse froid, qu'il y ait du soleil ou qu'il gèle m'importe peu.

Je pourrais m'étendre encore longtemps sur ce que je « fais », puisque la question m'est posée ainsi. Mais en réalité, on pourrait dire que « je glande », que j'erre d'instant en instant ! Je n'ai pas de planning, pas de rendez-vous urgent, pas de vraie contrainte ni d'engagement particulier, juste une grande disponibilité que je mets facilement au service de ceux qui me le demandent, au fil des jours : accueil et/ou garde d'enfants, de chats, de chevaux, écoute et accompagnement de personnes en souffrance… Vous voulez connaître la petite dernière ? Je livre le pain depuis trois mois pour des amis boulangers, et je m'éclate à parcourir chemins et petites routes, pour porter le pain dans les fermes isolées de nos montagnes. Symboliquement, cela fait beaucoup de « sens » pour moi, et j'ai des contacts formidables… Vous comprenez combien mon malaise est grand lorsque autour d'une table avec des inconnus, je dois me présenter en disant ce que je fais ! Je n'appelle pas tout cela « faire quelque chose », mais être avec… Je ne peux quand même pas dire : « Je ne fais rien, je suis… » ! Alors m'ennuyer ? Cette question ne m'effleure jamais… Me sentir inutile ? Pas davantage… Il y a quelques mois, j'ai eu envie de fabriquer des napperons en dentelle, avec du fil très fin et un crochet pas plus gros qu'une aiguille à coudre.

Je me suis beaucoup amusée, car je me suis souvenue des séances de couture quand j'étais petite fille, avec ma grand-mère qui voulait m'obliger à broder. J'avais pris en horreur tous les travaux de couture et ce qui s'en approchait, et me retrouvais à faire ce que j'avais tant détesté depuis toujours. Or, fabriquer un napperon, c'est d'abord faire un trou central, autour duquel on va broder d'autres trous. Ma vie en quelque sorte ! Un vide, et un fil que je déroule chaque jour pour broder autour de ce vide… Vous croyez que je rêve ? Non, je vis là où j'ai enfin trouvé ma place et me rends chaque jour à cette évidence ! Si j'ai peur ? De quoi voulez-vous que j'aie peur ? Je me sens tout à fait en sécurité. Peur qu'il m'arrive quelque chose ? Quoi, par exemple ? J'ai envie de vous renvoyer la question et de vous demander de quoi vous auriez peur si vous deviez vivre ainsi ? Ah ! En cas d'urgence ? Je comprends… J'ai le téléphone, quand même ! Si je ne peux pas l'atteindre ? Si je me blesse dans la forêt ? Si, si, si…. Ben, je ne sais pas, et ça ne m'inquiète pas… Je vous redis que je fais confiance, point final.

Et l'hiver, s'il n'est pas trop dur ? Si, il est dur, mais je l'aime beaucoup. D'ailleurs je l'aime surtout quand il est particulièrement rude et que je suis bloquée par la neige ou le verglas, cloîtrée dans ma petite maison devenue difficile d'accès, sachant que personne ne passera par-là.

Si la ville ne me manque pas trop ? Si je m'accommode du choc d'être passée des cités du 93 à la campagne profonde ? Il m'arrive, de « descendre dans la civilisation », d'aller en ville comme on dit, pour m'offrir une séance de ciné, un resto, et zoner quelques heures dans les magasins… Je vis ces quelques heures comme si j'étais spectatrice dans une immense salle de théâtre avec une foule d'acteurs. Je m'y « divertis » tout en m'y sentant infirme, j'essaye d'être attentive, mais je suis comme en suspension et j'éprouve très rapidement le besoin de remonter dans ma montagne. J'ai la sensation d'être dans quelque chose d'irréel lorsque je suis « en ville », c'est très curieux… Pour ce qui est de me trouver un mec, il faudrait que je sois en manque d'amour, ou que je ne supporte pas la solitude. Or, ce n'est pas le cas… J'aime et je me sens aimée, je suis reliée en permanence avec ceux qui sont morts et ceux qui sont vivants. Ils vibrent dans mon cœur et leur image ainsi que la saveur et la profondeur de leur être me sont intimement très présentes, comme si nous n'étions séparés que par une très fine membrane qui pourrait se déchirer d'un instant à l'autre. Mêlé à celui du Tout-Autre, leur courant circule en moi. Ainsi reliée, je ne me sens pas libre pour l'amour exclusif d'un « homme » ou d'une « femme ».

Après tout cela vous me demandez si je vais vraiment bien ? Ben oui, je vais plutôt bien, voire mieux que la moyenne des gens d'après ce que j'observe autour de moi. Je ne me sens pas folle du tout, quoi que certains puissent en penser, je ne me plains pas, n'ai pas de problème particulier et ai bien l'intention de passer le restant de mes jours à m'humaniser toujours davantage… J'ai tout mon temps… Je n'ai aucun projet particulier de grande envergure et « ma petite vie pépère » me satisfait. Je ne me sens pas coupable de vivre comme je vis, j'ai une rente d'invalidité qui me permet de subvenir à mes besoins, je ne lis guère les journaux et ne suis pas accro aux informations, ni à la radio, ni à la télé. En revanche, je me promène régulièrement sur la toile… Je lis beaucoup, fais de la musique (du folk à l'accordéon diatonique et de la musique sacrée à l'harmonium) et gratouille la terre d'un petit potager.

Je savoure l'intensité de ma vie actuelle et aime la partager avec ceux qui en éprouvent le désir, laissant simplement parler nos cœurs. J'ai la chance d'avoir quelques ami(e)s qui, malgré leur éparpillement, aiment venir passer un temps de vacance (mais chacun son tour !) chez moi, et je les accueille tout au long de l'année avec beaucoup de plaisir pour partager mon cadre de vie et discuter de nos expériences. Mais je n'aime pas trop les discussions politiques, ni les généralités et encore moins les « papotages » qui remplissent les silences… J'aime mieux « qu'un ange passe »… Quoi d'autre ? Vous savez où me trouver si le cœur vous en dit… Et surtout, prenez soin de vous, bonne route à chacun, joyeux courage et peut-être à très bientôt…

Chapitre XXXII
Dernière lettre à mon cher Papa

Tu dois être un peu sidéré que le Divin occupe aujourd'hui une si grande place dans ma vie, n'est-ce pas ? Je comprends que tu sois estomaqué ! Je me suis souvent demandé ce qu'Il était pour toi, car ce que tu m'en as présenté n'était pas crédible à mes yeux. Pourtant, ce Divin en toi, bien sûr que tu l'avais, comme tous les humains, et tu le manifestais à ta façon. Certes, il ne transparaissait guère dans tes relations aux autres, particulièrement difficiles et amères, en résonance avec toi-même et ton mal-être.

En revanche, j'ai compris bien tardivement que tu l'exprimais au travers de ton métier, où tu excellais dans le travail du bois et du fer… Le Divin coulait de tes doigts car tout ce qui en surgissait avait le goût de la perfection. Tu avais des mains en or, Papa… Pourtant, tu n'arrivais pas à transmettre ton savoir à cause de tes préjugés sur les autres. Ces autres qui pour toi, et surtout les jeunes, étaient tous des bons à rien ou des imbéciles.

J'ai attendu longtemps que tu me dises que tu m'aimais, que j'avais du prix à tes yeux, des qualités et pas toujours des défauts. Tu n'as pas pu, tu n'avais pas les bonnes clés... Dommage pour toi, Papa.

Pour faire de tels dégâts en moi, tu avais dû aussi avoir ta dose. Mais là, top secret, chape de plomb... Il faut être le plus fort, tenir bon... pas le droit à la faiblesse, pas le droit de se plaindre, pas le droit de montrer qu'on souffre. Tout va très bien Madame la Marquise, tout va très bien, tout va très bien...

Ce que je trouve extraordinaire aujourd'hui, c'est qu'en te lâchant, en allant chercher ailleurs, j'ai découvert une vie insoupçonnée, et rencontré des gens merveilleux, Papa, grâce à toi et malgré toi... Je tiens à te redire encore une fois que ma vie est belle, Papa, vraiment belle... J'en suis fière et la trouve particulièrement réussie... Dommage qu'on n'ait pas pu en profiter ensemble, quand tu étais vivant ! Tout ce travail que j'ai fait m'apporte une grande paix vis-à-vis de toi, car il m'a permis de ne pas garder en moi la part de mort et de souffrance que tu y avais semée. Il me semble même aujourd'hui que c'est cette part-là que tu as emportée dans ta mort, afin de m'en libérer, de ne plus me parasiter, et je te la laisse bien volontiers.

En tout cas, je sens bien que cette part de toi en moi, dans laquelle j'ai tant tourné en rond, se décompose irrémédiablement. Toutefois, je maintiens ma vigilance pour la discerner et te l'abandonner, afin de pouvoir continuer à cheminer humblement vers ma juste place, et ne pas répercuter mes difficultés sur les autres.

Et tu sais quoi, Papa ? Ben, d'avoir pris conscience de tout ça, de le mettre à plat, noir sur blanc... le résultat ? C'est que je ne t'en veux plus du tout d'avoir été ce que tu as été... c'est ton problème après tout... plus le mien...

Je ne peux même pas dire que tu me manques, puisque de toute façon tu m'as presque toujours manqué, dans le sens où ta présence à mes côtés n'a pratiquement jamais été une présence aimante ou réconfortante. En revanche, maintenant que tu es « absent », elle le devient. Je peux t'assurer qu'aujourd'hui, c'est le plus beau de toi que je garde serré dans mon cœur, parce que je t'aime... J'espère que tu ne m'en veux pas de ne pas être allée à tes obsèques, ni à celles de maman, mais vois-tu, je ne me sentais pas capable de retourner sur les lieux de mon enfance, trop de fantômes y rôdent encore, que je préfère les laisser là où ils sont. Et puis je n'aime pas les assemblées, et encore moins les rites catholiques traditionnels... Voilà, Cher Papa, je n'ai plus grand chose à ajouter et vais en rester là de ce long courrier. Je te remercie du fond du cœur de m'avoir donné la vie. Ne t'inquiète pas, je la poursuis, pas à pas, dans le seul but de l'agrandir intérieurement, en m'y abandonnant tout simplement.

Table des matières

Achevé d'imprimer sur les presses
des Editions du Ver Luisant
BP 117
19103 Brive-la-Gaillarde Cedex
Dépôt légal 4ème trimestre 2010